中国人民大学唐宋史研究丛书

包伟民／主编

张雨 著

唐代司法政务
运行机制及演变研究

Research on Evolvement of the Mechanism
in Which the Tang Government Runs Its Judiciary Affairs

上海古籍出版社

图书在版编目(CIP)数据

唐代司法政务运行机制及演变研究／张雨著. —上海：上海古籍出版社，2020.9
（中国人民大学唐宋史研究丛书）
ISBN 978-7-5325-9767-3

Ⅰ.①唐…　Ⅱ.①张…　Ⅲ.①司法制度—法制史—研究—中国—唐代　Ⅳ.①D929.42

中国版本图书馆 CIP 数据核字(2020)第 179467 号

中国人民大学唐宋史研究丛书

唐代司法政务运行机制及演变研究

张　雨　著

上海古籍出版社出版发行

（上海瑞金二路 272 号　邮政编码 200020）

（1）网址：www.guji.com.cn

（2）E-mail：guji1@guji.com.cn

（3）易文网网址：www.ewen.co

上海商务联西印刷有限公司印刷

开本 700×1000　1/16　印张 16.25　插页 2　字数 267,000

2020 年 9 月第 1 版　2020 年 9 月第 1 次印刷

ISBN 978-7-5325-9767-3

K·2907　定价：85.00 元

如有质量问题,请与承印公司联系

"唐宋史研究丛书"总序

　　中国人民大学历史学院唐宋史研究中心计划集编出版《唐宋史研究丛书》，下文谨述其缘起与基本思路。

　　隶属于中国人民大学历史学院的唐宋史研究中心，成立于2010年，它是一个汇聚同好而组成的松散学术团体，一个学术交流平台，旨在推动关于中国唐宋历史研究领域的发展。除了不定期地举办学术讲座、召开学术会议外，中心主要的事务是从2015年初起编辑出版年刊《唐宋历史评论》。现今在此年刊基础之上，同仁们经过集议，认为有必要集编出版一套专门以唐宋史研究为主题的学术丛书。

　　一方面，至少在形式上，这套丛书可以将中心成员学术著作汇集起来，以显示"学术团队"的总体力量。目前中心主要由本学院以及本校国学院从事唐宋史研究的教师组成，并聘有校外兼职研究员，经常参加中心学术活动的有20余人，还有已经毕业或在读的硕士博士研究生数十人。中心成员的学术兴趣涉及唐宋史众多领域，大致有政务文书与政治体制、社会经济、城市、财政、律令制度、宗教与民间信仰、历史文献、历史地理、医疾、民族关系、敦煌吐鲁番文献，以及辽金政治、地理、史学等等多个议题。今后随着研究生培养工作的推进，我们的研究力量与研究议题必然会不断扩充与拓展，用一套学术丛书来集中展示我们的研究成果，无疑是构建中国人民大学唐宋史研究学术团队的合适途径。

　　另一方面，更为重要的是，这套丛书的集编出版，反映了我们关于如何深化唐宋史研究的一些学术思考。《唐宋历史评论》"发刊词"曾指出：

　　　唐宋时代是中国古代历史上继周秦之变以后再次经历重大社会与

文化变迁的时期，魏晋以来相承之旧局面，赵宋以降兴起之新文化都在此时期发生转变与定型。唐朝以其富强，振作八代之衰，宋代以其文明，道济天下之溺；唐宋并称，既有时间上的相继，又有文化上的相异。唐、宋的时代特色及其历史定位，要求唐宋历史的研究突破原先单一的唐史研究、宋史研究画地为牢，囿于一代的旧局面，构建"唐宋史观"的新思路，树立"唐宋史研究"的新框架，在更为宏观的历史视野中观察、理解中古史上的唐宋之变。

所谓"构建'唐宋史观'的新思路，树立'唐宋史研究'的新框架"，当然不仅仅是将习称之"唐宋变革"或"唐宋转折"的两端扯到一起，让两个断代史领域叠加起来而已，而是希望推进研究范式的某种转变，是如何从长时段"会通"地来观察历史的问题。

不同历史解释体系对于唐宋间存在着一个历史转折似无异议。从明人陈邦瞻（1557—1628）所论"宇宙风气，其变之大者三：鸿荒一变而为唐虞，以至于周，七国为极；再变而为汉，以至于唐，五季为极；宋其三变，而吾未睹其极也"①，到 20 世纪初由日本学者内藤虎次郎（1866—1934）在《概括的唐宋时代观》一文中提出的"宋代近世说"，认为唐宋之间存在一个历史的"变革"②，及至现今仍流行于欧美学界的"唐宋转折"论，细节上虽多有差别，主旨却基本相同。

即便按照传统的、将整个中国帝制时期都划入"封建社会"的历史分期法，由于这个"封建社会"过于冗长，学者们也都试图将其再细分为不同的时段，以便于深入讨论。他们有将其分为前、后两期的，也有分为前、中、后三期的。但不管哪种分法，唐宋之际都是一个分界点。③

从内藤氏以来，学者们对这个转折的具体内容做过许多侧重面略有差

---

① 陈邦瞻：《宋史纪事本末》附录一《宋史纪事本末叙》第四册，中华书局，1977 年，第 1191—1192 页。
② 论文原载 [日]《历史与地理》第九卷第五号（1910 年），黄约瑟中译本，载《日本学者研究中国史论著选译》第一卷，中华书局，1992 年，第 10—18 页。关于由内藤此文影响下形成的"唐宋变革"论，可参见邱添生《论唐宋变革期的历史意义——以政治、社会、经济之演变为中心》，《台湾师范大学历史学报》第七期，1979 年 5 月。张其凡《关于"唐宋变革期"学说的介绍与思考》，《暨南学报》（哲学社会科学版）2001 年第 1 期。
③ 参见白钢《中国封建社会长期延续问题论战的由来与发展》，中国社会科学出版社，1984 年。

异的描述。陈寅恪（1890—1969）先生以"结束南北朝相承之旧局面"①
一语来概括唐代前期历史，最为精到。此外也有一些学界前贤，发表过一
些相当有启发性的意见，向我们展示了这种长时段、全方位观察视野的犀
利目光。

但是，从学术史的角度看，前贤的这些论断的影响，似乎更多地只体
现在引导学者们去关注唐宋之间历史的变异与断裂，不管是称之为"变
革"还是"转折"，都是如此。近数十年来我国史学的发展现状是，虽然
关于应该摆脱断代史框架的束缚，从历史发展的长时段着眼，以"会通"
的视野，来观察中国历史的沿革与变化的立场，差不多已经成了学界常
识，但将这种常识落实到实际的研究工作中去，则还处在言易行难的初步
阶段。具体就宋代历史研究领域而言，集中表现在制度史领域，越来越多
的学者意识到应该从晚唐五代去追溯宋代制度的渊源，但真正"会通"的
成果尚不多见。总体看来，唐与宋各自分为两个"断代"局面未见有大的
改观，中间那道隔离墙并不易被拆除。

唐宋两朝研究各自囿于断代史畛域的主要原因，并非仅仅出于历史文
献过于庞驳、史事制度过于复杂，以致多数学者以一人之心力，难以兼
顾，而在于观察的视野与分析的理路，常常局限于一朝一代，未能拓展开
去。我们强调应该跳出断代史的框架，摆脱一时一地的局限，以会通的眼
光来观察历史，也绝非以为凡叙述某一史事，都必须从唐到宋，甚至更长
时段地，跨朝越代，从头说到底。实际上，关于中国古代历史研究的绝大
多数专题，都不得不具体落实到某一个"断代"的某些侧面，跨朝越代式
的史事叙述，对于不少学者来说，无论在精力上还是智力上，都是不太容
易应对的挑战。因此，我们在这里所强调的，是要以一种会通的立场、眼
光与方法去分析处理断代史的问题。

所谓"转折"，指从一种形态转向另一种形态。但是，假定了"转折"
的存在，绝非意味着研究者可以将其两端相互割裂开来。毋宁说，基于对
"转折"的认识，更要求研究者持有一种长时段、全方位的观察眼光，从
历史前后期本来存在的有机联系入手，来讨论造成"转折"的种种因素，
分析"转折"的前因后果。

---

① 陈寅恪：《论韩愈》，原载《历史研究》1954 年第 2 期，后收入氏著《金明馆丛稿初编》，
上海古籍出版社，1980 年，第 296 页。

如果未能明了赵宋以降文化史与思想史的基本走向，就不太可能真正理解韩昌黎（768—824）"文起八代之衰，而道济天下之溺"的历史地位。同样的，未能充分掌握中原地区古代服饰演变的全局，认清秦汉而下直至明清，含蓄收敛服饰风尚实为常态，倒是"非华风"的盛唐风范实属例外，仅以唐宋间的简单对比，来划出"开放"与"保守"的文化分野，其实是未能对历史演变的全局做客观全面观察片面之论。笔者近年讨论宋代城市史，跳出传统的唐宋间产生所谓"城市革命"，亦即主要从历史的断裂层来作分析的思路，改为更多地观察唐宋间城市历史的延续性，小有收获，也可为一例。

所以说，如果能站在整个中国古代历史前后转折的高度，从时间与空间两个维度来做观察，关于"唐宋转折"的假设不仅不会使我们将唐宋间历史机械地割裂开来，反而会更推动我们去探索它们相互间的有机联系，深化对它们的认识。这大概就是一种正确的方法可能带给研究者的丰厚回馈。

相对而言，如何通过观察历史后续的发展，也就是元明清各代的历史，再反过来验证自己对唐宋时期历史的分析，或者在对历史后续发展的观察之中，来就前期彰显未明的史事的走向，获得一些启发，关注者看来更少一些。同样的，据我们对元明清史研究领域的粗浅观察，论者能跨越断代，将对史事的梳理上溯至唐宋者，似亦有限。因此，对于许多制度的沿革，史事的源起，常常只能知其然，而不能知其所以然。

前贤的许多论述，例如前引陈邦瞻之语，接下去又说："今国家之制，民国之俗，官司之所行，儒者之所守，有一不与宋近乎？非慕宋而乐趋之，而势固然已。"还有近人严复（1853—1921）之所论，"中国所以成为今日现象者，为善为恶，姑不具论，而为宋人之所造成，什八九可断言也。"[1]或者王国维（1877—1927）所说"近世学术，多发端于宋人"[2]。这些议论虽已为人们所耳熟能详，也多见引于不少学者的论著之中，但它们之所指出的历史现象，真正被学者纳入自己的观察范围，予以深入讨论的，则不多见。

---

[1] 严复：《严几道与熊纯如书札节钞》第 39 通信札，见《学衡》第 13 期，1923 年 1 月，第 12 页。

[2] 王国维：《静安文集续编·宋代金石家》，见《王国维遗书》第五册，上海古籍书店 1983 年据商务印书馆 1940 年版影印。

易言之，鉴于学术史的现状，立足于唐宋的观察视角的学术意义，还在于可能推进对经由唐宋转折定型的中国帝制后期历史的贯通性研究。这样的贯通性研究，无论是对于我们进一步理解唐宋，还是元明清，或者今天的中国，都是极为必要的。

所以，立足于"唐宋"的观察方法，不仅要求我们拓宽视野，将7~13世纪整个民族的历史活动纳入分析讨论的范围，更需要我们将观察的眼光从一代一朝、一时一地，拓展到民族历史发展的全过程。同时，它也必将会对我们的学术能力提出更高的要求。

归纳而言，我们这套丛书以"唐宋史"为题，收入论著的具体议题自然不出唐宋两代的史事，而且多数仍不免分别讨论唐代或者宋代，但观察的视野与分析的理路，则希望不仅要会通唐宋两代，关心的时段也比唐宋历史时期还要广泛一些。更重要的是，与其说这样的专题选择是出于一种学术领域的划分，不如说是基于一种自以为更合适的学术方法与学术眼光的思考。我们希望以这种更具有透视力的学术眼光来自励，并希望以此为深化对民族历史的理解做出自己应有的努力。

具体就丛书的集编组织而言，我们希望能够遵循学术研究的自然规律，不分批分辑，杜绝批量生产，同仁们的论著成熟一本推出一本，积以岁月，观以长效。同时，也欢迎学界同好加入我们的研究团队。

谨此说明。

包伟民

2016 年 3 月 30 日

序

　　近二十年来，中国古代制度史的研究，在探索制度的变化与不变的内容之间不断反复，许多认识得以深化。辩证地看，细致地梳理制度的变化，一方面是为了梳理历史发展的潜在线索，探究制度演进的内在规律；另一方面也是为了更好地理解中国古代国家制度的内在精神及其运行的基本原理，也就是为了更好地理解其深层的不变的部分。以宋代的制度作为理解唐代制度变化的落脚点，进而梳理唐代制度变化的轨迹和方向，尽管受到"倒放电影"和"目的论"的质疑，但也确实为认识唐代制度提供了重要的参照。从隋和唐前期到北宋元丰改制数百年间，国家政务运行机制和政治体制的演变，是唐宋史学界着力甚勤、成果颇丰的议题。无论研究者本人是否有着明确的问题意识，从学术史的角度看，此类研究的深层观照大抵都指向中国古代皇权政治及其运行的基本原理。

　　根据个人的研究体会，从政务运行的角度研究制度史，可以在传统制度史研究的基础上发掘出一些新的议题，但也会遇到材料不足及论题同质性重复的问题。当然对于不同时段的制度史研究来说，面临的问题也有所不同。汉魏、唐宋时段更主要的是档案史料非常稀缺，所以学界对出土政务文书给予高度重视，力图榨干档案文书中的所有信息。明清时期则可能由于档案的同质性而带来论题的重复，所以深入具体而不失整体关怀的区域史研究就成为重要的突破口。

　　何谓国家政务，具有档案性质的政务文书相关材料能够在多大程度上复原政务运行的流程，政务文书上呈现的权力分配与运作机制和实际政治生活有什么样的差距？凡此等等，都是在实际研究中需要谨慎对待和不断反思的方面。对于唐代国家政务运行机制的研究，在我的粗浅体会中，就是要咬文嚼字地深入解读制度史方面的编撰史料，要将《唐六典》《通典》《旧唐书·职官志》《新唐书·百官志》等典志体文献、《唐律疏议》《天圣令》及所附唐令等律令规定与出土唐代政务文书有机结合起来，同时将史料的收集范围扩大到各种集部文献。在具体研究中，重点需要处理好两个方面的问题：如何利用记载唐代法令和制度的文献，以及如何界定唐代国家政务的内容及其分类。

一、如何利用记载唐代法令和制度的文献

这一类文献主要有《唐律疏议》《唐令拾遗》《天圣令》《唐六典》《通典》《唐会要》，和正史的《刑法志》《职官志》（或《百官志》）《选举志》《兵志》等。这些文献的内容各有侧重，性质不同，据以论述唐代政务运行机制的各种问题时，切忌不分时代、不做分析直接拿来就用，而是需要做出历史编纂学和历史文献学的批判分析。

隋和唐前期是所谓律令制时代，朝廷通过一定程序制定的律令，不仅仅是通行的汇编敕例的法律条文，而且是真正意义上的法典。其意义不仅在于提供了正刑定罪的法规和政务运行的准则，而且体现了治国安民之道，是道与术的高度统一。这一点是律、令高于格、式之处，也是其具有神圣性的原因。由于唐太宗和贞观之治的典范地位，奠定于贞观时期并经唐高宗时期完善起来的律令格式，作为互为补充的法典，在整个唐前期具有高于皇帝制敕的效力。尽管唐前期的君主也具有立法的专断性权力，但与其他时期相比，其立法的随意性受到限制。不仅唐律规定"断罪皆须具引律、令、格、式正文"（《唐律疏议·断狱》），唐前期的君主多次强调"律令格式，为政之本"，"其制敕不言自今以后永为常式者，不得攀引为例"，禁止"用例破敕及令式"的情况（《唐会要·定格令》）。这在帝制中国的历史上是非常独特的，与宋代以后由皇帝诏敕编修而成的"编敕"优先于律令的情形也大为不同。正因为制定法的效力高于在位君主的制敕，唐前期被称为"律令制国家"，即国家的基本制度都是由律令格式所规定的。但是，并不意味着律令格式所规定的国家各种社会关系及政务运行的规则完全是刚性的，而是还有弹性规定的一面。例如，《职员令》规定了各级官府的基本组织架构，超出规定的官职被称为"令外之官"，但令也规定了可以有临时差遣，使职在一定范围内可以存在。律令格式规定的国家常行政务，在唐前期三省制下通常是由尚书省以上行奏抄和下行省符等公文书进行处理的，但处理重大疑难问题和临时性事务的表、状和批复的制敕等文书，虽处理程序与前者不同，但并未超出既有政务运行机

制，而且本身就构成对律令体制的有益补充，是这个弹性结构中的有机组成部分。在引用律令格式分析政务运行机制的时候，不仅需要了解这几种法令形态之间的关系，而且要特别注意法令条文所依据制敕的出台背景、颁行时间和编入法典的时间。

研究唐代各项制度，《唐六典》是一部不可或缺的典籍文献。经过陈寅恪、严耕望、汪篯、陈仲夫、吴宗国、张弓等几代学者的接力探索，至今很少有人生硬地将《唐六典》直接作为唐代开元时期实际行用制度的静态记录，且认识到此书"虽然包含了正在变化中的各种制度，但不是作为当时政治运作遵循的法典"（吴宗国《〈唐六典〉与唐前期政治制度》，《盛唐政治制度研究》，上海辞书出版社，2003 年）。无论史学界还是法学界，学者们大都不认同其作为行政法典的属性（参见钱大群、李玉生《〈唐六典〉性质论》，《中国社会科学》1989 年第 6 期）。由于其特定的编撰宗旨和体例，书中所载不能视为当时实际行用制度的直接体现。在利用其研究唐代制度时，有必要先了解其制度描述的方式及其主要特征，进而做到灵活准确地加以运用。

即如《唐六典·尚书刑部》刑部郎中员外郎之职条律令格式将四种法典的作用概括为"律以正刑定罪，令以设范立制，格以禁违正邪，式以轨物程事"，就需要将其视为动态立法进程的概括性表述，认识到这是到了开元时期对唐朝建国以来形成的法令体系做出的高度概括。唐代法令体系的基石是贞观十一年（637）编纂的律令所奠定的，但律令格式并非从唐朝开国以来就是一套完整的法令体系，这套体系是在唐高宗永徽二年（651）形成的，而且是魏晋以来法令制度发展的集大成者（参见楼劲《魏晋南北朝隋唐立法与法律体系》，中国社会科学出版社，2014 年）。《唐六典》的表述是一种与其盛世制礼作乐的意旨相一致的建构。

以往的研究中有一种习惯性地引用《唐六典》的做法，即注明《唐六典》记载了或规定了唐代的某项制度。这种做法其实忽略了一个前提，就是《唐六典》本身并不是对制度进行规定的法令条文，而是基于这些规定制度的令式而编撰的法规性文献，所以与其说《唐六典》规定了某项制度，还不如说它归纳了某项制度。至于说它是按照何种理念和逻辑归纳的，无疑需要做深入的文本分析。对于政书类文献如何做文本分析和史料批判，是文献学和制度史研究的核心问题。这种分析和批判包括但不限于以下几点。

1. 将各项制度真正视为动态的和变化的,《唐六典》汇总归纳的不同时期的具体制度,需要作出时间和背景的考辨。要尽量回到措施和制度出台的原有制敕和令、式、格后敕等各种法令文本的形成过程,也就是通过制敕颁布的各种临时性措施的制度化过程中,把握《唐六典》对相关制度所做归纳的制度变迁背景,避免机械引用《唐六典》相关表述而对唐代制度作出与任何时期都不相符的描述。吴宗国先生在《盛唐政治制度研究》一书的绪论中列举了若干事例对此加以阐明。例如,不能因为《尚书吏部》一卷中有考功员外郎"掌天下贡举之职"的记载,就得出结论唐代的科举考试是由吏部考功员外郎主持的,而是要区分不同时期主持科举的机关发生了变化,开元二十五年以后是由礼部侍郎主持的。《唐六典》在考功员外郎之职条后有小注曰"然以旧职故复叙于此云",《尚书礼部》中也记载了"礼部尚书侍郎之职,掌天下礼仪、祠祭、燕飨、贡举之政令",并详细概述了《选举令》中的相关制度。由如此显而易见的例子推及全书,可发掘的制度变化线索非常丰富。如吴宗国先生所说,唐代制度许多体制和机制的重大变革,都可在梳理《唐六典》的叙事逻辑之后获得重新认识。

2. 将《唐六典》对各项制度的归纳置于开元时期制度转型和政治规划的时代背景下加以定位。开元时期的制度转型不同于此前在律令体制内的修补,而是面临着律令体制在实际政务运行层面的基本放弃、但在政治(或意识形态)层面却着意突出和强化的双重语境,并因此呈现出一种制度建设的全新努力,即立足于本朝政治实践而规划出新的发展方向。《唐六典》编撰过程的艰难曲折,当与此时代语境有很大关系。据《新唐书·艺文志》记载,开元十年(722),"起居舍人陆坚被诏集贤院修《六典》。玄宗手写六条,曰:理典、教典、礼典、政典、刑典、事典"。唐玄宗下令撰修《六典》的意图,即按照《周礼》六官的体例,编撰一部融汇唐朝开国以来制度法规的经典文献。后来实际编撰中遵循的两个具体原则,"以令式分入六司"和"其沿革并入注",是一种配合这个目标的折中做法。总体看来,作为开元时期制礼作乐的有机组成部分,《唐六典》既是对现实行用之礼乐刑政的总结和提炼,也是以《周礼》为底本对某种治国安邦理想目标的展望与摹写。可以说,有关《唐六典》编撰的制度背景,尤其是唐朝建立百年之后政治社会深层转型期的制度规划,应是一个具有重大学术价值的议题。

3. 将《唐六典》正文与标明时间的注文及其他典志文献如《通典》《唐会要》以及《册府元龟》等进行比勘。这种比勘不是传统文献学意义上的校对，而是将其作为定位开元以前制度的一个坐标，探寻某些制度的变化节点和线索。例如张弓指出的《唐六典》比《通典》多出的若干高品流内官，包括正一品的太尉，从三品的京兆、河南、太原尹，正四品的左右内率，正五品的军器少监等，还有州县等第、折冲府等第的不同记载，就是唐前期制度的重要印记（张弓《〈唐六典〉的编撰刊行和其他》，《史学月刊》1983 年第 3 期）。又如，永徽和开元《职员令》在官职设置上存在区别，尚书令何时从《职员令》中被删除的问题，就涉及唐前期制度和法令的重要变化。由于不同年代编修的令都存在对此前令文的吸收，无论是全文吸收还是改造吸收，其继承关系是肯定存在的。唐令早已佚失，即使以唐令为母本的日本《大宝令》《养老令》和明抄本宋《天圣令》中保存了相对原始状态的部分唐令，其中《天圣令》还只有至少应为三十卷中的十卷十二篇，这些令典也都无法提供不同时期令文的变迁实态。《唐六典》中记载了尚书令及其职掌，并不等于开元《职员令》中还保留了相关内容。又如《通典》说"大唐侍中、中书令为真宰相"，似乎尚书省的实际长官左右仆射（开元初改为左右丞相）从一开始就不是"真宰相"或制度上的当然宰相。但是《唐六典》却将其职掌表述为"左右丞相掌总领六官、纪纲百揆"，并有小字注曰："初亦宰相之职也。开元中，张说兼之，罢知政犹为丞相。自此已后，遂不知国政。"无疑，《唐六典》的说法比杜佑《通典》更符合唐前期的制度实际。事实上，唐前期所有的尚书左右仆射都无一例外获得知政事或同三品等授权，直到开元年间张说被解除中书令而任左右仆射时，才实现了仆射真正退出宰相行列。仆射退出宰相行列与中书门下体制的建立在制度上其实是密切相关的。按照祝总斌先生关于宰相的定义，宰相必须同时具有议政权和监督百官执行权。隋和唐前期事实上是三省长官共为宰相，尚书左右仆射无一例外都以"知政事""知机务"或同中书门下三品等加衔进入宰相行列，宰相集体是同时兼有议政权和监督百官执行权的。开元十一年中书门下体制的创设，同中书门下平章政事成为宰相的专有头衔，兼有议政权和监督百官执行权，尚书仆射随后彻底退出宰相行列。奏改政事堂为中书门下的张说，成为唐朝历史上第一个不加同三品衔而真正退出宰相行列的尚书仆射。

总之，《唐六典》与其他不同文献有关制度记载存在的异文，也许有的是文献的错漏，有的则是制度的变化更替，值得高度重视。在一些看起来抵牾之处，或者表面上难以理解的地方，往往就是一些制度变化的重要节点和线索。对于包括《唐六典》在内的唐代制度史文献做出历史编纂学和文献学的批判分析，换言之，把握此类文献的叙事特征和文本结构，是展开政务运行机制研究的基本功。

二、如何界定国家政务的内容及其分类

西方近代政治思想和国家治理体系强调的是立法、行政、司法三权分立和三权制衡。我们今天叙述中国历史上的制度，往往需要借助这些概念，但又需要警惕这些晚出的概念的不适应性。如何用现代学术语言来描述中国传统国家的制度，是新史学进入中国学术界之后中国古代制度史研究中无法回避的问题。本人在学界有关制度史研究丰厚积累的基础上，提出从政务运行的角度研究古代的政治制度，做出了一些初步的探索，但始终感觉很难明确界定涉及的相关概念。其中，国家政务的内容及其分类就是一个重要的方面。

政务显然不限于行政系统要处理的事务，而是传统国家要处理的全部事务，政务运行指的是君主和朝廷任命的官员处理国家事务的过程。在中国古代帝制国家的政治体系中，原本也不存在近代权力三分概念里的行政系统。理念上的国家权力边界在哪里，无论是地理空间上的，还是事务类别上的？国家治理能力的极限又在何处，朝廷想要处理的事务是否都有能力去实际处理？这些具有根本性意义的基础议题，也许需要在具体的研究中反复探索，并以相当的理论勇气加以提炼和概括。当然，这种提炼和概括首先要进入到历史上不同时代的制度语境和制度逻辑中去。在中国历史进入帝制时代之后，对国家制度最具有实践基础和理论高度的概括性描述，当数唐朝开元时期编撰完成的《唐六典》。这么说，不仅是因为奠定于唐前期的以尚书六部为核心的国家事务分类体系和运行机制一直运转到帝制的结束，更重要的是《唐六典》既是对唐以前制度的总结，同时又是站在中古历史转型关节点上的制礼作乐和制度擘画。北宋元丰官制改革很大程度上就是依托《唐六典》的蓝图并结合当时制度实际而展开的。

由于《唐六典》特殊的文献性质及其对制度的叙述方式，书中对唐代国家政务内容的概括及其分类，便构成我们进入到唐朝制度逻辑体系的门径。依托《唐六典》来界定唐朝国家政务的内容及分类，可获得以下几点

认识。

1. 邦国与天下的对举。这是《唐六典》对唐代国家政务做出的首层分类。政治和社会生活中实际行用的制度是不断修正和叠加而显错综复杂的，尤其到开元时期的唐朝制度，整个体系是一种立体复合的结构。《唐六典》对此作出了一种特有的文本呈现，采取了整齐对称的办法进行高度概括。其中，对于唐前期国家制度结构中最基本的一对关系即尚书六部与寺监的关系，《唐六典》将其叙述得非常整齐对称，六部尚书侍郎之职，都是"掌天下某某方面之政令"（如吏部尚书、侍郎之职，掌天下官吏选授、勋封、考课之政令），寺监长官诸卿监之职，则表述为"掌邦国某某方面之事"（如太常卿之职，掌邦国礼乐、郊庙、社稷之事）或"掌邦国某某方面之政令"（如卫尉卿之职，掌邦国器械、文物之政令）。这种对称性是《唐六典》做出的一种建构，重点在于天下与邦国的对举，而并非如严耕望所说政令与事务的区分（严耕望《论唐代尚书省之职权与地位》，《唐史研究丛稿》，香港新亚研究所，1969年）。寺监职掌中的政务一般限定在两京的范围之内，而不能直接指挥州府，将此表述为"邦国"之事或政令，无疑是对《周礼》的比附。在尚书六部所掌政务中，又区分"在京"与"诸州"两个类别，以对应"邦国"与"天下"。尚书六部与御史台的关系，也做出了某种对应的描述。这些描述不仅是对现行制度的记录，同时也体现了对国家政务分类与分层的进一步总结和提炼。

2. 尚书六部设官分职的对称。《唐六典》对尚书六部所掌政令内容的描述，也应是其作出的提炼和概况，而非对《职员令》令文的照抄。日本学者仁井田陞、池田温等在复原唐令时，令条的文字主要依据《通典》，盖其认为《通典》更接近唐令的原文，而《唐六典》对于六部尚书侍郎之职的概括则遵循一个特殊的逻辑。这当然是我的推测和理解，他们在《唐令拾遗》（及《唐令拾遗补》）中并没有明确表述。不过，《唐令拾遗》的绪论中特别指出了"（保留）唐令逸文最丰富的文献，应首推《通典》"，"一言以蔽之，《通典》载录了很多唐令逸文，群书中不见有与它相比的"，而《唐六典》和《开元礼》则虽可作为复原资料的重要文献，但条文本身不是令（仁井田陞著，栗劲、霍存福等编译《唐令拾遗》，长春出版社，1989年）。所以在复原唐令时主要采用《通典》的文字表述，而以《唐六典》的相关叙述作为断代系年的参考。如《唐令拾遗》复原《职员令》吏部条，采用的就是《通典》的文字，作"吏部尚书一人（掌文官选举，总判吏部、司封、司勋、考功四曹事）"，其引据为《通典·职官五·尚书下》。而《唐六典》中的表述是，"吏部尚书、侍郎之职，掌天下官吏选授、勋封、考课之政令"。如果《唐令拾遗》的复原是准确的，我们可以这么认为，即《职员令》对官员职掌的概括侧重其事类和所统下属机构，而《唐六典》的概括则不仅点出了下属机构职掌的事类如选授、勋封和考课，而且强调是"掌天下某某事之政令"。

唐朝前期，归总到尚书六部的六大部类政务，都统摄于按照环节和渠道分工的三省运行机制之中，无论是治官与理民、礼乐与刑罚、军事与民事，都遵从于一个一体化运作的行政统摄体系。法律史研究中民、刑二分问题的争议，很大程度上限于概念之争，放眼唐代国家治理总体原则，这种区分在律令格式的法令体系中缺乏依据，在政务运行中更是无从谈起。对于违反令、式者依格、律处罚，对于五刑中徒（不包括徒）以下的刑罚，是在京诸司和府州各曹司及县司皆可行使之职权，这种处罚及作出处罚的审理过程，都是政务裁决的范畴。涉及徒刑以上刑罚的执行，在京诸司移交大理寺，府州各曹司则移交给法曹，大理寺和府州法曹对接的是尚书刑部所掌司法政务。如此看来，司法也是政务的一部分，司法政务主要包括对徒以上刑罚的执行及申诉、审理。

尽管六部下属曹司则各自有其渊源，但统合为六部则是一种宏观的政务分类举措。地方州县与此对应，称为"六曹司"，尽管终唐一代地方的六曹司在名称上尚未完全对应尚书六部，但其分类的原则却是对应的。六部尚书侍郎所掌天下各类事务之政令，就是《唐六典》对国家政务内容概括及分类的基本框架。这个框架自然是随着尚书行政体制的发展完善而逐渐形成的，到《唐六典》编撰时经过总结提炼，进而成为后世理解唐代制度的基本依据。然而，之所以能够被总结提炼成为相对整齐划一的框架和体系，上升到具有"纲纪"意义的制度范式的高度，恰恰说明这套制度体系已经发展到需要深层转型的形态。

3. 御史台与尚书省的并列。国家政务的运行，总体上有积极和消极两个面向。以尚书六部通过寺监（在京）和府州（诸州）维持国家政令的上行下达和政务的正常运行，是积极主动的一面；以御史台三院（台院、殿院、察院）通过中央直贯基层的使职系统对尚书六部为枢纽的政务运行中出现的违反律令格式犯罪行为进行纠核，则是消极防范的一面。这就是杜佑概括的"设官以经之，置使以纬之"（《通典·职官序》）。在制度结构上，体现为"台省"层面呈现出的御史台与尚书省并列的特征。这应是从汉魏"台阁"之台指尚书台，到隋唐"台省"之台指御史台，御史台与三省并号"台省"的原因。"台省"成为隋唐以后政治体制中一个重要的政治概念。比如在唐代铨选制度中，就出现了"不历州县不拟台省"的原则。

政务裁决文书也呈现出御史台与尚书省并列的特征。从尚书系统看，魏晋南北朝时期逐渐形成的奏案转变为隋和唐初行用的奏抄，其背后是三省成为国家政务处理机关，尤其是尚书省成为全国政务的汇总机关和裁决机关。国家常行政务，根据律令格式的规定，由尚书省制为奏抄，再经门下省的审署，便完成了上奏于皇帝之前的所有审查程序。经由皇帝程序性地画"闻"之后，奏抄成了御画奏抄，具有与皇帝命令文书制敕相当的效力。其后，尚书省便将带有皇帝亲书"闻"字的御画奏抄以旨符的形式下达于所属官司执行。同样地，从御史系统看，由台案转变而来的奏弹，与奏抄在文书体式上相类，御史台在弹劾官员方面遵循着与尚书省进画奏抄相同的闻奏程序。换言之，通过奏弹和"御画奏弹"，御史台在监督国家政务运行方面，取得了与尚书省相类似的职权与地位。经过皇帝画"闻"的奏弹，"留台为案"，另外"更写一通，移送大理"，则类似于尚书省以旨符的形式指挥公事。至于不应奏者，御史台也可以直接"纠移所司"，令其推判，相当于门下省对奏抄驳正违失。从这个意义上来说，御史台系统的政务运行大体遵循着类似于尚书、门下、中书三省之间的分工协作程序。《唐会要》卷六二《御史台下·杂录》载垂拱元年（685）正月敕："御史纠获罪状，未经闻奏，不得辄便处分。州官府司，亦不得承受。"敕文中的闻奏，应该就是通过奏弹的文书渠道。说明御史台的奏弹经过闻奏皇帝之后，就可以行下处分，州县官司亦须承受。

以上两个方面的体会，是在阅读张雨的书稿之后获得的初步想法，有的就是对其书稿内容的总结。如理解有误，责任在我。

制度史作为中国古代史专业研究生的入门训练，具有较为成熟的传统。但要在最初训练的基础上深化与提高，中间还有若干需要跨越的门槛。这肯定是在课堂上无法完成的，还需要毕业以后长期的自主摸索与学术实践。本书是张雨在其博士学位论文基础上修改补充而成的专著，体现了他在研究工作中一以贯之的接续学术传统的努力。论文答辩提交稿完成的时间至今将近十年了，作为他的博士论文指导教师，我不仅见证了其学术探索和成长的历程，也在与他的往复讨论中学习到许多新的知识和思考问题的方法。在阅读其书稿的过程中，再次产生了一些新的想法，也许并不系统，但作为读后感记录下来，权以为序。

刘后滨

2020 年 7 月于北京

目 录

绪　言

一　选题意义与概念阐释

本书从政务运行角度，研究公元 7 世纪至 11 世纪中国（唐至北宋前期）司法体制的延续、发展、转型乃至局限，但并未打算将相关研究置于"唐宋变革论"之下予以论述。[①] 同时，之所以不在题目中使用"司法制度（体制）"等概念来涵盖本书的研究对象，是想试图突破传统制度史，尤其是法制史（或者说是法律史和法史学）的范式研究。[②] 笔者关心和尝试回应的，基本上还是中国古代政治制度史研究的新老话题，故几经反复之后，最终还是决定使用"司法政务"或"司法政务运行机制"来体现上述研究旨趣。

政务运行是近二十年来中国古代制度史研究中兴起的新视角之一，也是制度史研究学术转型的重要标志，即不把制度看作是静态的、孤立的，而是将制度史作为过程的、关系的，[③] 从政治体制的角度分析中国古代国

[①] 本书尝试立足于包伟民提倡的"唐宋会通"视角来研究这一时期的司法制度。参见张邦炜《唐宋变革论的误解与正解——仅以言必称内藤及会通论等为例》，《中国经济史研究》2017 年第 5 期，第 70—76 页。笔者对唐宋变革的理解，可参见拙文《新古典经济学租佃模型视野下的唐宋变革——以地租率和人身依附关系变化为中心》，《国学学刊》2018 年第 2 期，第 18—33 页。

[②] 传统制度史研究，可以白钢主编《中国政治制度通史》（人民出版社，1996 年）和张晋藩总主编《中国法制通史》（法律出版社，1999 年）为代表。关于法律史和法史学的概念，参见梁治平《法律史的视界：方法、旨趣与范式》，《中国文化》第 19—20 期，2002 年，收入《法律史的视界：梁治平自选集》，广西师范大学出版社，2013 年，第 222—282 页；刘广安：《中国法史学基础问题反思》，《政法论坛》2006 年第 1 期，第 27—31 页。

[③] 邓小南：《走向"活"的制度史——以宋代官僚政治制度史研究为例的点滴思考》，《浙江学刊》2003 年第 3 期，收入包伟民主编《宋代制度史研究百年（1900—2000）》，商务印书馆，2004 年，第 10—19 页。亦可参游自勇《动态的政治制度史——评刘后滨〈唐代中书门下体制研究〉》，荣新江主编：《唐研究》第 13 卷，北京大学出版社，2007 年，第 583—594 页。

家不同时期的权力结构及其运行机制。① 本书是在上述学术转型影响下进行的一种尝试。

可是，当决定从政务运行角度来研究唐宋之际司法制度时，尤其是自打算采用"司法政务"概念起，笔者就不得不尴尬地发现，与很多学者一样，自己面临着要先解开如何在现代学术的语境下探讨中国古代史范式的疑惑。

随着西方近现代学术的传入，无论是主动也好，被动也罢，中国现代学术建立所依托的概念体系，基本是从源于西方自身发展而形成的概念体系中移植过来的。更有甚者，在特殊历史情境下，中西学术话语的对接，很多时候是通过对日本学界的汉字译词采取拿来主义（所谓"和文汉读法"）方式来实现的。②

现代学术话语体系的建立，使得中国学术有了质的变化。就中国史而言，研究者不再局限于王朝史的窠臼，改从国家、社会、经济的整体视角去观察历史中国的发展。而且，这种观察不仅关注中国自身的发展，更是把中国置于世界史背景中去理解它的过去与现在。③ 这是现代学术的优势。不过，随着范式的转换和研究的深入，越来越多的学者也开始反思，当越来越熟悉并自如地运用这些概念去研究中国史的基本问题时，会不会又陷入了西方或现代主义的立场，并将其移情到对中国传统史料的解读中，④ 同

---

① 刘后滨：《唐代中书门下体制研究——公文形态、政务运行与制度变迁》，齐鲁书社，2004 年，第 1—2 页。参见游自勇《墨诏、墨敕与唐五代的政务运行》，《历史研究》2005 年第 5 期，第 32—46 页；魏斌：《"伏准赦文"与晚唐行政运作》，《中国史研究》2006 年第 1 期，第 95—108 页；刘后滨：《文书、信息与权力：唐代中枢政务运行机制研究反思》，包伟民、刘后滨主编：《唐宋历史评论》第 3 辑，社会科学文献出版社，2017 年，第 265—287 页。

② ［日］实藤惠秀著，谭汝谦、林启彦译：《中国人留学日本史》（修订译本），北京大学出版社，2012 年，第 241—247 页。又，据实藤氏及译者统计，中国人承认的来自日语的现代汉语词汇有 844 个，其中就包括法律、法学、民法、法庭、判决、处刑等司法名词，同前书，第 275—283 页。

③ 参见胡戟、张弓等主编《二十世纪唐研究·序二》（［日］谷川道雄撰，马彪译），中国社会科学出版社，2002 年，第 11—14 页；拙文《马克思主义史学视野下汪篯先生的经济史研究》，包伟民、刘后滨主编：《唐宋历史评论》第 4 辑，社会科学文献出版社，2018 年，第 48—51 页。

④ 比如以马克思主义五种社会形态说理论为代表的、从社会形态入手来讨论中国古代史分期的研究范式，对于改变近代中国学术界对自身历史的认识，有着重要的学术价值与意义。但是长期以来，传统马克思主义研究者僵硬地套用源自西方社会的五种社会形态概念来分析中国史分期的做法，相关术语愈发受到质疑［参见冯天瑜《"封建"考论》（修订版），中国社会科学出版社，2010 年］，甚至被放弃［参见翦伯赞主编《中国史纲要》（增订本），北京大学出版社，2006 年；刘后滨：《经典教材的生命力——评 （转下页）

时产生"倒放电影"式的先知先觉？①

就法史学而言，运用现代法学知识，特别是运用部门法体系去分析中国传统法律史史料，是近代以来中国法史学形成和发展的主要标志。但是，过多从部门法的理论预设出发，使得中国法史研究染上了浓厚的现代色彩。这种简单地从现代部门法体系出发，随意选择、分割中国传统法制史史料的做法，使得传统法律体系的整体性和历史性受到了破坏，也由此造成认知的主观性和结论的片面性。② 比如很多学者习惯从民事法与刑事法的角度来研究唐代司法体制，并将唐代地方府州的户曹（司户）和法曹（司法）分别视为民事审判和刑事审判机构。实际上，这种看法并不符合在行政统摄下的唐代地方司法政务运行机制（参见本书第一、二章）。

还有不少学者直接把唐代刑部、大理寺、御史台看作中央三大司法机关，将其分别视为全国司法行政机关、最高审判机关和监督大理寺审判的监察机关。③ 其中的问题不仅在于生硬地套用西方"司法"的概念，更在于混淆了中国古代制度在不同时期的性格特征。在唐代，尤其是唐前期，尚书省，尤其是尚书都省才是全国政务运行的枢纽，刑部只是尚书省六部之一。更何况当时六部独立性不强，尚书省的政务分工仍着眼于二十四司，因此，在日常政务处理中，"省"和"司"的意义远大于"部"。④ 若欲讨论唐代司法政务中"刑部"的地位与作用，以及其与大理寺、御史台及州县的关系，必须将其放在"尚书省—刑部—刑部司"三级架构之内，

（接上页）翦伯赞主编〈中国史纲要〉（增订本）》，《北京大学学报》（哲学社会科学版）2007年第3期，第151—153页]。这反映了中国史学者试图突破西方学术话语局限的努力，但也带出了另一个问题：应该如何理解和评价马克思五种社会形态理论及20世纪中国古代史分期研究成果的价值及意义？笔者近年来围绕租佃制的发展有过一些初步的思考。参见拙著《赋税制度、租佃关系与中国中古经济研究》，上海古籍出版社，2015年，第5—42页；拙文《重回"封建"：阐释中国史的旧话语与新可能》（未刊稿）。

① "倒放电影"虽然有助于历史学家认识过去，但是也可能在无意中使其剪辑掉一些看上去与结局关系不大的枝节，同时还会出现有意无意地以后起的观念和价值尺度去评判昔人、从而得出超越当时当地的结论的情况。见罗志田《近代中国史学十论》，复旦大学出版社，2003年，第259页。

② 刘广安：《中国法史学基础问题反思》，第29页；朱腾：《中国法律史学学科意义之再思》，《光明日报》2018年10月15日，第14版。

③ 汪潜：《唐代司法制度——唐六典选注》（前言），法律出版社，1985年，第5页；陈玺：《唐代诉讼制度研究》，商务印书馆，2012年，第169页。按，从当代中国司法行政的范围（包括监狱劳教、律师公证、法制宣传、法律援助、安置帮教、社区纠正、司法鉴定等）来看，它是具有司法性的政府行政管理活动。参见关保英主编《司法行政法新论》，山东人民出版社，2011年，第3—4页。

④ 雷闻：《隋与唐前期的尚书省》，吴宗国主编：《盛唐政治制度研究》，上海辞书出版社，2003年，第84—93页。

并立足于三省制的运作中去理解。而前述论点，首先是站在明初废中书省，罢置丞相，以六部直接面对皇帝的制度背景下去理解唐代制度；① 其次又站在清末改刑部为法部（如今司法部），改大理寺为大理院（如今最高法院）的背景下去理解唐代制度。② 这难免会对唐代制度的理解产生偏差（参见本书第三章）。

就"司法"而言，随着西方近现代国家理论和三权分立学说的传入，中国才逐步接受了三权分立的模式，建立起区别于政务（行政）的"司法独立"的体制。司法制度或司法系统由此才出现。因而，可以说从中国法史学形成之日起，"中国古代司法制度史"就难以避免地带上了"司法独立"的色彩。无论是试图找出中国古代的"法治主义"精神，还是主张事实上的"行政兼理司法"，都已然不同程度地附加了三权分立的理论预设。那么关于中国古代的司法，究竟应该将其视为"司法"，还是应该将其视为政务？这是一个问题。

里赞在对清朝州县审断问题的研究中，已开始反思和试图摆脱现代权力分立观念的局限。他指出关于清朝州县审断性质的看法，无论是滋贺秀三所主张以情理为主的"教谕式调停"，还是黄宗智所主张"严格依律"的法律实践行动，都不过体现了研究者对"法治"的强调与否而已，没有突破既有理论预设和论证思路，因而主张清代州县审断是州县官作为地方政务长官而对纠纷进行裁决的政务性活动。也就是说，清代州县审断应被看作政务而非司法。③

应该说，上述围绕清代州县审断性质的思考，对本书提出"司法政务"的概念有着积极的支持作用。此外，张帆对"行政"一词的考察，也

---

① 《明史》卷二《太祖纪二》，洪武十三年（1380）正月癸卯，"罢中书省，废丞相等官，更定六部官秩"，中华书局，1974年，第34页。

② 《清史稿》卷一四四《刑法志三》："迨光绪变法，三十二年（1906），改刑部为法部，统一司法行政。改大理寺为大理院，配置总检察厅，专司审判。于是法部不掌现审，各省刑名，画归大理院覆判，并不会都察院，而三法司之制废。"中华书局，1976年，第4215页。参见黄源盛《民初大理院（1912—1928）》，《政大法学评论》第60期，1998年，收入杨一凡总主编《中国法制史考证》乙编第二卷《法史考证重要论文选编·刑制狱讼考》（分卷主编杨一凡、刘笃才），中国社会科学出版社，2003年，第704—778页。该论文亦对中国古代司法审判制度做了概述，将唐代大理寺视为全国最高审判机关，凡中央百官犯罪，京师徒以上罪及地方流以上罪皆需申报大理寺审断。而以刑部为司法行政机关，对大理寺和地方所审案件进行复核。同前书，第700—701页。

③ 里赞：《司法或政务：清代州县诉讼中的审断问题》，《法学研究》2009年第5期，第195—198页。参见里赞《晚清州县诉讼中的审断问题——侧重四川南部县的实践》，法律出版社，2010年，第25—27页。

支持了本书所提出的"司法政务"概念。她的研究表明，在接触三权分立学说之始，19世纪40年代的中国学者是以"行法"来对译"executive / administration"。这个概念随后传入了日本，并成为明治维新时日本官方对三权分立学说的正统翻译。因此，在明治政府公布的官制设计《政体书》中，"行政官"是在太政官之下，总"执行法之权"的机构。但同时该机构又设置有超然于"三权"之外的辅相官。① 随后在推行新官制时，行政官被改置为太政官。"行政"也从具体官职名称中解放出来，上升为一般化的概念，并最终取代"行法"成为对译"administration"的新概念。新的译词很快在清末新政的留日潮中漂洋回国，取代了原有译法。②

据此可知，"行政"成为对译"administration"的汉语概念，有其偶然性。假如没有日本明治初年政治实践这一特殊因素的影响，"行政"一词或许仍保持古代汉语"行政当国"之意。③ 换句话说，"行政"应该超然于三权之外，成为国家权力的总称。从这个意义上说，"司法"本身就是"行政"的组成部分。笔者提出"司法政务"的概念，也是基于这样的考虑。

目前，对唐代政务运行机制的研究，主要是基于对公文书形态的解读，利用公文形态的特点及其演变分析政务在申报和批复程序中所体现出制度变迁。受此影响，在以唐代司法政务为中心进行研究时，笔者更多关注司法政务（五刑）的申报和批复程序。所以，本书的研究重心在于官司作出司法审断裁决（"狱结竟"）之后的审覆与申奏，④ 而不太关注审断本身的程序以及官员在审断过程的责任与义务。

---

① 根据明治元年（1868）日本政府所颁《政体书》："天下之权力，皆归太政官，使政令无出于二途之患。分太政官之权力为立法、行法、司法三权，使无偏重之患。"太政官之下分为议政官（分上、下二局，以"执立法之权"）、行政官（置辅相、辨事诸职，以"执行法之权"）、神祇官、会计官、军务官、外国官（各置知事官诸职，以此"四官分执行法之权"）、刑法官（置知事官诸职，管监察、鞫狱、捕亡三司，以"执司法之权"）等七官。内阁官报局编：《明治年间法令全书》第1卷，原书房，1985年，第138—143页。《政体书》规定立法官、行法官不得互兼，但行政官可以二名辅相兼任议政官上局议定、以辨事兼任下局两名议长之职。同时，太政官法令，实际是由辅相以"行政官"的名义发布。这就有可能对作为司法官的刑法官产生干涉作用。参见张帆《"行政"史话》，商务印书馆，2007年，第68—71页；[日]井出嘉宪：《日本官僚制与行政文化》，东京大学出版会，1982年，第39—40页；伊文成、马家骏主编：《明治维新史》，辽宁教育出版社，1987年，第358—359页。参见拙文《明治维新与清末新政中"行法""行政"的概念嬗变》，2019年7月在德国明斯特大学古代东亚之法律与社会国际学术会议宣读。
② 张帆：《"行政"史话》，第34—101页。
③ 《史记》卷三《殷本纪》，"伊尹摄行政当国，以朝诸侯"，中华书局，2017年，第128—129页。
④ （唐）长孙无忌等撰、刘俊文点校：《唐律疏议》卷三〇《断狱律》，"狱结竟取服辩"条疏，"'狱结竟'，谓徒以上刑名，长官同断案已判讫"，中华书局，1983年，第568页。

最后，还想说明的是，虽然此前不断强调有关学者对现代学术话语和理论预设的批判乃至扬弃，但笔者仍认为这种做法只是对将现代学术概念不假思索地套用在中国古代史研究中的范式的反思，并不意味着现代学术话语本身必然是错误或不适用的。中国近现代学术的价值也正体现在它所建立的一套话语体系。对这一体系加以修正和完善是必须和亟须的，但不宜采取彻底否定的态度。所以本书并没有从唐代文献中借用成语，最终还是坚持使用了"司法政务"这一概念。① 至于此概念是否合适，笔者将在日后研究中继续思考。

二 学 术 史 回 顾

尽管还没有论著从司法政务的角度来研究唐代政务运行机制，但与之相关的唐代制度史与法制史领域的研究，可谓成果繁富。

1. 唐代司法审判制度研究

唐代法制史研究是中国古代史研究的重要部分，也是学者关注的重点。从既有成果来看，研究者多是选取《唐律疏议》《唐六典》等典籍记载的制度截面，讨论唐代的司法机关和司法制度。其分析基本上是将唐代司法制度分为起诉（或称为告诉）制度、审判制度（包括复审和死刑复核制度）、判决的执行制度（包括监狱制度）几个方面来进行研究或是整体论述。这种划分，正是基于现代法学诉讼程序而进行的建构。②

① 为了做到不以现有概念曲解原有概念，并尽量避免由此产生的主观臆断，里赞特意不采用学界流行的"州县司法"或"清代民法"，而使用"州县审断"的概念。不过，他所谓的审断问题，是州县司法中的一个环节，即州县官员作出审判裁决的过程。这与本书所关心的问题又不太一样。故而笔者没有采用唐代文献中所谓"断狱""断罪""断事"之类的概念，仍是采用"司法政务"的概念，来涵盖"狱结竟"之后案卷的申报和批复。"断狱""断罪""断事"，见《唐律疏议》卷三〇《断狱律》，"断罪不具引律令格式"条，第561页；雷闻：《唐开元〈狱官令〉复原研究》，复原第44条（据宋第38条复原）："诸司断事，悉依律令格式正文。"天一阁博物馆、中国社会科学院历史研究所天圣令整理课题组校证：《天一阁藏明钞本天圣令校证（附唐令复原研究）》，中华书局，2006年，第629—630页。

② 这方面的论著很多，可参见陈顾远《中国法制史》（初版1934年），中国书店，1988年；张晋藩主编《中国法制史》，群众出版社，1982年；乔伟《唐律研究》，山东人民出版社，1985年；薛梅卿、叶峰《中国法制史稿》，高等教育出版社，1990年；以及前揭张晋藩总主编《中国法制通史》第4卷《隋唐卷》（分卷主编陈鹏生）。

基于现代法的部门分类，诉讼被分为刑事诉讼、民事诉讼和行政诉讼。三者各有其实体法和程序法来保证对不同类别案件的审理与执行。然而面对中国古代法律制度，比如如何就唐代律、令、格、式及格后敕体系，认识其司法制度——长期以来，国内外学者基本都是基于民事法、刑事法二分的角度来解读唐代司法制度的。① 但也有例外，如泷川政次郎曾指出唐代的诉讼程序中，没有民事和刑事的区分，只有杀人奸盗、严重侵夺之类的事急与良贱债负、侵夺非甚之类非事急之区别。② 不过，他后来修正了自己的观点，指出继受唐代律令的日本律令关于临时诉讼法之规定，大多收录于《狱令》，关于定季诉讼之规定收录于《公式令》，所以临时诉讼法、定季诉讼法之名又可称为狱令诉讼法和公式令诉讼法。并明确指出，临时诉讼的程序即刑事诉讼，定季诉讼的程序即民事诉讼。③

这种刑事、民事二分的看法，在日本学界中渊源甚早。20 世纪初，浅井虎夫就在《支那法制史》中指出，虽然唐代地方裁判委诸地方行政官而无刑事民事之别，但却有刑法、民法之分，刑法主要保存于《唐律疏议》，而民法则可据之唐令。④ 后来，有贺长雄、中田薰在论述日本律令制下的审判制度时，也从《狱官令》和《公式令》的差异着手，探讨了刑事诉讼和民事诉讼的区别。⑤ 仁井田陞继承了这种观点，认为唐代刑事审判，大

---

① 李玉生：《唐令与中华法系研究》，南京师范大学出版社，2005 年，第 1—3 页。

② ［日］泷川政次郎：《唐代法制概说》，载氏著《中国法制史研究》（初版 1940 年），岩南堂书店，1979 年，第 38—41 页。泷川氏的区分，应是套用清代法律的案件分类标准"重情与细故（或细事）"，利用唐代律令中"急速"等表述而形成的。参见里赞《刑民之分与重情细故：清代法研究中的法及案件分类问题》，《西南民族大学学报》（人文社会科学版）2008 年第 12 期，收入《晚清州县诉讼中的审断问题》，第 52—60 页；邓建鹏：《词讼与案件：清代的诉讼分类及其实践》，《法学家》2012 年第 5 期，第 115—130 页。另须指出的是，泷川氏虽然认为唐代诉讼没有民、刑的区分，但仍将唐律区分为刑法和民法加以论述，见前揭《唐代法制概说》，第 42—53 页。

③ ［日］泷川政次郎：《律令制下的民事诉讼法》，《早稻田法学》第 30 卷（斋藤金作编：《中村宗雄教授还历祝贺论集》），1954 年，第 4—8 页。这一看法也可作为对唐代律令制的论说。不过，泷川氏的学生岛田正郎仍主张中国古代制度是司法官司和行政官司原则上不分离。尽管存在刑法典，但审判在古代叫狱讼，没有明确的刑事和民事区分。见氏著《东洋法史（增订版）》（初版 1970 年），东京教学社，2001 年，第 78—79 页。

④ ［日］浅井虎夫：《支那法制史》（初版 1904 年），中译本由邵修文、王用宾译，题为《中国历代法制史》，由东京古今图书局、太原晋新书社出版，1906 年，第 160—183 页。浅井虎夫的研究，对中国法制史学科体系的构建影响深远。参见陈晓枫、柳正权《中国法制史研究世纪回眸》，《法学评论》2001 年第 2 期，第 4 页；张晋藩：《继往开来的百年中国法制史学》，《甘肃政法学院学报》2012 年第 5 期，第 1 页。

⑤ ［日］有贺长雄：《日本古代法释义》，东京铅印本，明治四十一年（1908），第 181—182 页；［日］中田薰：《日本公法法制史》（东京大学讲义），昭和九年（1934），第 209—213 页。

要以《狱官令》所规定的审判程序为主，民事（即田宅、婚姻、债负）的诉讼则依据《杂令》所规定的审判程序。[①] 泷川氏大概就是在上述研究影响下修正了自己的观点。奥村郁三进一步将唐代审判程序分为由《狱官令》所规定的刑事审判程序和由《公式令》《杂令》所规定的民事审判程序两大系统。[②] 总之，日本学者是将《唐律疏议》看作是实体法（包括刑法、民法和行政法），而把《狱官令》所规定的刑事审判程序和《公式令》《杂令》所规定的民事审判程序分别视为相应的程序法。

国内学者讨论唐代民事诉讼和刑事诉讼之别及其制度的论著也有不少。陈顾远、朱方早在 20 世纪 30 年代就指出唐代刑事审判制度与民事审判制度有明显区别：唐代民、刑各采三级制，民事例由里正等审判之，判而不服者，申诉于县令，再不服则申诉于州刺史；刑事例由其所发生之县推断之，再上而州，进而至刑部、大理寺。然民事，在实际上恒至县而止。因上诉名为诉对造（即对方当事人），实则视为诉原审官，民多有畏。故而名为三级而实二级。且里正等的所谓审判亦只属调解仲裁性质，名为三级而实又一级。[③] 杨鸿烈则从地方府州均置法曹（司法）参军和户曹（司户）参军，分理刑、民案件（县下亦有司法佐、司户佐，性质相同）的机构设置来论证唐代诉讼基本上是民、刑有分的，回应了浅井氏的观点。[④] 后来学者在研究中也大多分民事和刑事论述。如汪世荣《汉唐民事诉讼制度》、张中秋《唐代民事法律主客体与民事法源的构造》《唐代经济民事法律述论》、张晋藩主编《中国民事诉讼制度史》、郑禄《唐代刑事起诉制度》《唐代刑事审判制度》，[⑤] 都从不同侧面介绍

---

① ［日］仁井田陞著、牟发松译：《中国法制史》（初版 1952 年），上海古籍出版社，2011年，第 81—82、84 页。参见 ［日］小早川欣吾《唐朝司法制度》（2），《法学论丛》第41 卷第 6 号，1939 年，第 98—102 页。

② ［日］奥村郁三：《唐代裁判手续法》，《法制史研究》（日本法制史学会年报）第 10 号，1959 年，第 40—46、53—78 页。

③ 陈顾远：《中国法制史》第 3 编《狱讼制度》，第 241 页；朱方：《中国法制史》第 3 章第6 节《唐律之审判制度》，上海法政学社，1932 年，第 131—135 页。

④ 杨鸿烈著、范忠信等校勘：《中国法律发达史》（初版 1930 年），中国政法大学出版社，2009 年，第 245—246 页。

⑤ 汪世荣：《汉唐民事诉讼制度》，《法律科学（西北政法学院院报）》1996 年第 4 期，第75—80 页；张中秋：《唐代民事法律主客体与民事法源的构造》，《法制与社会发展》2005 年第 4 期，第 3—10 页；《唐代经济民事法律述论》，法律出版社，2002 年，第253—262 页；张晋藩主编：《中国民事诉讼制度史》，巴蜀书社，1999 年；郑禄：《唐代刑事起诉制度》，《法学评论》1985 年第 3 期，第 28—32 页；《唐代刑事审判制度》，《政法论坛》1985 年第 6 期，第 26—30 页。

了唐代民事诉讼制度和刑事诉讼制度。然而这些研究大多缺乏对日本学者研究的评述与回应。①

正是由于此原因，使得国内一些学者在研究唐代司法制度时，往往不太注意《狱官令》与《公式令》《杂令》之间的区别。张晋藩主编的《中国民事诉讼制度史》在论证唐代民事诉讼应该由被告所在地之县衙为第一审级时，其史料依据却是《唐六典》"凡有犯罪者，皆从所发州、县推而断之；在京诸司，则徒以上送大理，杖以下当司断之"的规定。② 而实际上这段本自《狱官令》的规定，按照日本学者的理解，应该适用于刑事审判。张建彬讨论了唐代州县的审判权限问题，认为《狱官令》"杖罪以下，县决之，徒以上，县断定，送州覆审讫，徒罪及流应决杖、笞若应赎者，即决配征赎"只明确规定了县级司法审判权的上限，却未对州一级司法权的下限作出明确界定。更高层级的使职以及中央司法机构的司法权下限，也没有界定。这就导致很多普通的民事案件一审时并未经县而直接到了州和使职、甚至是中央司法机构那里。所以尽管《唐律疏议》中有禁止越诉的规定，但由于州以上的司法权没设明确的下限，所以何为"应经县"的案件很难区别清楚，造成越诉现象在整个唐代一直非常严重。③ 且不说"越诉现象在整个唐代一直非常严重"的结论是否正确，单从将适用于刑事案件的《狱官令》与适用于民事案件的《唐律疏议》"越诉"条交叉论

---

① 参见胡戟等主编《二十世纪唐研究·政治卷》第4章《法制》（周东平执笔），第174—177页。对日本学者的研究介绍，见郑显文《律令体制下的唐代民事诉讼制度研究》（樊崇义主编：《诉讼法学研究》第8卷，中国检察出版社，2005年）；《中国古代"农忙止讼"制度形成时间考述》（《法学研究》2005年第3期），收入氏著《律令时代中国的法律与社会》，知识产权出版社，2007年，第183—218、133—154页；李玉生：《唐令与中华法系研究》，第4—13、15—16页。后者将唐律、唐令分别称之为"惩罚性法律"和"制度性法律"，试图剥去其身上被现代人所强加的"行政法（规）""刑法"或"诸法合体"的特征。参见马小红《中国法律史研究之目的——读李玉生教授〈唐令与中华法系研究〉有感》，载氏著《古法新论：法的古今连接》，上海三联书店，2014年，第223—226页。
② 张晋藩主编：《中国民事诉讼制度史》第2章《汉、唐的民事诉讼制度》（汪世荣执笔），第29页。注意到唐令的内部差异，并将其应用于唐代诉讼制度的研究中的，有洪婷婷《唐代刑事诉讼制度研究》，硕士学位论文，南京师范大学，2008年。此外，陈玺在其博士学位论文《唐代诉讼制度研究》（陕西师范大学，2009年）的基础上，已经先后出版两部著作《唐代诉讼制度研究》《唐代刑事诉讼惯例研究》（科学出版社，2017年），分别从一般性诉讼制度、习惯性诉讼规则（即在诉讼活动中客观存在，却不见于律典明确规定，又为官方和民众普遍认同的各类习惯性规则）角度对唐代司法体制加以研究。马晨光《唐代司法研究——以唐代司法管理及教化为视察点》（博士学位论文，南京理工大学，2011年）则以司法管理及教化为视察点来研究唐代司法，涉及唐代司法机构的设置与权限。
③ 张建彬：《唐代县级政府的司法权限》，《山东大学学报》（哲学社会科学版）2002年第5期，第88—91页。类似交叉的论证，见陈灵海《唐代刑部研究》，法律出版社，2010年，第231—235页。

证来看，上述论证即存在不足。

不过中日学者将民事法、刑事法的区分用于唐代司法制度的研究范式，似乎并没有得到西方学者的认同。崔瑞德在《初唐法律论》中提到，一些日本学者认为唐朝法律对民事案件和刑事案件有不同的程序，但他认为唐律中并不存在明确的民事、刑事的区别。一切案件，除非它是对刑律（唐律）的触犯，否则是不会被受理的，也不会受到判决和惩罚。他根据唐律是在"案件仍要加以一定的惩罚"的特点，认为唐代所有案件都是刑事案件。[①] 应该说，这种看法也是有其局限性的，即只将律视为唐代的法律，并将唐律从总体上看作刑律。

2. 唐代刑部与大理寺研究

如前所述，刑部、大理寺是唐代主要负责中央司法政务处理的机构，但学界对其职权与地位的认知，常常呈现出混淆中国古代不同时期制度特征的疏失。原因在于，对刑部和大理寺的研究尚不充分。中国古代政治制度史研究的重心向来是中枢体制或宰相制度（也涉及尚书省与寺监关系）。虽然前辈时贤对隋唐尚书省内部结构及其渊源亦有所阐述，但受研究重心局限，往往停留在对尚书分曹和郎曹废置的平面描述，缺乏深度分析。

近年来，有关隋唐尚书省结构及渊源的研究，基本上是围绕着隋唐制度与北周制度的关系展开的。《隋书·百官志》曰："（隋）高祖践极，百度伊始，复废周官，还依汉、魏"，又曰："高祖既受命，改周之六官，其所制名，多依前代之法。"[②] 到了中晚唐，杜佑更是明确指出，"后周依《周礼》置六官，而年代短促，人情相习已久，不能革其视听。故隋氏复废六官，多依北齐之制"，[③] 认为隋唐官制多承北齐而不承北周。受此影响，陈寅恪从礼仪、职官等八个方面，总结了隋唐制度的三源，并特别强调西魏、北周制度影响及于隋唐者，实较微末："三源之中，此（西）魏、周之源远不如其他二源（按：指北魏北齐、梁陈制度）之重要。"[④]

---

① 崔瑞德（Denis C. Twitchtt，又名杜希德）：《初唐法律研究》，初刊《法律史》（*Legal History*）1976年第1期，中译文原载《南京社会科学》1993年第3—4期，张中秋译，后以《初唐法律论》为题，收入张中秋编《中国法律形象的一面：外国人眼中的中国法》，中国政法大学出版社，2012年，第240页。

② 《隋书》卷二六《百官志上》、卷二八《百官志下》，中华书局，2019年，第800、863页。

③ （唐）杜佑著、王文锦等点校：《通典》卷二五《职官七·总论诸卿》，中华书局，1988年，第691页。

④ 陈寅恪：《隋唐制度渊源略论稿》，生活·读书·新知三联书店，2001年，第3—4页。

随着研究的推进，学者们意识到了唐人说法的偏颇，开始强调北周六官对隋唐尚书省亦有深刻影响。阎步克指出，工役之曹地位得以升格，隋唐工部尚书与其余五部平起平坐，北周冬官府的设置是其始。另外，"工部""民部""礼部""兵部""刑部"之名，也都直接来自北周六官。① 其中即涉及唐代刑部的制度渊源。②

据上可知，有关唐代刑部的论著主要由制度史研究者完成，因而其中所体现的问题意识（如强调六部与二十四司区别），也都与法制史研究者的问题性区别明显。后者更关心包括刑部在内的唐代中央、京畿和地方的司法组织机构，以及司法机关的外部与内部组织的编制和职掌情况。但论述同质化现象严重，甚至到 20 世纪 80 年代，多部中国法制史教材以及杨廷福《唐律初探》仍在沿袭杨鸿烈、刘陆民关于司法机关的旧说，只不过增加了对由"三司"长官组成的机构（三司受事、三司推事）的论述。③ 对唐代司法"三司"的关注，根源于这一制度被人认为对明清三法司制度有重大影响。④ 但随着探讨的深入，学者更多是从唐代制度史自身

---

① 阎步克：《品位与职位：秦汉魏晋南北朝官阶制度研究》，中华书局，2002 年，第 577—578 页。吴宗国也认为杜佑之说，失之详察，隋官并非不承北周之制，其尚书省结构是综合了北齐、北周和梁制的积极因素并加以整饬而形成的。雷闻进一步讨论了隋朝尚书省二十四司的来源，认为其中既有汉魏以来旧传统的因素，也有北朝（包括北周）新出现的成分。吴宗国《三省的发展与三省体制的建立》与雷闻《隋与唐前期的尚书省》，皆载吴宗国主编《盛唐政治制度研究》，第 6—7、73—74 页。石冬梅进一步指出西魏大统十二年（546）尚书省改革是隋唐尚书省形成的重要环节，不仅确立了隋唐六部的名称，还开启了北朝后期精简机构、归并尚书郎曹的先声。见氏著《西魏北周六官制度新探》，《西南大学学报》（人文社会科学版）2007 年第 1 期，第 181—185 页；《论西魏尚书省的改革》，《许昌学院学报》2008 年第 1 期，第 28—31 页。

② 受此影响，近年也有两篇博士学位论文涉及隋唐刑部的起源。其中王建峰《唐代刑部尚书研究》（山东大学，2007 年）仅引述《唐六典》《通典》《唐会要》的记载来概述唐代刑部的制度渊源，第 8—15 页。陈灵海《唐代刑部》（华东政法学院，2004 年）则以倒序的方式依次对隋改都官为刑部、西魏改三十六曹为十二部、西晋与北魏三十六曹进行了考察，并探讨了都官、比部、司门三曹的来源，最后指出开皇三年（583）尚书省改制，是以北周官制之美学形式，整合齐梁之制度实践，杂糅而成。参见氏著《唐代刑部研究》，第 8—43 页。从总体来看，两篇论文对隋唐刑部渊源的梳理，仍有较大拓展空间。笔者在博士学位论文（《唐代司法政务运行机制研究》，中国人民大学，2011 年）中，辟专章《汉唐间司法政务的集并与尚书刑部的成立》系统梳理了汉唐之际尚书省组织的发展，并以司法政务管理体制集并为切入点，论述了隋改都官尚书为刑部尚书的背景及原因，第 18—64 页。考虑到这一部分内容与研究主旨的关联度并不密切，答辩委员也曾指出由此所造成的论文结构混乱，最终笔者在修改成书时将其删去，特此说明。

③ 胡戟等主编：《二十世纪唐研究·政治卷》第 4 章《法制》（周东平执笔），第 175 页。

④ （清）纪昀等：《历代职官表》卷二二《大理寺》："唐制有大狱则以刑部、御史台、大理寺长官为三司使，其以御史、刑部郎、大理司直·评事等官任之者，谓之小三司使，即今三法司之权舆（欤）。"上海古籍出版社，1989 年，第 422 页。

的发展（从律令制向使职化的过渡）来探讨司法"三司"的演变。①

　　受唐宋之际使职差遣体制发展的影响，学者在研究唐代司法制度时，也往往关注其前后期的变化，但研究重心在于揭示包括宦官掌控的北司和地方的节度观察使在内的使职系统对唐初确立的集中统一的司法体制的破坏，②对刑部、大理寺自身在唐代前后期的变化关注不足，存在对唐代前后期司法体制不加区分、一概而论的问题（参见本书第三、四章）。比如针对元和四年（813）九月敕"自今以后，大理寺检断，不得过二十日。刑部覆下，不得过十日"，③有学者在分析刑部"覆下"职权的内容及其与大理寺"检断"之间的关系时，便直接引用《唐六典》"凡决死刑皆于中书门下详覆（旧制皆于刑部详覆，然后奏决）"，"徒已上，各呼囚与其家属，告以罪名，问其状款；不伏，则听其自理（无理者，便以元状断定，上刑部。刑部覆有异同者，下于寺，更详其情理以申，或改断焉）"的规定予以说明，④忽视材料背后因时代不同而存在的制度差异。

　　类似的问题，也出现在有关唐代大理寺的研究中。陈登武较早以大理寺为中心来研究唐代司法制度，除涉及大理寺与"三司会审"运作状况外，还试图厘清唐代司法诉讼制度的审级问题。在涉及唐代前后期制度演变上，他的研究通过考察宦官主持的内侍狱取得司法审判权的经过及其对唐代司法制度的破坏以说明之。⑤此后也有数篇硕士学位论文围绕唐代大理寺进行研究，其中除了同样忽视其在唐代司法体制中职能的演变外，大多都立足于"大理寺是唐代中央最高审判机关"的定位而展开论述。⑥曹

① 陈仲安：《唐代的三司》，《魏晋南北朝隋唐史资料》第 8 辑，武汉大学学报编辑部，1986年，第 6—8、14 页；李治安：《唐代执法三司初探》，《天津社会科学》1985 年第 3 期，第 91—93、90 页；王宏治：《唐代司法中的"三司"》，《北京大学学报》（哲学社会科学版）1988 年第 4 期，第 75—81 页；刘后滨：《唐代司法"三司"考析》，《北京大学学报》（哲学社会科学版）1991 年第 2 期，第 37—44 页；张春海：《也论唐代司法体系中的"三司"》，《河北法学》2006 年第 12 期，第 169—175 页；石冬梅：《唐代"司法三司"新论》，《殷都学刊》2009 年第 4 期，第 36—40 页。

② 参见胡戟等主编《二十世纪唐研究·政治卷》第 4 章《法制》（周东平执笔），第 176 页。

③ （宋）王溥撰、方诗铭等点校：《唐会要》卷六六《大理寺》，上海古籍出版社，2006 年，第 1357—1358 页。

④ （唐）李林甫等撰、陈仲夫点校：《唐六典》卷六《尚书刑部》、卷一八《大理寺》，中华书局，1992 年，第 188、503 页。参见陈灵海《唐代刑部研究》，第 233—234 页。

⑤ 陈登武：《唐代司法制度研究——以大理寺为中心》，硕士学位论文，中国文化大学，1991 年。

⑥ 杨春蓉：《唐代大理寺述论》，硕士学位论文，四川师范大学，2002 年；李桂杰：《唐代大理寺审判职能研究》，硕士学位论文，吉林大学，2010 年；刘磊：《唐代大理寺司法审判制度研究》，硕士学位论文，南京师范大学，2012 年；徐凌男：《唐代大理寺的功能考察》，硕士学位论文，黑龙江大学，2013 年。

鹏程曾正确指出唐代大理寺并不如一些研究者所说的那样是中央最高审判机构，而是一个中央专门审判机关。他还着重提及，广德元年（763）大理寺才获得了复核地方流刑和死刑案件的权力，[①] 此前主要审理中央百官徒刑以上案件及金吾纠获的京师普通案件。[②] 但这一结论未受到后来研究者的充分重视。

3. 唐代地方政务运行机制研究

就目前研究而言，关注唐代地方行政体制、地方司法制度、中央和地方的关系诸方面的学者很多，研究成果也相当丰富。尤其是近些年来，利用敦煌吐鲁番文献对唐代地方制度作个案考察的学者在丰富和深化学界对唐代制度及实际运行的认识上做出了很大推进。这些都为进一步研究唐代地方司法政务运行打下了良好的基础。

地方行政体制，也是唐史学界关注的热点之一。较早系统地研究该问题的是黄绶。他详细论述唐代京府以下各级地方官吏的设置和奖惩、任免、考核方法，并借助近代行政学分类，将地方行政析为内务、财务、农工商、军事、教育、司法、交通等方面分而述之。[③] 后来，薛作云的《唐代地方行政制度研究》，亦涉及对唐代地方司法制度的论述。[④] 两书都有开创之功，但论述较为平面。此外，还有很多通史类著作都对唐代地方制度

---

① 有学者将唐代大理寺视为中央最高审判机关，并将其职能表述为：负责审判中央百官犯罪及京师徒刑以上的案件，但是流、徒刑案件判决后须经刑部复核，死刑案件判决后须奏报皇帝批准；负责审核（或重审）由刑部移送来的地方死刑案件。参见张晋藩总主编《中国法制通史》第 4 卷第 12 章（王立民执笔），第 615—616 页；张国刚：《唐代官制》，三秦出版社，1987 年，第 97 页。其中，大理寺负责审核、重审由刑部移送来的地方死刑案件，当是受隋制及《唐六典》记载方式的影响。《隋书》卷二《高祖纪下》，开皇十二年八月甲戌制："天下死罪，诸州不得便决，皆令大理覆治。"卷二五《刑法志》亦载："（开皇）十二年，帝以用律者多致踳驳，罪同论异。诏诸州死罪不得便决，悉移大理，案覆事尽，然后上省奏裁。"第 41、790 页。《唐六典》卷一八《大理寺》："凡诸司百官所送……庶人犯流、死已上者，详而质之，以上刑部。"第 502 页。有关大理寺职掌与《唐六典》文本之间关系的分析，详见本书第三章。
② 曹鹏程：《唐代大理寺研究》，硕士学位论文，福建师范大学，2008 年，第 14—22 页；《略论大理寺在唐代司法系统中的地位和作用》，严耀中主编：《唐代国家与地域社会研究——中国唐史学会第十届年会论文集》，上海古籍出版社，2008 年，第 86—91 页。石冬梅也有类似观点，见氏著《唐代大理寺职能辨析》，《许昌学院学报》2011 年第 4 期，第 84—87 页。
③ 黄绶：《唐代地方行政史》，永华印刷局，1927 年。该书第 11 章《司法行政》论及唐代律令格式、刑制等级及变迁、刑罚执行、监狱制度等方面的内容和制度规定。
④ 薛作云：《唐代地方行政制度研究》第 9 章《地方司法制度》，台湾商务印书馆，1974 年，第 100—104 页。

做过概述，① 恕不一一列举。

开创性的研究始于严耕望，其所撰《唐代府州僚佐考》《唐代方镇使府僚佐考》两文，② 利用丰富的史传碑刻材料，从文职僚佐层面分别梳理了唐代后期府州军事佐官（即所谓"军院"系统）和方镇使府僚佐（即所谓"使院"系统）组织的人员构成、序列、职掌等，对传统史籍记载予以补正。其中，前者还研究了与前两者相对应的府州上佐、录事参军、六曹参军等有阶品之职官系统（即所谓"州/府院"系统）的情况，涉及地方司法政务的处理。他指出，唐中叶以后府州曹司多所省废，最不能废者为户曹，其次则为法曹。五代之世，州置一曹则为司户，通判诸曹；若置二曹，则户、法并置。这说明征赋和鞫狱确为当时地方政府最主要的任务。在之后发表的《唐代府州上佐与录事参军》一文中，他继续探讨上佐与录事参军职掌、地位的演变，认为上佐位尊、禄丰，其实在唐前期已无职掌，中叶以后，闲散尤甚，府州行政，一无所与。而司录、录事参军一职，自唐初以来即有"纲纪众务、通判列曹"之实。安史乱后，地方行政有加强之必要，故代宗时提高了司录、录事参军的品阶与地位，使其逐渐确立"掌州/府院"之势，成为府州僚佐组织之核心职位。③ 针对唐后期的使院，砺波护亦有专文研究，通过对《大唐北岳府君之碑》题记、上佐授官制词与厅壁记的分析，认为唐朝后半期州长史、司马等被使院幕僚夺走了权力，从而成为闲职。④

李锦绣从行政模式的角度，围绕着四等官制的解体，研究了唐代行政运作体制的转型。她认为在唐代前期的四等官体制（或称三官通押）下，通判官（尚书省侍郎、诸寺少卿、府州上佐）的判押文案，既是诸种行政

① 较早的有曾资生《中国政治制度史》第 4 册《隋唐五代》，南方印书馆，1944 年，收入《民国丛书》第 4 编第 21 册，上海书店，1992 年，第 249—338 页。较新的有俞鹿年《中国政治制度通史》（白钢主编）第 5 卷《隋唐五代》（修订版），社会科学文献出版社，2011 年，第 175—206 页。

② 严耕望：《唐代府州僚佐考》《唐代方镇使府僚佐考》，载氏著《唐史研究丛稿》，新亚研究所，1969 年，第 103—176、177—236 页。

③ 严耕望：《唐代府州上佐与录事参军》，《清华学报》第 8 卷第 1、2 期合刊，1970 年，收入《严耕望史学论文选集》，中华书局，2006 年，第 454—476 页。针对严氏提到的"晚唐时期，中下等州皆不置上佐"的观点，李志生提出了异议。他认为晚唐中下州司马、长史仍大量存在，而别驾则可存疑，见氏著《关于唐代晚期府、州上佐（长史、司马、别驾）的几点意见》，《河北学刊》1991 年第 4 期，第 90—94 页。

④ 砺波护：《唐代使院的僚佐与辟召制》（《神户大学文学部纪要》第 2 号，1973 年）、《唐代の制诰》（《东洋史研究》第 34 卷第 3 号，1975 年），皆收入氏著《唐代政治社会史研究》，同朋舍，1986 年，第 85—122、189—196 页。

运作中不可缺少的一环，又处于一个缓冲的层次，使得长官高高在上。但在行政效率上，则有手续复杂、责任不明之虞。在唐后期新的政治、经济、军事形势下，中央和地方均需要新的具有适应、创新及效率的管理模式，这就是基本上由长官、判官、专知官、各色典吏构成的行政运作模式（其中判官与专知官不一定并置）。与前期的四等官制相较，后期最突出的特点是通判官消亡与躬亲事务的专知官的出现。这是地方上佐设置的萎缩，甚至是完全取消的原因。此一变化，标志着魏晋南北朝以来四等官制的结束，和赵宋以降新的多方位多层次文案政务共理的国家行政管理模式的开始。中国古代官制进入了一个更为复杂的历史时期。①

在县级行政体制方面，也有一系列论著。其中，通史类著作有朱士爽《中国县制史纲》、廖从云《中国历代县制考》两书，均涉及唐代县制，诸如县的等级及官吏设置等。② 论文主要有王寿南《论唐代的县令》、砺波护《唐代的县尉》、刘后滨《论唐代县令的选授》、黄修明《唐代县令考论》《论唐代县政官员》。③ 这些文章的基本特点是从文献入手，来探讨县级职

---

① 李锦绣：《唐后期的官制：行政模式与行政手段的变革》，黄正建主编：《中晚唐社会与政治研究》，中国社会科学出版社，2006年，第28—49页。以严耕望、李锦绣的分歧为切入点，夏炎也对府州上佐的职掌及其闲职性作出了新的论述，参见氏著《唐代州级官府与地域社会》（该书是在其博士学位论文《唐代州级行政体制研究》的基础上修订而成），天津古籍出版社，2010年，第39—57页。围绕着唐代州级判司的职掌，该书也从司法、司户参军分掌刑事、民事判案的角度进行了论述，同前书，第129—140页。此外，参见王颜、任斌杰《唐代府州司马考论》，杜文玉主编：《唐史论丛》第11辑，三秦出版社，2009年，第46—57页；汪家华：《唐代长史述考——以唐代典籍和墓志文献为基本面》，博士学位论文，华东师范大学，2011年；胡忠兵：《唐代府州别驾初探》，《文史杂志》2017年第1期，第25—29页。

② 朱士爽：《中国县制史纲》，独立出版社，1942年，第35—41页；廖从云：《中国历代县制考》，台北中华书局，1969年，第47—70、114—116页。

③ 王寿南：《论唐代的县令》，《政治大学学报》第25卷，1972年，第177—194页；［日］砺波护著、黄正建译：《唐代的县尉》，《史林》第57卷第5号，1974年，收入刘俊文主编《日本学者研究中国史论著选译》第4卷《六朝隋唐》，中华书局，1992年，第558—584页；刘后滨：《论唐代县令的选授》，《中国历史博物馆馆刊》1997年第2期，第51—58页；黄修明：《唐代县令考论》，《西华师范学院学报》（哲学社会科学版）1997年第4期，第13—20页；《论唐代县政官员》，《大陆杂志》第101卷第3期，2000年，第97—108页。近年来亦有多篇硕士学位论文涉及唐代县官，张玉兴《唐代县主要僚佐考论——县丞、县主簿、县尉研究》，硕士学位论文，天津师范大学，2005年（参见氏著《唐代县主簿初探》，《史学月刊》2005年第3期，第40—46页；《试论唐后期县丞增废及其原因》，《唐都学刊》2008年第2期，第9—13页）；王妍妍：《论唐代的县丞》，硕士学位论文，首都师范大学，2007年；綦中明：《唐代县令考论——以河南河北道为中心》，硕士学位论文，陕西师范大学，2007年；蒯研：《论唐代的县录事》，硕士学位论文，中央民族大学，2010年；张娟：《从〈大唐西市博物馆藏墓志〉考察唐代县令》，硕士学位论文，四川师范大学，2018年。赖瑞和也讨论过唐代县尉，见氏著《唐代基层文官》，联经出版事业股份有限公司，2004年，第139—220页。

官的出身、职掌、考课和迁转等制度，从而间接涉及地方司法政务运行机制等问题。①

在唐代地方行政体制研究中，以特定区域研究（京兆府、太原府、东都、西州和沙州）为代表。对京兆府的研究，张荣芳用力最著，出版有《唐代京兆尹研究》。该书考察了京兆尹的一般职掌和特殊职掌，并利用《唐会要》等史籍简述了京兆尹的司法职责。② 此后，他还发表了《唐代京兆少尹之分析》《唐代京兆府僚佐之分析》《唐代京兆府领京畿县令之分析》等系列论文，③ 但主要研究手段属于通过对传统史料和碑刻史料的钩沉排比，来总结出一些规律性的结论。当然，采用传统制度史研究方法，更主要的原因是受限于记载这一地区的史料的自身特点。

反观西州和沙州，由于吐鲁番、敦煌文献的发现，使学界对其行政架构及内部运作了解得更为细致和生动。李方对西州地方行政体制进行了深入而细致的研究，取得了丰硕的成果。她发表的一系列关于西州官吏编年考证和研究论文，④ 深入推进了相关研究。尤其是《唐西州行政体制考论》《唐西州官僚政治制度研究》的出版，⑤ 对于唐代地方行政制度而言，可谓是具有里程碑意义的著作。其中《唐西州行政体制考论》一书不仅详细讨论了西州都督府（州）、县司机构、西州上佐和参军的职掌、西州关系的兼摄及升迁等问题，还主要依靠唐代官府文书，探讨了地方公文运作中长官的工作重点、长官与判官的关系，揭示了地方公文运作的特点，并讨论了西州文书中有关民事、刑事诉讼案卷。不过，她主要通过诉讼文书，来分析四等官制下长官和判官在判案中的不同作用，与本书的研究侧重有所

---

① 张玉兴：《二十世纪以来唐代县级政权研究综述》，《中国史研究动态》2007 年第 8 期，第 19—23 页。唐代县级官府的最新研究以张玉兴与赵璐璐的博士学位论文为代表，其论文均已正式出版（张玉兴：《唐代县官与地方社会研究》，天津古籍出版社，2009 年；赵璐璐：《唐代县级政务运行机制研究》，社会科学文献出版社，2017 年）。

② 张荣芳：《唐代京兆尹研究》，学生书局，1987 年，第 11—60 页。

③ 张荣芳：《唐代京兆少尹之分析》，收入《第一届国际唐代学术会议论文集》，台北唐代研究学者联谊会，1989 年，第 696—724 页；《唐代京兆府僚佐之分析——司录、判司与参军》，《东海学报》第 30 卷，1989 年，第 85—94 页；《唐代京兆府领京畿县令之分析》，黄约瑟、刘健明编：《隋唐史论集》，香港大学亚洲研究中心，1993 年，第 118—160 页。此外，见张艳云《试论唐代京兆府的司法权》，《唐都学刊》2002 年第 2 期，第 51—54 页；杨月君：《唐代京畿地区治安管理研究》，中国社会科学出版社，2014 年。诸如太原府、东都的研究综述，参见夏炎《唐代州级官府与地域社会》，第 13 页。

④ 这一系列论文后结集为李方《唐西州官吏编年考证》，中国人民大学出版社，2010 年。

⑤ 李方：《唐西州行政体制考论》（初版 2002 年），黑龙江教育出版社，2013 年；《唐西州官僚政治制度研究》（初版 2008 年），黑龙江教育出版社，2013 年。

不同。

沙州的情况有些特殊，由于敦煌文书的主体部分跨越的是唐代中后期、五代到宋初，所以研究者关注的重点是归义军时期当地的制度（包括金山国的制度），具有强烈的地方政权色彩。① 正如李锦绣所指出的，在归义军官制研究成果中，将敦煌文书和唐五代文献及石刻墓志史料结合力度不够，多未联系晚唐五代全国地方官制构成共同特性，因而所论归义军官制设置呈现出孤立性。② 故对于涉及归义军与金山国的研究，恕不详及。

以上分三个方面，对涉及本书主要问题的相关学术研究略作评述。至于与具体问题考证相关的其他研究成果，则随文而注，不具于此。

---

① 荣新江：《归义军史研究——唐宋时代敦煌历史考索》（初版 1996 年），上海古籍出版社，2015 年。

② 李锦绣：《敦煌吐鲁番文书与唐史研究》，福建人民出版社，2006 年，第 294—295 页。

第一章 行政统摄下的唐前期地方司法政务运行（上）

——以府州仓曹、户曹为中心

与近现代国家政权的组织形式不同，在古代中国地方体制中，司法与行政是合而为一的，唐代也不例外。据史志政书记载，在唐代地方官吏中，府州一级，设置有六判司（六曹参军事）。其中户曹（司户）参军，管理户口、籍帐等事，并因之负责婚姻、田讼。法曹（司法）参军，负责与刑法（当然，这不是现在部门法中的刑法）相关之事，诸如鞫狱定刑、督捕盗贼等（参见表1、3）。县司在作为判官的县尉之下，通常设有司户、司法佐史等典吏（亦称之为杂任、主典，参见表2），负责文案的制作、保管等。

当谈及唐代地方司法政务运行时，受民、刑二分的现代部门法体系影响，[①] 学者一般又认为府州的户曹（司户）参军所掌为民事诉讼（审判），而法曹（司法）参军则掌刑事诉讼（审判），甚至将其与近现代的民事、刑事法庭联系起来，相互参照。同时相应地把司户、司法佐史分别看作是协助县尉处理民事、刑事案件的属吏。[②] 正如本书绪言所说，民、刑二分的角度，带有强烈的目的论色彩，包含着明显的理论预设在里面。这种做法，是否能对唐代史料作出合理解释，值得怀疑。诚如里赞所言，其中实

[①] 主要是指大陆法系的六法体系，即以宪法为根本法，以民法为支柱，以刑法、商法、民事诉讼法和刑事诉讼法为基本法律的成文法体系。但这种区分并不见于英美法系，且从西方古代法中，民（侵权）、刑（犯罪）之间亦无明显区别之分。加之，因二者划分标准不清，以及对中间地带的忽视，颇受当代法学诟病。参见李立景《犯罪私人追诉的法理逻辑》，中国法制出版社，2011年，第33—35页；王利明：《美国惩罚性赔偿制度研究》，《比较法研究》2003年第5期，第15页。

[②] 刘俊文：《唐代法制研究》，文津出版社，1999年，第164—165页；俞鹿年：《中国政治制度通史》第5卷《隋唐五代》（修订版），第192—196页。

有关公战秦琼之虞。① 为了避免这种时空错乱，里氏已在晚清地方审断方面做出了有益的尝试。受此影响，本章亦有心就唐史材料做一番梳理。

当然，与清史研究相比，就材料的富赡程度而言，唐史远难企其项背。不过得益于敦煌学和吐鲁番学百余年的发展，唐史研究也有了自己独特的档案文献（主要是指制敕文书和官文书等）。而且随着研究的深入，利用前期的文献学成果，对唐代地方行政体制作出全面总结已经成为可能，并且也有这样的必要，让敦煌学、吐鲁番学研究不只局限于文献学领域。前引李方《唐西州行政体制考论》、刘后滨《唐代中书门下体制研究》等著作，都是这方面的先行者。在接下来的两章之中，笔者将围绕地方司法政务运行机制，来深化对唐代地方行政体制的理解。

一　州县曹司设置与地方政务分类标准演变

唐代地方官府，一般指京府、都督府、都护府和州、县官司。诸府州县，又各自分等，以为官僚高下进退之阶。就其官吏设置的具体情况，《唐六典》《通典》和两《唐书》等都有比较详细的记载。相关官制研究和职官词典等也都有所涉及，本节不再赘述。以下只是选取与本章研究相关的府州七司及其职掌做一概述，并对县司中县尉分曹的问题做重点讨论。

随着三公府及其僚佐的罢废、三省制的发展，以及隋唐之际尚书省的定型，地方行政体制也有必要做出相应的调整。自两汉以来沿用的旧州官僚佐系统（对应于公府僚佐诸曹），② 已经不能适应历史的潮流。魏晋以后形成的州官与府官并置的僚佐双轨制，也需要向一体化回归。③ 北齐、北

---

① 里赞：《晚清州县诉讼中的审断问题》，第 52—54 页。
② 如东汉时郡国"诸曹略如公府曹"，而县"诸曹略如郡员"，《后汉书》志二八《百官志五》，中华书局，1965 年，第 3621、3623 页。至北齐时，州官及郡县官僚佐亦如三公府分曹，《隋书》卷二七《百官志中》，第 837、847—849 页。
③ 严耕望：《魏晋南北朝地方行政制度约论》，《大陆杂志》第 27 卷第 4 期，1963 年，收入氏著《中国地方行政制度史——魏晋南北朝地方行政制度》，上海古籍出版社，2007 年，第 901—906 页。

周以来州郡县职的乡官化，尤其是北周"刺史僚佐则州吏自署，府官则命于朝廷"制度，① 即将成为未来地方行政体制发展的新趋势。隋初尚书省六部的固定，则成为州官僚佐重新分曹的契机。

隋朝定制，州僚除长史、司马等上佐外，置录事、功曹、仓曹、户曹、兵曹、法曹、士曹等七司参军。② 这些职官基本上是沿用自原府官系统，而乡官化的旧州官系统则渐趋废止。③ 其中录事参军与尚书省之左右丞相当，功、仓、户、兵、法、士六曹与吏（礼）、民、兵、刑、工六部相对应。④ 这体现着州县分曹对尚书六部的模仿。不过，稍有不同的是，就仓、户二司的地位来比较，府州中仓曹的位次稍高于户曹，不同于尚书省司中仓部司低于民（户）部司的地位。这大概反映出中央与地方官司在职能与地位上存在一些差异。⑤

唐代地方行政体制大体继承了隋朝的制度。《通典》载："大唐州府佐吏与隋制同，有别驾、长史、司马一人（大都督府司马有左右二员。凡别驾、长史、司马，通谓之上佐），录事参军（京府谓之司录参军，置二人。余并为录事参军。大府与上都督府亦二人，余府州一人）。司功、司仓、司户、司兵、司法、司士等六参军（景龙三年，诸州加置司田，开元中省。乾元之后，又分司户置参军一员，位在司户下。……以其废置不恒，故不列于此）。在府为曹，在州为司（府曰功曹、仓曹，州曰司功、司仓）。大与上府置二员，州置一员（自司功以下，通谓之判司）。"⑥ 这就是唐代州佐设置之大貌。其具体职掌，列表如下：

---

① 《通典》卷一四《选举二·历代制中》，第342页。

② 州官七司在隋代也持续有一些调整，详见《隋书》卷二八《百官志下》，第873、883、893—894页。本节仅举其成制而言。

③ ［日］滨口重国著、黄正建译：《所谓隋的废止乡官》，载《秦汉隋唐史の研究》下卷，东京大学出版会，1966年，收入刘俊文主编《日本学者研究中国史论著选译》第4卷《六朝隋唐》，中华书局，1992年，第315—333页。

④ 严耕望：《唐代府州僚佐考》，《唐史研究丛稿》，第128、150页。

⑤ 陈纳：《府州仓曹职掌与唐前期地方财务运行》，硕士学位论文，中国人民大学，2008年。在参与讨论陈纳论文时，笔者与同门师友曾注意到府州判司中仓曹、户曹与尚书省司中仓部、户部的顺序并不一致，并认为这应体现出中央与地方官司在职能与地位上存在差异。但陈纳前揭论文并未就此问题展开讨论。

⑥ 《通典》卷三三《职官十五·总论郡佐》，第910—911页。为简便起见，且考虑到后文所引吐鲁番文书多为西州都督府及其属县来往文书，即"在府为曹"者，故除在提及具体机构名，如沙州判司外，本书行文一般统称"府州某曹"或"某曹"。

表 1　唐代府州七司职掌①

七　司	职　　　　掌
司录、录事参军	掌付事勾稽，省署杪（抄）目，纠正非违，监守符印。若列曹事有异同，得以闻奏。
功曹、司功参军	掌官吏考课、假使、选举、祭祀、祯祥、道佛、学校、表疏、书启、医药、陈设之事。
仓曹、司仓参军	掌公廨、度量、庖厨、仓库、租赋、征收、田园、市肆之事。
户曹、司户参军	掌户籍、计帐、道路、逆旅、田畴、六畜、过所、蠲符之事，而剖断人之诉竞。
兵曹、司兵参军	掌武官选举、兵甲、器仗、门户、管钥、烽候、传驿之事。
法曹、司法参军	掌律令格式，鞫狱定刑，督捕盗贼，纠遥奸非之事，以究其情伪，而制其文法。
士曹、司士参军	掌津梁、舟车、舍宅、百工众艺之事。

应该说，通过唐人对府州七司参军职掌的概述，基本可以了解其所掌政务内容。可是，职掌描述中这些常见汉字背后的意义，即其所指涉的地方政务具体内容及其运行机制，却大多令人不解。以户曹掌道路、逆旅为例，究竟户曹所掌道路之事，是指维持道路人车秩序，还是指道路的设计、修建和维护呢？就后者而言，按照一般的理解，本应该是士曹之职。同理，户曹所掌逆旅究竟是负责逆旅（客舍、邸店）经营许可证，还是负责住店客商的身份排查和证照勘审呢？② 仅仅通过"道路"或"逆旅"两个字去读懂唐代地方行政运作及其特点，无疑是痴人说梦。

此时，敦煌、吐鲁番文献中的政务文书作为档案的特征和意义就凸显出来了。当然，能够留存至今的敦吐文献，相比较于当日之唐代官府文书而言，不过是太仓稀米而已。想要通过它们来解决唐代地方行政体制研究中的所有问题，是完全不可能的。但也正因如此，敦煌、吐鲁番文献哪怕只是吉光片羽的残卷，对研究者而言都可能有着非同一般的作用。更何况其中大段的、甚至是相对完整的唐代地方官府文书，也并不在少数，需要发掘和能够解决的问题，应该会很多。限于本节的主旨，容或从略。本章

---

① 资料来源：《唐六典》卷三〇《三府督护州县官吏》，第 748—749、761 页。按，"杪"字，据点校本注，正德本以下诸本《唐六典》皆作"抄"，二字音义并通。参见《通典》卷三三《职官十五·总论郡佐》，第 912—914 页。
② 《隋书》卷二《高祖纪下》，开皇十八年（598）九月庚寅敕："舍客无公验者，坐及刺史、县令。"第 48 页。或许可参照理解唐代户曹职掌中的"逆旅"一词的具体含义。

之后的讨论，主要是从州县政务与地方司法政务运行机制的角度，从现有敦煌、吐鲁番文献中选取相关材料进行分析。

相对于州府而言，唐代县司设官更加简化，而且也大体是继承隋制而来，置令、丞、簿、尉等官有差。不过，县仿州郡分为七司，则是唐朝新制。据《通典》载："隋炀帝改县尉为县正，寻改正为户曹、法曹，分司以承郡之六司。其京四县，则加置功曹为三司，司各二人。大唐县有令，而置七司，一如郡制。丞为副贰（如州上佐），主簿上辖（如录事参军，其曹谓之录事司，并司功以下六曹，总之为七司），尉分理诸曹（如州判司），录事省受符历，佐史行其簿书。"① 《通典》所谓县分七司，是指包括主簿（称之为录事司）、六曹县尉在内的七司，虽然这里的七司与下文所要涉及的七司佐相关，但两者的地位与职权完全不同。在唐前期的四等官制中，主簿是勾检官，县尉是判官，皆是有品官员。而县录事、佐史是主典，连流外官都不是，只是杂任。②

为了更清楚地呈现唐代不同等级的县置尉及佐史分曹的情况，可参照诸书的记载，编成下表：

表 2　唐代县司分曹③

县等	县尉员额	录事员额	佐 史 分 曹					
赤	六	二	司功	司仓	司户	司兵	司法	司士
畿	二	二	司功	司仓	司户		司法	司士
上	二	二						
中					司户		司法	
中下	一	一						
下								

据此可知，无论是作为官员的七司（录事司和六曹县尉），还是作为主典的七司佐，就官吏设置而言，只有在赤县（京县）中才是一种完整的实体存在。畿

① 《通典》卷三三《职官十五·总论县佐》，第 920 页。
② 《天一阁藏明钞本天圣令校证（附唐令复原研究）·校录本》，《杂令》附唐令第 15 条，第 377 页。参见赵璐璐《唐代"杂任"考——〈天圣令·杂令〉"杂任"条解读》，荣新江主编：《唐研究》第 14 卷，北京大学出版社，2008 年，收入《唐代县级政务运行机制研究》，第 30—58 页。
③ 资料来源：《唐六典》卷三〇《三府督护州县官吏》，第 750—753 页；《新唐书》卷四九下《百官志四下》，中华书局，1975 年，第 1318—1319 页。

县以下的县尉和上县以下的佐史都被大幅减省，并不存在真正的七司分曹。

可是，不管是《通典》县"置七司，一如郡制"的记载，还是《新唐书》"凡县有司功佐、司仓佐、司户佐、司兵佐、司法佐、司士佐"的说法，[①] 都存在将赤县作为一种县司官制标准形态加以描述的取向。至于畿县以下，虽然数量众多，却只是作为一种变态加以总结而已，如《通典》所载"赤县置（尉）六员，他县各有差"。[②] 这种取向在唐代县级政务运行实践中有着什么意义呢？此外，作为判官的县尉，对诸司佐史又是如何分工以及归口管理的呢？凡此种种，都是有意思的话题。

内藤乾吉在研究唐代县级官文书时，就注意到了县尉与诸司佐史之间的归口管理问题。他认为京县六尉与州司功等六司数字相应，似是每尉分担一司，畿县是二尉分判五司，上县则二尉分判二司，而中县以下则是一尉判二司。同时，他还参照州判司设置不全则由他司兼理的情况，推测多数县虽然只有司户、司法二司，但也是采用了合并职务的方法。如司户兼任司功、司仓、司兵之事，司法兼任司士之事。[③] 砺波护则利用现存四篇唐人所撰县尉厅壁记对内滕氏所述县佐史兼任情况作了修正。他认为，在二尉的时候，两人分判功仓户三司和兵法士三司。而在三尉的时候，则一人判功户，一人判兵法，一人判仓工。[④] 其中比较有代表性的是贞元十五年（799）欧阳詹所撰《同州韩城县西尉厅壁记》，记曰：

我唐极天启宇，穷地辟土，列县出于五千，[⑤] 分为七等：第一曰赤，次赤曰畿，〔次畿〕曰望，〔次望〕曰紧，[⑥] 次紧曰上，次上曰中，次中曰下。赤县仅二十，万年为之最；畿县仅于百，渭南为之最；望县出于百，郑县为之最；紧县出于百，夏阳为之最；上县仅三百，韩城为之最。……县亦有六曹，尉二人：一判功户仓，其署曰东厅；一判兵法事（士），其

① 《新唐书》卷四九下《百官志四下》，第1319页。
② 《通典》卷三三《职官十五·总论县佐》，第922页。
③ ［日］内藤乾吉：《西域発見唐官文書の研究》，《西域文化研究》第3卷《敦煌吐鲁番社会经济文献（下）》，法藏馆，1960年，收入氏著《中国法制史考证》，有斐阁，1963年，第231页。
④ ［日］砺波护著、黄正建译：《唐代的县尉》，刘俊文主编：《日本学者研究中国史论著选译》第4卷《六朝隋唐》，第561—570页。
⑤ "五千"应为"千五"之讹。据开元二十八年（740）户部计帐："凡郡府三百二十有八，县千五百七十有三。羁縻州郡，不在此数。"见《旧唐书》卷三八《地理志一》，中华书局，1975年，第1393页。
⑥ "次畿""次望"，据文意而补。

署曰西厅。兹厅兵法事（士）之厅也。根之州，则司兵、司法、司事（士）尽在；刑（形）之国，则兵部、刑部、工部尽在。兵主武，法主刑，工主土（士主工）。今武未大威，务尚繁；刑未大措，狱尚生；工与人兴，无时休。州县司或双曹六人分其职，国则部属僚，八九十人分其职。一人理六人、八九十人之理，虽小大有异，而揆绪不殊。①

欧阳詹作此记时的韩城，作为上县，与同时代的《通典》所载应置二尉正相合。② 至于佐史，上县也应该只有司户、司法二司而已。难道真的是韩城在制度落实上出现了意外？当然仅凭此一篇厅壁记很难遽下断语，那么该如何理解欧阳詹所谓的"一判功户仓，其署曰东厅；一判兵法士，其署曰西厅"，以及"根之州，则司兵、司法、司士尽在；形之国，则兵部、刑部、工部尽在"？

严耕望注意到，府州六曹不仅职掌与中央六部相应，其厅事位次亦与六部相应。如下图所示：

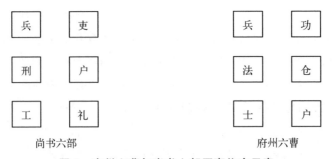

图1　府州六曹与尚书六部厅事位次示意

① （唐）欧阳詹：《同州韩城县西尉厅壁记》，（宋）李昉等编：《文苑英华》卷八〇六，中华书局，1966年，第4259—4260页。另外三篇是（唐）杜牧《同州澄城县功仓户尉厅壁记》，《文苑英华》卷八〇五，第4258—4259页；（唐）沈亚之：《栎阳兵法尉厅记》，（清）董诰编：《全唐文》卷七三六，中华书局，1983年，第7599—7600页；（唐）梁肃：《郑县尉厅壁记》，《文苑英华》卷八〇六，第4260页。此外，《唐通直郎越州诸暨县尉天水赵公（晁）墓志铭并序》载，赵晁受知刘晏，奏"尉灵昌、蕲春二县，末授诸暨。在官三岁，遍判六曹"。吴钢主编：《全唐文补遗》第4辑，三秦出版社，1997年，第467页。按，诸暨为望县，见《新唐书》卷四一《地理志五》，第1061页；（唐）李吉甫撰、贺次君点校：《元和郡县图志》卷二六《江南道二》，中华书局，1983年，第619页。
② 《通典》成书于贞元十七年（801），与欧阳詹撰厅壁记时间相当，见《通典·点校前言》，第2页。不过，此厅壁记所载诸县数与《通典》存在较大不同。《通典》卷三三《职官十五·县令》载："大唐县有赤（三府共有六县）、畿（八十二）、望（七十八）、紧（百一十一）、上（四百四十六）、中（二百九十六）、下（五百五十四）七等之差。凡一千五百七十三县，令各一人"，第919—920页。这一不同，究竟是欧阳詹所记不确，还是其与《通典》所载为不同时期的唐代县级政区数量，有待于进一步研究。又，《通典》所见县的等级与唐前期（《唐会要》卷七〇《量户口定州县等第例》，第1457页）也有不同，此不赘言。

其中厅事位次则吏户礼及功仓户居左（东），兵刑工与兵法士居右（西）。而实际地位序次，则以吏兵与功兵居上，为前行；户刑与仓法居中，为中行；礼工与户士居下，为后行，可依次迁转。① 这一看法正与韩城西尉判兵法士的记载一致。可见县级官府中如果六司俱全，其位次亦当与州司相应。

那么，韩城是否真的是六司俱全呢？当然不是。韩城作为上县，应确实如史志所载只置司户、司法两司佐史而已。但欧阳詹的记载并非没有意义。首先，这种将县司六曹悉数列全的做法，与《通典》《新唐书》的叙述如出一辙。其次，上述做法便于他将国（尚书省）、州、县三者对应起来，突出县尉日常工作的繁杂性，即所谓"一人（县尉）理六人（州六判司）、八九十人（都省及六部郎中、员外郎以上）之理"。这不仅是对县尉工作的描述，更是对唐代县级政务的形象概括。

如前所论，虽然由于韩城在唐德宗贞元年间仅有司户、司法二司佐、史，而欧阳詹却依然称之为"县亦有六曹"，从而将尚书省、州、县三级行政体制对应起来。除此之外，这一做法背后还有着更值得重视的政务分类意义。

隋唐之际，尚书省成为当然的宰相机构，是全国政务的汇总和裁决机关。随着六部尚书的定型，全国所有的常行政务，被集并为吏、户、礼、兵、刑、工六类，分而理之，有条不紊。一套行之有效的行政架构由此建立。② 如笔者另文所述，尚书机构在西汉时期分曹之初，依照上书者的身份分为四曹，即常侍曹、二千石曹、民曹、客曹。当时，尚书机构作为宫中的文书保管和传递机构，大概是按照档案保管的分工，根据上书人的身份属性，将政务文书分为四类，从而导致尚书四曹的出现。③ 可以说，从四曹到六部，不仅是尚书机构发展成熟的表现，也是中国古代行政体制随着文书形成的发展而成熟的表现。

从此，将政务分为吏、户、礼、兵、刑、工六类，成为中国古代国家政务归口管理的有效模式，沿用至清末。甚至，吏、户、礼、兵、刑、工超越了尚书六部本身，成为一种概念化的政务分类标准。以清代内务府为例，其"掌上三旗包衣之政令与宫禁之治。凡府属吏、户、礼、兵、刑、

---

① 严耕望：《唐代府州僚佐考》，《唐史研究丛稿》，第 150—152 页。
② 参见拙文《尚书刑部成立的魏齐因素》（未刊稿）。
③ 参见拙文《两汉尚书分曹再探》，《南都学坛》2013 年第 2 期，第 5—9 页。

工之事，皆掌焉"。但内务府下设广储、会计、掌仪、都虞、慎刑、营造、庆丰七司，① 完全与六部不相对应，但会典编纂者仍遵从"吏、户、礼、兵、刑、工"之名将其所掌事务进行分类。这足以说明，自尚书省六部体制稳定以后，吏、户、礼、兵、刑、工逐渐超越六部的自身属性，泛化为一种具有普遍意义的国家政务分类标准。

正如上文所提到的，随着尚书体制定型的完成，地方政务也随之调整，仿照六部进行归口，形成新的曹司体系，即功、仓、户、兵、法、士六司。州县政务也因之形成了六类的划分方式。由于唐代府州佐官尚沿用魏晋南北朝时军府官之旧称，所以地方与中央的政务分类标准尚未完全对应。② 但毕

---

① （清）崑冈等修：《钦定大清会典》（光绪朝）卷八九，《续修四库全书》第 794 册，上海古籍出版社，2002 年，第 830 页；（清）崑冈等修：《钦定大清会典事例》（光绪朝）卷二一，《续修四库全书》第 798 册，第 382 页。

② 中国古代州县政务完全仿照尚书六部分类，直至金朝才最终定型。这一变化直接受到神宗元丰以后宋制的影响。元符元年（1098），三省言："国子监丞毕仲愈言：乞诏近臣申讲六官之议，达之天下。州置六曹参军，而省去职同无补之员。右司郎中吕温卿言：请诸路监司及诸州县依省部六曹所主事务格目，分作六案。"诏送详定一司敕令所。（宋）李焘：《续资治通鉴长编》卷五〇一，元符元年八月甲辰条，中华书局，2004 年，第 11946 页；（清）徐松辑、刘琳等点校：《宋会要辑稿·格令一》，刑法一之一七至一八，上海古籍出版社，2014 年，第 8231 页。但直至蔡京当国，上述议论才逐步付诸实施。崇宁三年（1104），蔡京奏："……（开封府）以士、户、仪、兵、刑、工为六曹次序，司录二员，六曹各二员，参军事八员。开封、祥符两县置案仿此。易胥吏之称，略仿《唐六典》制度。"次年闰二月，中书省言："昨自元丰肇新官制，随事之宜，分隶六曹，总领职务，各正名实。比者开封已正尹牧，惟外路州县等处，尚循旧例，而所置案名未曾体仿官制随事分隶，致主行事务丛杂。今体仿六曹为六案，各依六曹所主事务行遣，庶中外事体归一。"诏令诸路监司"相度施行讫，申尚书省"。《宋史》卷一六六《职官志六》，中华书局，1977 年，第 3943 页；《宋会要辑稿·判知州府军监》，职官四七之一八，第 4275 页。另见（宋）罗濬《宝庆四明志》卷三《官僚·职官官》，大观二年（1108）诏"诸州依开封府制分曹建掾"云云，《宋元方志丛刊》第 5 册，中华书局，1990 年，第 5026 页；（清）黄以周等辑注、顾吉辰点校：《续资治通鉴长编拾补》卷三一，政和二年（1112）九月癸卯条，尚书省据政和元年六月朝旨所拟州府分曹建掾格目，中华书局，2004 年，第 1037—1039 页，参见龚延明《中国历代职官别名大辞典》，"法曹"条，上海辞书出版社，2006 年，第 453 页。不过，当时虽已明确要求监司及州县仿尚书省部分曹案，"由是府分六曹，县分六案"（《宋史》卷一六一《职官志一》，第 3770 页），但其名（士、户、仪、兵、刑、工）仍未与六部完全对应。南宋建立后，州县官制复旧仅吏人分案仍沿袭崇宁之制。见《宋史》卷一六六《职官志六》所载临安府分案，第 3944 页，参贾玉英《唐宋时期州组织结构变迁初探》，邓小南等编：《宋史研究论文集（2012）》，河南大学出版社，2014 年，第 8—9 页。但金朝建立后，继承了蔡京制度的形式，进一步将州县分为吏、户、礼、兵、刑、工六案，这就完全和六部对应了起来，并被元、明、清三朝所承袭。见［日］宫崎市定著、姚荣涛译《宋元时期的法制与审判机构——〈元典章〉的时代背景及社会背景》，《东方学报》京都第 24 册，1954 年，收入杨一凡、［日］寺田浩明主编《日本学者中国法制史论著选·宋辽金元卷》，中华书局，2016 年，第 43—45 页。亦参何朝晖《明代县政研究》，北京大学出版社，2006 年，第 40—41 页。另，赵璐璐从地方与中央政务对接角度分析了隋和唐前期县级行政体制发展，也与本节论述有着互证的作用，参见氏著《唐代县级政务运行机制研究》，第 20—30 页。

竟地方政务被分为六块这一模式是从唐代开始的，并逐步上升为一种观念。① 因而，尽管绝大多数的县司只设有司户与司法"双曹"佐、史，但是在人们的观念中，县级政务同样应该是要分为功、仓、户、兵、法、士六类，所以才会有欧阳詹所谓的"一判功户仓""一判兵法士"。

也正是同样的原因，唐代县司的佐、史，也会超越现实世界中员额设置的局限，将"七司佐"作为自己统一的身份标示，而不强调自己的曹司属性。"七司佐"是指功、仓、户、兵、法、士六司佐史加上录事司的录事、佐史。"七司佐"之称见于长安四年（704）所立《卫州共城县百门陂碑（并序）》之碑阴题记。按，共城县为上县，② 设官置吏，同于韩城。据碑阳序文所载，当时有县尉二人（王表与霍南金），与前述相符。碑阴则载：

> 长安二年夏五月，州符下县祈雨。六月一日，公□《祠令》□先祈社稷，遍祈山川。躬临庙坛，亲自暴露，……须史之间，降雨一境。当其七司佐廉谨、郭敬，里正郭仙童、贾□，乡望焦德贞、魏夷简等。

其后，长安三年四月祈雨，有"录事隗弘允、七司佐杨讃、耿恪等，里正高延斐、李俨、孙九儿，坊正郭贞、郭□，乡望光古、贾祚等"，四年七月、八月祈晴，有"七司佐录事隗允（即隗弘允）等"，及"七司佐□守义、张虔明、廉思昉、市史齐山、里正马弘节"。其中，郭敬在长安四年四月又被称为"佐郭敬"。③

可见，"七司佐"并非是当时共城县七司佐备置的证明，而是作为包括县录事在内的县司佐史的共名。这一名称所反映的，正是县级政务已然按照尚书省六部和州司六曹分为六类的特点，尽管这一阶段两者名称尚未完全对应起来。

---

① 如唐代府州有六司院〔（唐）吕述：《移城隍庙记》，（宋）董棻编：《严陵集》卷七，丛书集成初编本，中华书局，1985年，第81页；叶欣编著：《严州金石》，天津古籍出版社，2012年，第6页〕，也影响着幽冥传奇故事中的阴曹判司结构。参见陈玺《唐代诉讼制度研究》，第81—85页。

② 《新唐书》卷三九《地理志三》，第1012页；《元和郡县图志》卷一六《河北道一》，第461页。

③ （清）王昶：《金石萃编》卷六五，上海古籍出版社，2020年，第1092—1095页。拓片见北京图书馆金石组《北京图书馆藏中国历代石刻拓本汇编》，第19册，中州古籍出版社，1989年，第112—113页。录文中清代讳字及误字据拓片回改。武周新字，径改为通行字，以下凡此情况，并同。

二　府州曹司政务处理中的刑狱审断
——以仓曹、户曹为中心

面对唐代地方司法政务运行，如果坚持户曹负责审理民事案件，法曹负责审理刑事案件看法，不难看到，这一观点除了能与传统典籍中所记载的户、法二曹职掌吻合之外，还可在敦煌吐鲁番文书中找到由户曹负责的婚姻纠纷案卷，^① 以及由法曹负责放还流移人囚犯的文书（见第二章）。但这并不意味着唐代司法体制能如此完美地契合近现代部门法分类，而恰恰是由于人们习惯性地戴着民、刑二分的有色眼镜造成的。

应该说，现存敦煌、吐鲁番文献中，与地方司法政务相关的案卷或文书并不少。但这些文书中，直接标明由府州法曹审理和判决的，却没有一件。^② 相反，与案件的审问（推鞫）及判决有关的仓曹、户曹文书倒是有一些。这在一定程度上说明，府州各曹司在日常政务处理中确实涉及相关刑狱的审断；或者说，对一些与本曹司职掌相关的案件进行调查审理，并加以惩处，本身就是唐代地方官府日常政务裁决的应有之义。因此，民、刑二分的理论预设，无法适用于唐代地方政务裁决机制的实际情况。

以下通过出土文书来分析府州仓曹和户曹在地方司法政务处理中的作用。

1. 府州仓曹政务处理中的刑狱审断

阿斯塔那出土的《武周天授二年（691）西州都督府勘检天山县主簿

---

① 如《唐贞观年间西州高昌县勘问梁延台、雷陇贵婚娶纠纷案卷》，文书号：72TAM209：88、72TAM209：87、72TAM209：90、72TAM209：92，唐长孺主编：《吐鲁番出土文书》（图录本）第3册，文物出版社，1996年，第319—321页。这件文书是安西都护府户曹在高昌县协助下处理婚姻纠纷的案卷。对于文书定名考证，见刘安志《读吐鲁番所出〈唐贞观十七年（643）西州奴俊延妻孙氏辩辞〉及其相关文书》，《敦煌研究》2002年第3期，第58—67页。亦可参见李福长、许福德《唐代府州僚佐中的司户参军——以吐鲁番出土文书为例》，《华东师范大学学报》（哲学社会科学版）2008年第5期，第37—42页；王琬莹：《府州户曹职掌与唐前期地方政务运行——以赋税和民事为中心》，硕士学位论文，中国人民大学，2009年，第31—33页。

② 李方注意到，目前出土文书中有关西州法曹参军的资料明显少于仓、户、兵诸曹，并认为该现象与法曹在六曹中的地位及其在地方官府中的作用是相适应的。参见氏著《唐西州官吏编年考证》，第144页。不过，从现存文书数量多寡来推测诸曹地位及政务繁简情况的方法，笔者持保留意见。

高元祯侵占职田案卷》，① 是一组由时任西州都督府参军判仓曹参军康义感直接负责的县级官员涉嫌经济犯罪案件的存档文书。先参照既有研究将其移录如下：

（一八）

　　（前欠）

1　　　　　　　　　　　　　　　] □□ [
2　　　　　　　　　　　] □据斯足□ [
3　伏乞详验，即知皂白区分，实不种逃死
4　户田，亦不回换粟麦。被问依实谨牒。感
5　　　　　　天授二年壹月　日天山县主簿高元祯牒
6　　　　　　依 [　　　　] 责行敏历追 [

　　（后欠）②

（一六）

　　（前缺）

1　　　帖天山 [
2　　　仍尽时发遣 [
3　　　同上张敏此禁 [
4　　　　[

　　（后缺）③

---

① 案卷共有 22 段文书组成，但是各段文书出土时间及收藏机构不一，幸得整理者将其汇聚在一起，并统编序列号（即每段文书前的序号，本节亦沿用之），以便研究。见陈国灿《对唐西州都督府勘检天山县主簿高元祯职田案卷的考察》（以下简称陈文），武汉大学历史系编：《敦煌吐鲁番文书初探》，武汉大学出版社，1983 年，收入《陈国灿吐鲁番敦煌出土文献史事论集》，上海古籍出版社，2012 年，第 371—392 页。为简便起见，文字倒乙等，径行改正。另外，由于陈文发表较早，吐鲁番文书整理工作还没有完成，其中难免有误释之字，移录时已据《吐鲁番出土文书》（图录本）等径改。按，本案卷相关研究，参见陈国灿《吐鲁番出土唐代文献编年》，新文丰出版股份有限公司，2002 年，第 132—133 页。
② 文书号：橘文书 8b（即大谷 11037），[日] 小田义久编：《大谷文书集成》第 4 册，图版81，法藏馆，2010 年。录文见 [日] 池田温著、龚泽铣译：《中国古代籍帐研究》，"录文与插图"部分，中华书局，2007 年，第 177 页。
③ 文书号：72TAM230：10，唐长孺主编：《吐鲁番出土文书》（图录本）第 4 册，文物出版社，1996 年，第 77 页。

（一）

1　安昌城知水人李申相年六十七　　｜　　｜　　｜

2　申相辩：被问：主簿高祯 未 知 总 经

3　几 年 安 昌 营 种 还 ［

　　（后缺）①

（二）

　　（前缺）

1　相符抱者。但申相从知水 ［

2　簿高祯元来安昌城不 ［

3　逃死、户绝田、陶、菜等地。如 后 ［

4　今款，求受重罪。被问依实谨辩。感

5　　　　　　天授二年壹月　　日

　　（后缺）②

（三）

1　　康进感年卅九 ［

2　进感 辩 ［

　　（中缺）

3　　　　］谨审：但进感去年知水已

4　　　　］注检校主簿高祯城南、城北见

5　　　］ 廿 （？）余亩，借问并称是自家职田，

6　　　］又无田地、倾（顷）亩、地段、四至人名，无凭

7　　　］种地，请检验即知。被问依实谨辩。

8　　　　　　　　　　　］日③

（四）

　　（前缺）

1　牒件状如前谨牒

---

① 文书号：72TAM230：74，唐长孺主编：《吐鲁番出土文书》（图录本）第4册，第73页。
② 文书号：72TAM230：69，唐长孺主编：《吐鲁番出土文书》（图录本）第4册，第73页。
③ 文书号：72TAM230：75，76，唐长孺主编：《吐鲁番出土文书》（图录本）第4册，第74页。

2　　　　　天授二年壹月十一日知水人康进感等牒

3　　　　　　　付　司，　杰示

4　　　　　　　　　　　　十一日

5　　　　　　　壹月十一日录事 使

6　　　　　　博士检录事　仁　付①

7　　　　　　连，感白

-- (𝄞)

8　仓曹　　　　　　　　十二日

9　　唐建进

10　　右件人前后准都督判，帖牒天山，并

11　　牒令阳悬，令捉差人领送，虽得县

12　　申，及令通状称：追访建进不获。又

13　　判牒县令依前捉送，检今未申。

14　　奉都督处分，令追建进妻儿及

15　　建进邻保赴州，并牒县，令依前捉

16　　建 进 [

（后缺）②

（五）

（前缺）

1　　　　唐进经州告事，计其不合东

2　　　　西，频下县追，县司 状 [

3　　　　纵不住，家口应在安昌，别牒

4　　　　天山县，仰准长官处分，即

-- (𝄞)

5　　　　领送。其阙武□ [

6　　　　文帐，频追不到，亦附牒县□

7　　　　前速即追送，并辩 [

---

① "检"，依七段第 7 行，应为"摄"。

② 文书号：72TAM230：73（a），71（a），唐长孺主编：《吐鲁番出土文书》（图录本）第 4
　　册，第 70 页。

8　　　　　　　　　　]月 □[

9　　　　　□ □[　　　　　[二 日①

　　　（后缺）②

（七）

　　　（前缺）

1　　　　　天授二年壹月　　　日　史孙行感牒

2　　　　　参军判仓曹参军　康义感

3　　　付　司，杰示

4　　　　　　　　十二日

5　　　　壹月十二日 录事 使

6　　壹道出讫知

7　　　　　　　博士摄录事参军　　　付仓

　　　（后缺）③

（一九）

　　　（前缺）

1 者。谨审：但文智，主 簿 南 平 营 种 职 □

2 实不种逃死、户 绝 、还公等田，如后虚

3 妄，不依前款，求受重罪。被问依实谨

4 辩。感

5　　　　　　　天授二年壹月　　　日

　　　（后缺）④

---

① "一"下之字，《吐鲁番出土文书》（图录本）仅描出原字的残余部分，未能释读，陈文
　释录为"日"。而从图版上看，该字与武周新字之" 囝 "（日）差距较大，今以"□"
　代之。又，"二"字上一字，存一横之起笔，推测当为"十"字。此十二日，当即天授
　二年壹月十二日。
② 文书号：72TAM230：58/1（a）—58/4（a），唐长孺主编：《吐鲁番出土文书》（图录本）
　第 4 册，第 71 页。
③ 文书号：72TAM230：72，唐长孺主编：《吐鲁番出土文书》（图录本）第 4 册，第 73 页。
④ 文书号：橘文书 8a（即大谷 11036），[日]小田义久编：《大谷文书集成》第 4 册，
　图版 81，录文见[日]池田温《中国古代籍帐研究》，"录文与插图"部分，第
　178 页。

（二〇）（六）

1　　[

2　文智辩：被问：既称主簿不种还公、

3　逃死、户绝等田、陶、菜，未知主簿总

4　于南 平 年别营种几许职田？并

5　言几段？段当几亩？并仰一一具实

6　审答，拟凭检勘，不得虚妄者。谨审：

7　但文 智 ，主簿南平职田总有五十五亩八十步，

8　出租已外，见佃廿五亩八十步，总有五段，一段四亩，

9　一段九亩，一段四亩八十步，一段二亩，一段六亩。如后不依此

10 款，求受重罪。被问依实谨辩。感

11　　　　　　　　天授二年壹月　　日

12　　　　　　连，感白

13　　　　　　　　　十三日

14　知田人郭文智年册　　｜　　｜　　｜

15 文智辩：被问：□□ [

　　（后缺）①

（八）

　　（前缺）

1　□□辩：被问：建进若告主簿营种还公、

2　逃死、户绝田地，如涉虚诬，付审已后不合

3　更执。既经再审确，请一依元状勘当。据

4　此明知告皆是实，未知前款因何拒讳？

5　仰更隐审，一一具答，不得准前曲相符会。

6　　　　　　　　　　] 准 种 职 田

　　（后缺）②

---

①　本段文书原已裂为三件文书，其中，大谷4940、4937号文书，经池田温缀合（陈文统编号二〇），见氏著《中国古代籍帐研究》，"录文与插图"部分，第178页。陈国灿又将72TAM230：68号文书［陈文统编号六，文书见唐长孺主编《吐鲁番出土文书》（图录本）第4册，第74页］与前者缀合，今合录为一段文书。

②　文书号：72TAM230：67，唐长孺主编：《吐鲁番出土文书》（图录本）第4册，第72页。

（九）

　　（前缺）

1　　　　建进 [

2　　　　死绝 等 [

——

3　　　　状□主□ [

4　　　　其地 [

5　　　　即合 [

　　（后缺）①

（一〇）

　　（前缺）

1　行旅之徒，亦应具悉。当城渠长，必

2　是细谙，知地勋官，灼然可委。问合

3　城老人、城主、渠长、知田人等，主簿

4　去年实种几亩麦？建进所注虚

5　实？连署状通者。谨审：但合城老人

6　等，去年主簿高祯元不于安昌种

7　田，建进所注并是虚妄。如后不依

　　（后缺）②

（一一）

　　（前缺）

1　　　　　　　　　　　重罪 [

————————————————————————————————————— （茂）

2　□□ 城

3　　主簿高元祯东南渠职田一段四亩　东渠　西道　南王海　北孔定
　　　　　　　　　　　　　　　　　　　　旧佃人　王嘿子

4　　　右主簿高祯，今见唯种职田四亩，自余更无种处。如

5　　　后不依今状，连署之人，请依法受罪，今以状上。

6　□件状如前，谨牒。

————————————

①　文书号：72TAM230：70，唐长孺主编：《吐鲁番出土文书》（图录本）第 4 册，第 72 页。

②　文书号：72TAM230：66，唐长孺主编：《吐鲁番出土文书》（图录本）第 4 册，第 75 页。

7　　　　　　　天授二年三月　　　日老人王嘿子牒

　　　　　　　　　　　　　　　　｜　　｜　　｜

8　　　　　　　　　　　老人刘隆隆

9　　　　　　　　　老　人　[

（后缺）①

（一二）

（前缺）

1　　　　　　　]

2　　　　　]王嘿子男孝达

（后缺）②

（一三）

（前缺）

1　　]辩

2　　]茂　　　天授二年三月廿　　日

3　　　　更问，茂示

4　　　　　　　　　　　廿五日

（后缺）③

（一七）

-- (歩)

1　　　　]　　　｜　｜　｜

2　　　　]任已来，于南[

3　　　　]公、逃死、户绝

4　　　　]折（析），分明审答。

5　　　　]审：但君海补渠

6　　　　]高祯在南平种

7　　　　]北并是职田，其还

①　文书号：72TAM230：77（a），唐长孺主编：《吐鲁番出土文书》（图录本）第4册，第75页。
②　文书号：72TAM230：78，唐长孺主编：《吐鲁番出土文书》（图录本）第4册，第76页。
③　文书号：72TAM230：79，唐长孺主编：《吐鲁番出土文书》（图录本）第4册，第76页。

8   ] 不种，必其不委

9   ] 求 受

（后缺）①

（二二）

（前缺）

1   ] 得朦胧受（?）[

2   ] 渠 长只经一 [

3   ] 职田，其还公、逃死 [

4   ] 如后不依今款，[

5   ] 辩。感

（后缺）②

（一四）

（前缺）

1   牒件状如前

2   天授二年四月   日里正张安感牒

3   ] 氾文 达

4   ] 城 主 [

（后缺）③

（二一）

（前欠）

1   实答，拟凭检覆，不得虚矫者。

2   谨审：其去秋种田，是壹热田，唯得

3   种床粟。如后虚妄，不依今款，求

4   受重罪。被问依实谨牒。

① 文书号：73TAM214：2（a），唐长孺主编：《吐鲁番出土文书》（图录本）第 3 册，第 161 页。

② 编号：Ast. I. 1. 018（即 Ma：290），录文见陈国灿《斯坦因所获吐鲁番文书研究》（修 订本），武汉大学出版社，1997 年，第 143—144 页。

③ 文书号：72TAM230：56，57，唐长孺主编：《吐鲁番出土文书》（图录本）第 4 册，第 77 页。

5　　　　□　　　　　　天授二年四月　高昌县人康才智牒

（后欠）①

（一五）

--（略）

1　牒未检问，更有事至，谨牒。

2　　　　　　四月　九日　史孙行感

（后缺）②

　　职田是唐代国家配给官吏个人的代禄之田，其数量依照官员的职事品分等配给，用以补充官禄（禄依本品给）。③ 在府州一级，官员职田的配给及统计是由户曹负责的，按照现任官职田与阙官职田两类分别管理。这是因为就收支来看，现任官职田收入属于财政支出，而阙官职田收入属于财政收入，故需分别统计。职田的经营，一般来说，是由官员自佃或官府配佃百姓。相应的职田地租则归在职官员（现任官职田）或官府所有（阙官职田）。④ 那么为何此文书涉及的侵占职田案却是由仓曹来负责审理的呢？这与职田地租的交纳方式有关。因为职田地租并不是由官员直接向佃耕百姓征收的，

---

① 文书号：大谷 4908，［日］池田温：《中国古代籍帐研究》，"录文与插图"部分，第178 页。

② 文书号：72TAM230：65（a），唐长孺主编：《吐鲁番出土文书》（图录本）第 4 册，第 76 页。按，关于此件文书的整理，需要作一些说明：陈文根据时间将一至六、八至十二、十四、十七至二十一段文书排为一表，但未将七、十三、十五、十六、二十二段列入。本节根据文书时间，又将七段放在四、十九之间；十三段放在十二、十七之间；十五段放于最后。而十六段有"张敏"，或与十八段 6 行的"行敏"有关，故暂放在十八段之后。二十二段有"渠长只经一年"等字，或与十七段 5 行"君海补渠"的内容有关，故暂放在十七段之后。另外，陈文将郭文智答款文书（十九、二十、六）和唐建进答款相关文书（八、九、五）依次排列，作为壹月十三日的文书。但五段文书的时间，据图版应为十二日，且其内容是关于唐建进频追不到，州司下牒天山县，要求其"准长官处分"（指四段 14—15 行都督处分）的判词，理应在其答款（八、九段）之前，故将其移于四段之后。

③ 叶炜：《南北朝隋唐官吏分途研究》，北京大学出版社，2009 年，第 134—152 页；朱博宇：《唐前期外官月料分配比例考释》，包伟民、刘后滨主编：《唐宋历史评论》第 3 辑，第 77—83 页。

④ 李锦绣：《唐代财政史稿》上卷第三分册，北京大学出版社，1995 年，第 818—829 页；齐陈骏：《简述敦煌、吐鲁番文书中有关职田的资料》，《中国史研究》1986 年第 1 期，收入氏著《敦煌学与古代西部文化》，浙江大学出版社，2015 年，第 189—207 页；杨际平：《麹氏高昌与唐代西州、沙州租佃制研究》，韩国磐编：《敦煌吐鲁番出土经济文书研究》，厦门大学出版社，1986 年，收入《杨际平中国社会经济史论集》第 3 卷《出土文书研究卷》，厦门大学出版社，2016 年，第 258—266 页。但也有学者认为，由于存在职田地租委付司正仓收纳，给付本官的方式，故不能将所有送纳正仓的某官地子皆视为阙官职田地租。李方：《唐西州官吏编年考证》，第 112—114 页。

而是由所在州县正仓代为征收，然后分付相应官员的。① 这正与前引仓曹掌租赋征收的规定相符（参见表1）。应该说，负责租赋（包括职田地租）具体征收的仓曹，更能及时了解到像高元祯这样涉嫌侵占职田的情况。

高元祯侵占职田案的起因是，安昌城百姓唐建进向西州都督府告事，② 称高氏所营种的职田内有侵占的逃死、户绝还公等田。经两审之后，③ 建进皆坚称所告之事为实。于是案件便被"付司"（即交由仓曹具体负责），进入"依状勘当"程序（见八段第3行）。时间则从天授二年壹月一直持续到了四月，可见州司的重视程度。这样，仓曹便依次推问案件的当事人高元祯（见一八段），以及安昌城知水人李申相（见一、二段），知水人康进感（见三、四段），南平城知田人郭文智（见一九、二○段），安昌城老人王嘿子、刘隆隆等，职田旧佃人王嘿子男孝达（见一一、一二段），南平渠长□君海（见一七段），里正张安感，氾文达及某城主（并见一四段），高昌县人康才智（见二一段）。期间还有天山县丞张之茂协助审问的情况（见一三段）。可是不仅高元祯矢口否认自己侵占了逃死、户绝田，而且一干人证等并皆异口同声地申明高元祯在本地界内"实不种逃死、户绝还公等田"。

令人奇怪的还有告事人唐建进的行为。在告事之后，他便不见了踪影。州司屡次找寻不到，便帖牒天山县司，并牒县令阳悬，"令捉差人领送"。结果无论是县司的申牒还是县令的通状，都称追访不到本人。州司虽继续督促县令捉送其人，结果一直到壹月十二日仍无申牒报告。于是州司只能请都督再次下令，让阳悬在继续追访唐建进的同时，将其妻儿及邻保先行追送至州问讯（以上并见四段）。似乎此举起到了效果，因为在文书中见到了康建进的辩辞和官员的判词（见八、九段）。他应该仍坚持自己所告为实，所以才会继续有证人在三月、四月间连续的辩辞记录。

不过由于文书残缺，已不能确知案件的最后处理情况，但从多名人证一致的证词来看，高元祯被确认侵占逃死户绝田为职田事实的可能性较小，那么很可能唐建进要受到反坐之罪。④ 如果高元祯侵占逃死户绝田为

---

① 张弓：《唐朝仓廪制度初探》，中华书局，1986年，第6—8页；陈明光：《唐代财政史新编》，中国财政经济出版社，1991年，第120—124页。

② 安昌、南平城均在西州城（治今新疆吐鲁番东四十余里高昌故城）西南，见《新唐书》卷四○《地理志四》，第1046页。考古发现也证明了这一点，参见陈文第391—392页注释10。

③ 这里的"审"，并非现代司法中的审级。见雷闻《唐开元〈狱官令〉复原研究》，复原唐令第35条（据宋令第29条复原）："诸告言人罪，非谋叛以上者，皆令三审。"《天一阁藏明钞本天圣令校证（附唐令复原研究）》，第623—624页。参钱大群《"三审"辨》，见氏著《唐律与唐代法制考辨》，社会科学文献出版社，2009年，第84—89页。

④ 《唐律疏议》卷二三《斗讼律》，"诬告反坐"条，第428页。

职田是事实，可能面临的刑罚又是如何呢？应依下面两条律文中的一条科罪：A."诸盗耕种公私田者，一亩以下笞三十，五亩加一等；过杖一百，十亩加一等，罪止徒一年半。荒田，减一等。强者，各加一等。苗子归官、主。" B."诸妄认公私田，若盗贸卖者，一亩以下笞五十，五亩加一等；过杖一百，十亩加一等，罪止徒二年。"两者的差别在于是否已经登入籍帐："若已上籍，即从下条'盗贸卖'（即 B 条）坐。"① 只是这一猜测今日已经无从证实或证伪了。

借用现代部门法的概念，高元祯侵占逃死户绝田为职田案，包含有民事纠纷和经济犯罪。西州仓曹调查此案件的过程中，并没有将案件移至掌"鞫狱定刑"的法曹去勘检。可知，调查此类案件本身就是仓曹日常政务的组成部分。虽然由于文书残缺，也不能确认此案件最终是否会在仓曹勘检之后被移送法曹处理，但确认侵占职田案件的审理是府州仓曹日常政务之一部分，对于本节第一阶段的论证而言，亦可成立。

接下来继续讨论府州仓曹在勾征中所涉及的刑狱审断。作为财务审计手段之一，勾征是唐代国家财政管理的重要组成部分，因而也是各级官府一项重要的常行政务。一般来说，勾征是由上级官司或巡察使、支度使、覆囚使等使职系统对各种财务簿籍进行审计，发现问题后，对勾得的财物等继续征收，以作为国家财政特种收入中的一项。② 仓曹作为租赋征收机构，自然也会参与到勾征中。美国普林斯顿大学葛斯德东方图书馆所藏的两件文书，就是在勾征中发生的由仓曹勘问的职务犯罪案件：

（一）《唐天宝八载（749）牒为驼马驴料事》

（前缺）

1　□仓内解□[　　　　　　]色马驴料，当时诸

---

① 《唐律疏议》卷一三《户婚律》，"盗耕种公私田"及"妄认盗卖公私田"条，第244—245页。按，陈文认为高元祯侵占职田案应据"诸在官侵夺私田者，一亩以下杖六十，三亩加一等；过杖一百，五亩加一等，罪止徒二年半。园圃，加一等"（《唐律疏议》卷一三《户婚律》，"在官侵夺私田"条，第246页）科罪。但逃死、户绝、还公田应该已经不属于私田，且"在官侵夺私田"条疏文亦有："或将职分官田贸易私家之地，科断之法，一准上条（按：指B条）'贸易'为罪。"可见，对于职分田侵占或贸易案件，不同于将百姓私田侵占为自己的私田，故应按照"妄认盗卖公私田"科罪。

② 详见李锦绣《唐代财政史稿》上卷第二分册，第644—654页，并参丁俊《从新出吐鲁番文书看唐前期的勾征》（简称丁文），沈卫荣编：《西域历史语言研究集刊》第2辑，科学出版社，2009年，第125—157页。

2　□使亲监给付，岂敢要索文书，所给不足，

3　妄支剥征，实将抑屈，请别论理，不免限

4　日填陪者。准 状 ，□郡仓曹者。依问仓史令狐

5　琼，得款：替鸜鹆仓应勾当，于仓典侯亲

6　 处 领得破用帐及文牒，至郡依状通历，有

7　麦贰拾叁硕伍斗，称奉中丞处分，给诸官马

8　料□ [　　　　　　　　　] 是实者。又款：三

9　　　　　　　　　] □□ [

（后缺）

(二)《唐天宝八载二月交河郡天山县仓史令狐奉琼牒为兵健粮料事》

（前缺）

1　答，情意具吐（？）者。但上件麦，仓典 侯 亲 通 忄 [

2　给伊吾、天山等军及本县兵健粮料，昨至郡勾

3　会，据行军赤牒，侯亲牒外妄加人畜破料，郡司所已剥

4　征，其麦收入见在。今侯亲不伏剥征，请追付郡勘问。被问依 实

5　谨牒。庭

6　　　　　天宝八载二月　　日天山县仓曹史令狐奉琼牒

7　　　　　检，庭白　　　　　廿七日[1]

从现存案卷来看，仓典侯亲主掌伊吾、天山等军及本县界内兵健的粮料，鸜鹆仓（镇仓）原在其管内。后天山县仓史令狐奉琼接替侯亲勾当该仓，[2] 并

---

[1] 文书号：G. 062, 064, Huaiyu Chen, in collaboration with Nancy Norton Tomasko, *Chinese-Language Manuscripts from Dunhuang and Turfan in the Princeton University East Asian Library*, *East Asian Library Journal*, vol. 14, no. 2 (2010), pp. 102, 106. 此两件文书初承亚利桑那州立大学陈怀宇教授赐示，谨此致谢。陈氏前揭文原有录文。本节所引据黄楼《唐代西州鸜鹆镇文书研究》，《西域研究》2019 年第 1 期，第 64—65 页。

[2] 鸜鹆镇在今阿拉沟口之石儡城遗址，临近唐所置天山县。王炳华：《阿拉沟古堡及其出土唐代文书残纸》，荣新江主编：《唐研究》第 8 卷，北京大学出版社，2002 年，第 334 页；陈国灿：《唐西州的四府五县制——吐鲁番地名研究之四》，《吐鲁番学研究》2016 年第 2 期，第 17 页。有关鸜鹆仓的运作，见凌文超《普林斯顿大学葛斯德图书馆藏两件天山县鸜鹆仓牒考释》，《吐鲁番学研究》2009 年第 2 期，第 79—88 页。该文据相关文书指出，参与此次勾征的是录事参军广久和仓曹参军庭兰（即第二件文书 5、7 行"庭"）。

从他那里领得破用帐和其他一些文牒。直到奉琼至郡勾会破用文帐，才发现其中有 23.5 石麦支用存在问题。破用帐显示上述麦被侯亲"奉中丞处分"，给伊吾、天山等军及本县界兵健粮料及诸官马料。但据行军赤牒，这些麦却是侯亲在数额外擅自加给造成的损失。于是，交河郡司便向侯亲征收上件麦。侯亲不服，向郡司申诉：当时给粮料时，是当着军使的面给付的，只是由于文书所给不足，不得已才多用了上件麦。判定自己"妄支剥征，实将抑屈"，请求免去"限日填陪"的决定。虽然不知道他所申诉的官司究竟是何部门，推测应是交河郡录事司。① 根据该司"准状□（关？）郡仓曹"的决定，② 可知案件便被交由仓曹负责。仓曹勘问奉琼所得案款，就构成了《唐天宝八载牒为驼马驴料事》的主体，或者说本件文书就是仓曹向录事司报告案件审理情况的一件关文？③

尽管同样是因为文书残缺，对于案件结果不得而知，或许最后的结果就如研究者所言，是勾征物的放免或征纳，并不涉及科罪刑罚的问题，④ 但是科罪刑罚的可能性是存在的。事实上，在勾征过程中，所由司根据情况进行科决的情况是存在的（详后所引《沙州敦煌县勾征悬泉府马社钱案卷》），故而本节仍将仓曹在勾检中发现的、对官典犯赃之物进行追征的文书亦纳入司法政务加以讨论。

除了可以对所部官吏和百姓进行勘问，即便是与自己平级的判司官员，仓曹也同样能加以勘问。见于天宝四载（745）《兵曹禄直练钱文案》：⑤

---

① 交河郡录事司每月都会对本郡长行坊、镇戍等机构的仓粮与马料帐目进行勾检，见丁文第 154 页。

② 与尚书都省在中央机构的核心地位一样，作为勾检机构，府州录事司是本部门内各种公文运行的枢纽，但与尚书都省给省内诸司行文用"牒"（都省各司的领导机关）不同，府州录事司与诸判司之间行文是用平行的"关文"（尽管录事参军的品阶要高于诸曹参军）。雷闻：《关文与唐代地方政府内部的行政运作——以新获吐鲁番文书为中心》，《中华文史论丛》2007 年第 4 期，第 149—150 页。

③ 丁文指出这两件文书皆是令狐奉琼所上郡仓曹的文书（第 155 页），笔者看法有所不同。

④ 对官典赃物的勾征，是国家司法机构之外的一种附加处理方式，只针对个别官典的某些贪赃行为，不具有普遍性。见丁文第 152 页。这是把勾征看作单纯的行政手段，因而将其视作司法机构之外的附加手段，即在处罪之后的征赃。

⑤ 本案卷是王永兴整理考释的天宝四载交河郡财务案的一部分，定名为《兵曹禄直俸料钱案》，见氏著《吐鲁番出土唐天宝四载十一——十二月交河郡财务案残卷考释》（以下简称王文），《唐代前期西北军事研究》，中国社会科学出版社，1994 年，第 327—339 页。李方在增加了两件相关文书（即本节所引四、六段文书）后重新予以考释，并认为是兵曹参军领取秋冬季禄直练钱相关文书，将其定名为《兵曹禄直练钱文案》，见氏著《唐西州官吏编年考证》，第 105—106、141—143 页。其中一段和三段，分别由大谷 1312、（转下页）

（一）

（前欠）

1 前［

2 右［

3 文，后令晋□□［

4 □秋冬禄直练便折分□［

-- （休）

5 　　　　　］ 如 当计练价□ 阡 玖伯壹拾肆文。休胤

6 　　　　　　　　　　］ 兵 曹十一月料。

7 　　　　　　　　　　　］ 胤

（后欠）

（二）

（前欠）

-- （休）

1 ］□大练捌疋壹丈捌尺

2 　　　］直库，前件禄直练，赵兵曹于［

3 　　　］库门前仙鹤见付和忠。上件［

4 　　　］请处分。休胤

5 　　　］月［

6 　］四日［

（后欠）

（三）

（前欠）

1 分付和忠钱练

（接上页）3014 号和大谷 1057、1014 号缀合而成，二、四至六段，依次为大谷 3012、4932、
2957、3496 号。原录文分见［日］小田义久编《大谷文书集成》，第 1 册，法藏馆，1984
年，第 3、12、47、142—143 页；《大谷文书集成》，第 2 册，法藏馆，1990 年，第 3、
113 页；《大谷文书集成》，第 3 册，法藏馆，2003 年，第 69 页。其中个别文字，王文已
校改者，本节据改，未出校记。关于文书次序，一至三段，参考文书内容及王文的考释
意见确定。四至六段文书较残，姑且随存于后。

2　　右禄直练从库出，晋阳押领。本典郭 [

3　　付和忠领。将余钱壹阡柒佰文晋阳 [

4　　　　　　] 和忠，被问依实答 [

5　　　　　　天　宝 四载十一月　日　兵曹参军赵晋 阳 [

（后欠）

（四）　　　　　　　　　　　　　　（五）

　　（前欠）　　　　　　　　　　　　（前欠）

1　　　　　] 禄直 [　　　　1　天宝四 [

2　　　　　] 其钱 [　　　　2　兵曹赵 [

3　　] 晋阳 [　　　　　　　　　（后欠）

4　　] 天宝 [

5　] 母 [

　　（后欠）

（六）

　　（前欠）

1　] 兵曹赵晋阳负钱五千五伯 [

　　（后欠）

李锦绣认为此案卷反映出唐前期交河郡（西州）存在有禄直库，且禄直练由兵曹参军支配的情况。虽然看不出兵曹从禄直库里领出的、交付给典和忠的禄直练是哪一个官员的，[1] 但推测认为禄直库的设置是为了给军府官禄，而不是给州郡官，故而由兵曹执掌。[2] 然而上述看法有值得商榷之处。

　　应该看到，身为判司的仓曹参军，在勘问前引高元祯和侯亲两案时，作为主责部门官员，不仅持续跟进案件的审问进度，相应地请示长官或下牒所部，而且作出相应的判词。即便是在文书体式上，也都能反映出仓曹参军在勘检过程中的主办地位：

　　其一就是在案件相关责任人的辩辞后面都有仓曹参军的押署，并在后

---

① 王永兴认为"和忠"是兵曹典吏，见王文第338页。李方《唐西州官吏编年考证》亦持
　　此说，第142页。不过，该书《州户曹、兵曹、法曹属吏》一节，载有同件文书所见之
　　兵曹典郭某，而失载和忠，见前揭书第263—264页。
② 李锦绣：《唐代财政史稿》上卷第三分册，第817—818页。

面作出"连"的批示，即命令典吏将案卷依次粘连，作为同一件档案备查。《高元祯侵占职田案卷》（见一八段 4 行、二段 4 行、一九段 4 行、二〇与六段缀合的 10、12 行、二二段 5 行）和《令狐奉琼牒为兵健粮料事》（见 5、7 行）都明确地传递出这一信息。

其二是由于一系列的文书是根据判司的命令粘连而成案卷的，为了防止典吏随意隐没或割裂案卷，相应地判官都会在纸张连接缝背面亲笔押署。虽然《高元祯侵占职田案卷》押署"𝄞"，不能确知是康义感的名字草签或者花押，[1] 但从敦煌、吐鲁番文书的通例来看，应该是义感的签押。

同样地，《兵曹禄直练钱文案》在辩辞最后和骑缝背面都押署有"休胤"。很明显，此案卷应是休胤负责主办的勘问档案（其中包含有兵曹参军赵晋阳的答款）。据李方考证，"休胤"正是西州仓曹参军。[2] 也就是说禄直库应当是由仓曹管理而非兵曹，其给禄直练的对象也应该是州郡官而非军府官。正如王永兴所说，此案卷一段文书反映了郡仓曹给付郡兵曹天宝四载秋冬禄直练和十一月料的记载。而本应秋季已经给付的秋冬禄，之所以还出现在十一月的牒文中，很可能是因为这批禄直练出了问题，因此郡司要立案勘问，[3] 并由仓曹负责。

不过，王永兴认为文书中的"被问""答"等字，体现了郡法司审核禄直练案的性质。所谓郡法司，应该就是郡法曹。之所以未加考证地认为案件是由法曹负责，明显源于本章开始所提到的学者们在接受了现代部门法体系预设后得出的一种无意识的结论。由此足见在考察唐代司法政务运行机制时，要突破某些现代学术语境的重要性和必要性。

本节所论府州仓曹对于三种不同身份人（所部官吏、百姓、同级判官）进行勘问的文书案卷，体现了仓曹在政务处理中负责相应的刑狱审断的情况。尽管由于文书的残缺，已不可能知道在上述案件的最后处理上，

---

① 需要注意的是，本件文书一一段骑缝背面押"茂"字，一三段辩词后有"茂"的押署和判词，这表明此两段文书是由天山县县丞张元茂申上西州的县级文书，并被仓曹连而成为案卷。关于"茂/张元茂"的身份，见李方《唐西州官吏编年考证》，第 209—210 页。一五段骑缝背押"𝄞"也应是类似原因造成的。

② 李方：《唐西州官吏编年考证》，第 104—106 页。王永兴认为"休胤"是仓曹参军或录事参军，见王文第 334 页。

③ 王文第 337 页。关于唐代官禄与料钱的颁给时间，见《通典》卷三五《职官十七·禄秩》，唐制"其（禄）春夏二季春给，秋冬二季秋给"，第 962 页；《唐会要》卷九一《内外官料钱上》载开元二十四年敕："百官料钱，宜合为一色，都以月俸为名，各据本官，随月给付"，第 1963 页。

仓曹参军是否能像法曹参军那样"定罪"科断。不过，按照唐代政务运行的一般情况推断，确实有这种可能性。

2. 府州户曹政务处理中的刑狱审断

正如前节所提到的，由于文书的残缺，已不能确知仓曹在审理完案件之后，是否会依照律令等规定，进行科决。不过，据现有文书可知，同属府州判司的户曹参军在其职掌范围内，是可以科决相关人员的。

首先来看与府州户曹参与司法政务处理相关的几件抄目文书。抄目（或称抄目历）是唐代各官府机构对本司收到或发出的公文目录所作的一种常规记录档案。① 据日本律令注释者所撰《唐令私记》[桓武天皇延历十年（791）左右已完成]记载，其格式如下：

> 都省令史受来牒而付本头令史，付讫，作抄目，谓之上抄。其样如左也：太常寺牒为请差巡陵事，右壹道，十九日，付吏部令史王庭。②

可见抄目历应包括文案事目、付事时间及对象。就目前所见唐代抄目历而言，虽然因时因地会略有差异，但其基本形式与唐令的记载还是相吻合的。③ 应该说，抄目历是了解唐代地方日常政务运行的一种难以替代的材料，④ 其中保存有关于地方司法政务的点滴记录。以下先摘录抄目历的相关内容：

---

① 参见表 1 录事参军之职。又，《新唐书》卷四七《百官志二》载尚宫局司记"掌宫内文簿入出，录为抄目，审付行焉"。第 1226 页。可见唐前期官府会对本司受文和发文进行登记，即抄目历。不过，就目前敦煌吐鲁番文献所见抄目历，多是本司所受公文的记录。

② [日]黑板胜美编：《令集解》卷二《职员令》，"神祇官"条，大史之职，新订增补国史大系普及版，吉川弘文馆，1985 年，第 37 页。有关《唐令私记》的情况，见 [日]吉永匡史著、王博译《日本书籍中的唐代法制——以唐令复原研究为视角》，中国政法大学法律古籍整理研究所编：《中国古代法律文献研究》第 11 辑，社会科学文献出版社，2017 年，第 228—234 页。任士英亦引用了此段史料，并指出"本头令史"含义不明，应该是各部门令史中的主管者。见氏著《唐代流外官制研究》（上），史念海主编：《唐史论丛》第 5 辑，三秦出版社，1990 年，第 302 页。笔者认为"本头令史"应与尚书省"头司——子司"体制有关，即头司令史，参见本书第四章第二节。由此可见，都省在将来牒付司时，并不与二十四司令史直接往来，而是指定由头司令史承办。

③ 王永兴：《吐鲁番出土唐西州某县事目文书研究》（以下简称《事目文书研究》），《国学研究》第 1 卷，1993 年，收入《唐代前期西北军事研究》，第 376—391 页。

④ 林晓洁：《唐代西州官吏日常生活的时与空》，《西域研究》2008 年第 1 期，第 61—83 页。

（一）《唐神龙二年（706）或三年二月至□月西州高昌县抄目历》
　　（之一）①

1　二月 至 ［

5　　　　　　　　　　　　　　 ］成欠钱仰追捉禁身征送事。三日付曹义。

12　　　 ］为行兵六驮并捉百 姓 ［　　　 ］科罪事。八日付曹义。

42　　　 ］ 守 难 等负公廨钱便计会处分讫申事。十五日付张驾。

84　　　 ］为水罚钱速催送州事。廿五日付张驾。

100 户曹 帖 ， 为 ［　　 ］知计帐官典并印限 廿 ［

101 仓曹牒，为勾征物速征纳仍牒两日内并典申 ［

（二）《唐开元十九年（731）正月西州高昌县抄目历》②

1　　　　　　　　 ］。录事司帖，为承符里正郭存信诉，称 ［

2　送事。仓曹符，为刀方素等负刘小沙钱，征还讫申事。（后略）

7　　　　　　　　　 （前略）仓曹符，为刘小沙等 ［

9　　　　　　　　　 （前略）户曹符，为 ［

10 翟寿等欠康敬仓物，勒对事。（后略）

12　　　　　　 （前略）录事司牒，为康惟敬欠仓粟一 百 ［

13 摊粟麦籴纳讫申事。（后略）

26 录事司帖，为追廉苏苏等送州事。（后略）

30　　　　　　 （前略）录事司符，为翟寿摊 ［

---

① 文书号：73TAM518：3/3-30（b），3/3-1（b），3/3-28（b），73TAM518：3/3-19（b），3/3-18（b），73TAM518：3/3-4（b），3/3-2（b），3/3-3（b），3/3-10（b），73TAM518：3/3-6（b），3/3-11（b），73TAM518：3/3-13（b），3/3-7（b），3/3-8（b），73TAM518：3/3-5（b），73TAM518：3/3-14（b），3/3-17（b），3/3-15（b），73TAM518：3/3-12（b），3/3-16（b），唐长孺主编：《吐鲁番出土文书》（图录本）第3册，第457—463页。整理者原定名作《唐西州某县事目》，本文所引文书名，据王永兴《事目文书研究》，第353—367页。

② 文书号：大谷3477、3472、3475，［日］池田温：《中国古代籍帐研究》，"录文与插图"部分，第213—214页。按，池田氏据文书钤"右领军卫岸头府之印"，而将文书定名为《唐开元一九年正月西州岸头府到来符帖目》，本书所引文书名据王永兴《事目文书研究》所拟。至于为何高昌县抄目历上钤岸头府（在交河县）之印，王永兴则以为有待于进一步的研究，见《事目文书研究》，第385、364页。参见方诚峰《敦煌吐鲁番所出事目文书再探》，《中国史研究》2018年第2期，第117—134页。

（三）《唐开元十九年正月——三月西州天山县抄目历》①

4　　　　　　　　　　　　　　　] 推问事。（后略）

29　　　　　　　　　　　　　　　　　] 曹帖，为追裴君子

43　□　□　道　二　月　到

84　　　　　　（前略）法曹符，为移隶敬责人 [

85　送州事。已上廿□日 到。

87　册 八 道 三 月 到

91　　　　　　（前略）户曹符，为翟同闰告，敬责窠外种田 [

92　法曹符，为许献之奴磨语等逃走，差人捕捉事。已上九日到。[

由于抄目历的残缺，有些文书的发文机构，已经难于确知。但是对于其中的一部分抄目，还是可以从其内容略加推测。比如本节所引一件 5、42、84 行抄目，都与钱的征纳有关，或为"欠钱"，或为"负公廨钱"，或为"水罚钱"。根据前文所论仓曹的职掌（参见表 1），可知这三件抄目都应属仓曹所发符帖。一件 12 行抄目，因其与"行兵六驮"有关，应为兵曹文牒抄目。至于三件 4、29 行抄目因其信息不足，难以推知其所属曹司。应该说明的是，并非抄目历上所有"追"某人的文书都与司法政务有关，因为那可能是基于日常政务信息沟通所需要的一般性询问。② 但是从前引"禁身""科罪""推问"等词，以及"移隶""告"（分见三件 84、91行）来看，上面所摘录的三件抄目中的相应文书，应该纳入地方司法政务加以探讨。

其中比较有意思的是与翟寿等欠康敬仓物案（二件 9—10、12—13、30 行）和翟同闰告敬责窠外种田案（三件 84、91 行）。前者涉及了录事司和户曹。事件的原委大概是康惟敬（即康敬）拖欠有仓粟若干，户曹认为这些仓粟应该由翟寿等人摊纳，所以要高昌县将翟寿等追送至州，与康惟

---

① 文书号：大谷 3476（1）、3473（2）、3479（1）、3478（2）、3476（2）、3478（1）、3471（1）、3471（2）、3481、3479（2）、3478（3）、3473（1）、3474，[日] 池田温：《中国古代籍帐研究》，"录文与插图"部分，第 215—217 页。池田氏原定文书名为《唐开元一九年正月——三月西州天山县到来符帖目》，此据王永兴《事目文书研究》所拟，第 384—385 页。

② 如"长行坊帖，为追前押官王智元赴州事""兵曹帖，为追别将康欢奴考功事"，见前引《唐开元十九年正月——三月西州天山县抄目历》，第 100、116 行，[日] 池田温：《中国古代籍帐研究》，"录文与插图"部分，第 217 页。

敬对质。从"录事司牒，为康惟敬欠仓粟一百［   ］摊粟麦籴纳讫申事"来看，应是作为"纠曹"的录事司行使勾检职能的体现。它要求高昌县在翟寿等人将康惟敬所欠仓粟，以粟麦折纳的方式籴纳讫申报本司。

后者则涉及法曹和户曹。从三月九日的抄目来看，案件的起因是由于翟同闰告称敬责在籍外（"窠外"）种田。① 大概由于案件事实比较清楚，所以敬责本人早在二月已经被下狱。从法曹为了要将敬责移隶而下符于天山县来看，很可能敬责之前被囚在天山县狱。到二月份时，法曹又因为某种原因，要将敬责移隶于它处（或即西州都督府狱），故而下符天山县。与此同时，户曹勘问敬责"窠外种田"的情况还没有结束，所以三月份时仍要下符让天山县申报相关情况。

在这些抄目的背后，都存在有大量的相关案卷。只是因为它们已然淹没在历史的长河中，今日无从得知其中的详情。但是上述两案说明，在唐代，即使是在同一件案件的审理过程中，并非只有某一曹的身影，分工不同的州判司之间，也会根据他们的职责，参与到某一具体案件的处理中。这对于理解唐代地方政务的运行机制是很有帮助的。下一章还将围绕着府州法曹的职掌，进一步探讨法曹与其他诸曹在司法政务处理中的分工与协作。

有关府州户曹在承办日常政务时可对违反律令的行为人施加惩处的案例，见于《周长安三年（703）前后敦煌县牒》：②

（前欠）

1　乡，耕耘最少。此由社官、村

2　正不存农务。即欲加决，正属

3　农非，各决贰拾。燉煌、平康、龙勒、

4　慈惠肆乡，兼及神沙，营功稍

5　少，符令节级科决，各量决

6　拾下。洪池乡州符虽无科责，

① 卢向前：《唐代西州土地关系述论》，上海古籍出版社，2001 年，第 280—281 页。
② 文书号：大谷 2838，［日］小田义久编：《大谷文书集成》第 1 册，图版 126、127，录文，第 108—109 页。本件背面 2—3 行，原文即逆序书写，与 1 行分据文书对角两端。按，敦煌，唐人原作"燉煌"，本书仅在文书录文中作"燉煌"，行文之中，则统作"敦煌"。

7　检料过非有功，各决五下。

8　其前官执祭，谘过长官，

9　请量决罚讫申。谘，意（?）示

10　　　　　十六日

- -

（后欠）

本件背面：

1　二月十六日　社官村正到

2　　　到正村官社见乡当合

3　　　　　乡泉悬

本件是敦煌县牒判词部分的残件，从其内容及署名方式来看，"意"应该是敦煌县丞。[①] 根据判词，可知由于春耕不力，敦煌县受到州符的追究。从前引户曹职掌来看，田畴之事正是其中之一（见表1）。所以，此符应当即沙州司户符。[②] 司户参军将敦煌县春耕不力的直接责任人确定为各乡现任社官村正，并根据耕耘情况，划分了至少三个等级，要求敦煌县具体负责刑罚的执行：第一等，乡名已失，被州符直接科罪，"各决贰拾"；第二等为敦煌等五乡，州符判以"节级科决"，于是县司根据这一精神作出了"各量决拾下"的判决；第三等，洪池乡，州符则未加科责。但是，县司以"检料过非有功"为由，判"各决五下"。

唐律规定："诸部内田畴荒芜者，以十分论，一分笞三十，一分加一等，罪止徒一年（州县各以长官为首，佐职为从）。"［疏］议曰："'部内'，谓州县及里正所管田。……若部内总计，准口受田，十分之中，一分荒芜者，笞三十。"[③] 但是对照上述判词，有两点值得重视：

其一，州县判案需要遵循律令格式，并不意味州县官不能根据实际情况做出符合情理的判决。从州符所科决数均低于三十来看，该判词涉及的

---

① 在唐代四等官制下，官员判案的用语，各有其固定的程式，以表现判官、通判官、长官在文案成立过程（"三官通押"）中的不同作用及责任。一般而言，判官（县尉、州判司）作"谘，某白"，也可省为"某白"，通判官（县丞、州长史、司马）作"谘，某示"，长官（县令、刺史）作"某示"，详见向群《敦煌吐鲁番文书中所见唐官文书"行判"的几个问题》，《敦煌研究》1995年第3期，第137—146页。

② 关于州符以七司的名义下达至县，前引抄目历足以清楚说明。

③ 《唐律疏议》卷一三《户婚律》，"部内田畴荒芜"条，第248页。

应是笞刑。其中最重的"各决贰拾",低于律文规定的"一分笞三十"的起始刑罚。① 大概是因为敦煌县诸乡春耕不力,程度较轻,并未达到律文"部内总计"田畴荒芜达一分以上的程度。若按照唐律的立法精神,这应属于"不坐"的情况,② 但却被州县官加以科责。这反映出唐代地方官在推行政务时,在遵守律令格式之外,还要面对种种律令格式难以涉及的社会性、地域性差异,因而会在律令格式之外,根据地区的实际情况采取灵活的处理办法。

类似的情况,又见于《周长安三年三月敦煌县录事董文彻牒》以及《唐开元廿四年(736)岐州郿县县尉牒判集》。先来看董文彻牒:

  (前缺)

----

1 家奴客须着,贫儿又要充衣。相学鹤望和籴,
2 谷麦漫将费尽。和籴既无定准,自惧(误)即受单
3 寒。岂唯虚丧光阴,赤露诚亦难忍。其桑麻
4 累年劝种,百姓并足自供。望请检校营田官
5 便即月别点阅萦子及布,城内县官自巡。如有
6 一家不绩缋者,罚一回车驮远使。庶望规模
7 递洽,纯朴相依。谨以牒举,请裁,谨牒。
8   长安三年三月 日录事董文彻牒
9   付司,辩示
10   一日
11   三月一日 录事 受
12   尉摄主簿   付司户
13   检案,泽白

---

① 同时,"各决贰拾"的刑罚,也低于唐律违令式(违令笞五十、别式减一等)、不应得为(情轻者,笞四十,事理重者,杖八十)的处罚程度。见《唐律疏议》卷二七《杂律》,"违令式"条、"不应得为"条,第521—522页。

② 《唐律疏议》卷一六《擅兴律》,"征人冒名相代"条:"若部内有冒名相代者,里正笞五十,一人加一等;县内一人,典笞三十,二人加一等;州随所管县多少,通计为罪","其在军冒名者,队正同里正","果毅、折冲,随所管校尉多少,通计为罪"。[疏]议曰:"每府管五校尉之处,亦有管四校尉、三校尉者,谓管三校尉者,三人冒名;管四校尉者,四人冒名;管五校尉者,五人冒名:各得笞四十。不满此数,不坐。"第303—304页。

14　　　　　　　　一日

----

15 牒检案连如前，谨牒。

16　　　　三月　日史氾艺牒

17　　　　准牒下乡及榜示村

18　　　　坊，使家家知委，每季

19　　　　点检。有不如法者，随犯科

20　　　　决。谘，泽白

21　　　　　　　　二日

22　　　　依判，谘，余意（？）示

23　　　　　　　　　二日

24　　　　依判，辩示

25　　　　　　　二日

----

26 下十一乡件状如前，今以状下乡，宜准

27 状，符到奉行。

28　　　　　　长安三年三月二日

29　　　　　　　　佐

30 尉

31　　　　　　　史氾　艺

32　　　　三月一日受牒，二日行判，无稽

33　　　　录事张　　　　　　检无稽失

34　　　　尉摄主簿　自判

35 牒为录事董彻牒劝课百姓营田判下乡事

36　　　　　　　　日①

因为百姓虚等和籴布，不事桑麻，敦煌县录事董文彻向县司提议：县境之内，由检校营田官"月别点阅紫子及布"，而县城之内，由县官亲自巡行点检，发现"有一家不缉绩者，罚一回车驮远使"。县司采纳了他的建议，

----

① 文书号：大谷2836，［日］池田温：《中国古代籍帐研究》，"录文与插图"部分，第199—200页；［日］小田义久：《大谷文书集成》第1册，第107—108页。

要求"准牒下乡及榜示村坊,使家家知委,每季点检。有不如法者,随犯科决"。所谓的"科决"方式,并非依据律有正文的五刑,而是董文彻根据敦煌县实际情况提出的处罚,即"一回车驭远使"。因为在唐代依靠畜力的"车驭远使",对百姓而言,不仅耽误农事,而且造成牲畜损耗(参见下文对《传马坊牒案卷》的讨论)。对于不事桑麻这样的"不如法"之罪,律文并无直接可用之文。而且与其施之以"无用"的笞杖之刑,倒不如"一回车驭远使"更有威慑。这也是敦煌县根据本地特点而制定地方法规之一例。

再来看岐州郿县(治今陕西眉县)县尉牒判集中的《署税钱不纳户第卅三》:

92 百姓之中,解事者少,见温言则不知惭德,闻粗
93 棒则庶事荒弛,如此倒著,何以从化?今长官恩
94 惠已足,此辈顽嚚亦多,仰并限此月十六日纳
95 毕,不毕,里正摄来,当与死棒。①

租赋征收是地方官的主要职责之一,但即便在长安近郊的郿县,也存在因为百姓延迟交纳税钱(户税),而被县尉威胁以"当与死棒"之罚。从王梵志诗"户役一概差,不办棒下死。宁可出头坐,谁肯被鞭耻"来看,② 为了完成赋役差科,"以死惧之"是唐代地方官采取的惯常手段。这亦可视为地方司法的常态。③

其二,武周时期官社制度的建立与推行导致了里正职能暂时性地被架空。根据唐律的规定,县司以下,对部内田畴荒芜承担责任的是里正(见

---

① 文书号:P. 2979,[日]池田温:《中国古代籍帐研究》,"录文与插图"部分,第232页。本书所引文书定名及录文,据潘春辉《P. 2979〈唐开元廿四年岐州郿县县尉牒判集〉研究》,《敦煌研究》2003年第5期,第79—81页。

② (唐)王梵志著、项楚校注:《王梵志诗校注》卷二《工匠莫学巧》诗及注,上海古籍出版社,1991年,第203、205页。

③ 关于唐代州县可以根据地方的实际情况,制定一些具有本地特色的条流,传世史籍中也有所记载。开成中(836—840),卢均为广州刺史、岭南节度使,"先是土人与蛮獠杂居,婚娶相通,吏或挠之,相诱为乱。钧至立法,俾华蛮异处,婚娶不通,蛮人不得立田宅,由是徼外肃清,而不相犯",《旧唐书》卷一七七《卢钧传》,中华书局,1975年,第4592页。尽管此事发生在唐后期"土人与蛮獠杂居"的广州,但地方性法规本来就是针对本地的特殊情况而制定的,故亦可参照。另,可参见郭建等《中国法制史》(第2版),"民族性法规和地方立法"一节,上海人民出版社,2006年,第117页。

前引《户婚律》"部内田畴荒芜"条）。而唐令也规定里正掌"课植农桑"，① 可是在此件文书中，面对"耕耘最少"的情况，州司却认为"此由社官村正不存农务"导致的，并未提及里正。这与武则天时改变高宗以来禁止民间私社的做法，一度在全国范围内推行官社制度有关。《朝野佥载》载：

> 周朝有逯仁杰，河阳人。自地官令史出尚书，改天下帐式，颇甚繁细，法令滋章。每村立社官，仍置平、直、老三员，掌簿案，设锁钥。十羊九牧，人皆散逃。而宰相浅识，以为万代皆可行，授仁杰地官郎中。数年，百姓苦之，其法遂寝。②

由于武则天在旧有乡里制度之外，设立了官社，每社置社平、社直、社老三员，"掌簿案，设锁钥"，这实际上使得原来里正的职能被架空。所以在相应责任的承担上，里正也不再出现在《周长安三年前后敦煌县牒》，反映了官社制度建立起来后唐代乡里社会的一个短时性变化。③

上件文书还反映出，对于一般的社官村正，县司根据州符直接决罚便可。但是在前引判词的最后，县丞"意"（即文书中的"余意"）又特别强调："前官执祭，谘过长官，请量决罚讫申。"由于"社主其祭"，④ 武则天推广的官社亦保留着祭社的职能，所以担任社官"执祭"的前资官也同样对农业生产负有相应责任。但对于这些具有官员身份的社官，不同于一般的社官村正，因而不得随便施加刑罚，仍要县丞特意声明已"谘过长官（县令）"后，才可量情决罚，并在处罚之后再次报告给县司。

除上述情形外，户曹还可在编制计帐过程中对相关稽滞人员进行科罚，这也反映出户曹在其职掌范围行使着一定的司法审断权。兹引《武周

---

① 《通典》卷三《食货三·乡党》，第 63 页。
② （唐）张鹫著、赵守俨点校：《朝野佥载》卷四，中华书局，1979 年，第 92 页。
③ 关于《周长安三年前后敦煌县牒》与逯仁杰倡议设置社官制度是互证关系，参见卢向前《马社研究——P3899 号背面马社文书介绍》，北京大学中国中古史研究中心编：《敦煌吐鲁番文献研究论集》第 2 辑，北京大学出版社，1983 年，收入氏著《敦煌吐鲁番文书论稿》，江西人民出版社，1992 年，第 91—93 页；孟宪实：《试论唐代西域的民间结社》，《西域研究》2009 年第 1 期，收入氏著《敦煌民间结社研究》，北京大学出版社，2009 年，第 65—72 页。
④ 《册府元龟》卷三三《帝王部·崇祭祀》，武德九年正月诏，第 356 页。

郭智与人书》为证：

1　谨讯：守都面别稍赊，无由相见。昨沙

2　陀口过□□了见勘当，更勾会计

3　帐。缘为录事司勾，都督已判交河典

4　两人各廿。尤自两头急索文历，无人可

5　造，始下牒车元早来。在后到者，例总

6　廿莫怪。直为计帐季终见勘写台解，

7　都督自唤两司对问。智力不周，始判牒

8　追人。次有□岂不附送。叁、伍使在此，

9　曹司频索。又讯：其文智为宝月下牒，都

10　督已许，今附牒送公为入司判牒高昌县追

11　张山海，不须追婢。待高昌县牒到，然后追

12　婢。恐漏情状，婢闻即生藏避，其牒判

13　印记署封却送，直与文智。见待须存

14　此意，勿失。贰拾日，郭智讯。①

王永兴指出，这件文书反映的是一幅州郡手忙脚乱勘造计帐图景。一方面，是交河县典（可能是司户佐及史）因计帐不准确被录事司勾出，已被都督判责打二十。而在另一方面，州司"两头急索文历"，却"无人可造"计帐。但计帐需要在季终（可能是三月终）时解申至尚书省（"台解"），因此都督也不得不亲自出面，"自唤两司对问"，又"判牒追人"来造计帐。② 据上述解读，本件文书 7 行"智力不周"的主语应是都督。

　　与王氏不同，《吐鲁番出土文书》（图录本）是将"智"字作人名处理，加了专名号。笔者赞成这一做法，认为"智"即"郭智"，也即"文智"。也就是说，是因为都督的重视，郭文智才在情急之下，"判牒追人"，即 5 行的"始下牒（令）车元早来"。根据户曹负责户籍与计帐编制的职掌，以及此郭文智有"判牒追人"之权，推测此人应当是西州户曹参军。从"其文智为宝月下牒，都督已许，今附牒送公"云云（9—10 行），也

----

① 文书号：73TAM193：11（a），唐长孺主编：《吐鲁番出土文书》（图录本）第 4 册，第 237 页。

② 王永兴：《事目文书研究》，第 375—376 页。

印证着郭文智作为州判官的身份。①

李方分析了本件文书的背景，认为可能是因为沙陀部新附贯不久，代管沙陀部落的交河县典不熟悉有关新附部落的计帐编制，故而出现手忙脚乱的情况。不过，她同时又觉得文中的"沙陀"究竟是人名还是部落名，以及此"沙陀"与计帐有关还是无关，都难以明确。② 但这是她将"沙陀"之下的"口"字误录为缺字符号"□"而造成的误解。沙陀为部落名应无疑，但此件文书未必反映的是交河县典不懂与新附部落有关的计帐体式，可能只是反映出因沙陀部落过境，西州忙于应付而耽误造计帐，这才出现一片慌乱的景象。而西州户曹郭文智与别人书信中提到的"在后到者，例总廿莫怪"，同样反映出州县官员在律令之外的灵活处理方式。

本 章 小 结

唐前期地方司法政务运行机制的确立，是随着尚书省的定型和三省制的确立而实现的。隋唐之际，尚书省作为宰相机构，是全国政务的汇总和裁决机关。而随着六部尚书的定型，全国所有的政务，也被集并为吏、户、礼、兵、刑、工六类，分而理之，有条不紊。这就建立起了一套行之有效的行政架构。地方政务也仿照六部进行归口，因之形成功、仓、户、兵、法、士六类划分标准。虽然此时地方与中央的政务分类标准尚未完全一致，但毕竟地方政务被分为六块模式，是从唐代开始，并逐步上升成为一种观念。

在对府州判司（仓曹、户曹）主导处理的司法政务相关文书加以分析后不难看出，在唐代府州一级官府，决不能将司法政务的裁决仅仅局限于户曹或法曹两司，更不适宜僵化地套用现代部门法下民事与刑事的二元框架去认知地方司法体制。否则，必然造成对唐代地方司法政务运行机制的认知出现偏差。唐前期府州各司（录事司与六判司）基于职务所系，都会

----

① 李方：《唐西州官吏编年考证》未载此人，见该书附录二《唐西州官吏任职简表》，第435—449页。又，此郭文智虽然与前引《高元祯职田案》中的南平城知田人郭文智名字相同，所处时代接近，但其官民身份（西州都督府户曹参军、南平城知田人）判然有别，因此两者应为二人。

② 李方：《唐西州行政体制考论》，第396—398页。

在各自所掌政务的范围内接受告言，鞫问两造，追征人证到案，并给予适当的断决。① 从文书来看，主要是判决杖以下罪。换句话说，在某种程度上，司法只是唐代官员为了政务的顺利推行采取的一种手段而已。所谓"刑者，德之辅"（《春秋繁露·天辨在人篇》），就是这个道理。如果承认这一点，我们对中国古代行政官员兼理司法这一现象的理解就会更加全面，即就唐代司法中的审和断而言，它应该被视为行政统摄下的一种政务裁决。

尽管唐代府州诸曹司都在其职掌范围内行使一定的司法审断权，但是唐代府州毕竟设置有法曹（司法）参军。那么这个专门以"法"为名的判司，它的职掌又是如何？法曹与其他诸曹在司法政务运行中如何分工与协作？对于这些问题，下一章将尝试着予以回答。

---

① 府州功曹推问，见于下引《西州都督府户曹为蒋化明往北庭给行牒事案卷》。

第二章 行政统摄下的唐前期地方司法政务运行（下）

——以府州法曹为中心

在上一章，通过《唐六典》的记载，已涉及府州法曹的基本职掌（参见表1）。然而《唐六典》虽然采取"以令式入六司（尚书六部）"的方式编纂，[1] 但其所载官员职掌并非照录《职员令》原文，而是模仿《周礼》加以改写的文本（说详第三章）。对于两《唐书》而言，同样存在类似问题。因此，为了更全面地了解法曹职掌，先将各书的记载聚在一起，以资参照。

表3 唐代府州法曹职掌的不同记载[2]

内　　容	出　　处
法曹、司法参军掌律、令、格、式，鞫狱定刑，督捕盗贼，纠逖奸非之事，以究其情伪，而制其文法。	《唐六典》
司法参军，……大唐掌律令、定罪、盗贼、赃赎之事。	《通典》
法曹、司法掌刑法。	《旧唐书》
法曹、司法参军事，掌鞫（鞫）狱丽法、督盗贼、知赃贿没入。	《新唐书》

以上四处记载，除《旧唐书》所载显系文字脱失外，[3]《通典》《新唐书》内容基本一致，较诸《唐六典》，后者并无法曹掌赃赎一节。对此，黄正建从《唐六典》《新唐书》的不同记载入手，指出《新唐书》多出的"知

---

① （宋）陈振孙著、徐小蛮等点校：《直斋书录解题》卷六，"唐六典"条引（唐）韦述《集贤记注》，上海古籍出版社，1987年，第172页。

② 资料出处：《唐六典》卷三〇《三府督护州县官吏》，第749页；《通典》卷三三《职官十五·总论郡佐》，第914页；《旧唐书》卷四四《职官志三》，第1920页；《新唐书》卷四九下《百官志四下》，第1313页。

③ 参照功曹等他曹"掌……之事"的文例，《旧唐书》所载法曹职掌，当有脱文。《旧唐书》卷四四《职官志三》，第1919—1920页。

赃贿没入"，是唐后期制度的反映。① 可见，他认为"掌赃赎"并非唐前期府州法曹的基本职掌，但这一看法并未关照到《通典》的记载，且与吐鲁番出土文书所反映的情况不同（详见后文）。

因此，可以确认唐前期府州法曹所掌政务大体可分为四类：律令、定罪、盗贼、赃赎。② 故而本章主要围绕上述四项职掌，具体讨论唐前期府州法曹所负责司法政务的内容，及其在政务处理中与其他曹司的分工协作情况。此外，还拟针对县级政务运行中的长官直接负责制，从县级司法政务处理的具体实施方面，结合敦煌、吐鲁番文书略加探讨。

一　法曹职掌之一：律令

所谓"掌律令"，即"掌律令格式"。那么，何谓"掌律令格式"？《永徽东宫诸府职员令》残卷卷尾题记，可从一个方面反映出其含义。兹引述如下：

（前略）

193 令卷第六 东 宫 诸 府 职 员

194 　　　　　　永徽二年闰九月十四日朝散大夫守刑部郎中上柱国判删定

臣 贾 敏 行 上

---

① 黄正建：《唐代司法参军的若干问题——以墓志资料为主》，柳立言主编：《第四届国际汉学会议论文集：近世中国之变与不变》，联经出版公司，2013年，收入黄正建《唐代法典、司法与〈天圣令〉诸问题研究》，中国社会科学出版社，2018年，第158—160页。

② 唐前期亲王府官亦置有法曹参军，其职掌类似于府州法曹。据《永徽东宫诸府职员令》，亲王府法曹参军事"掌律令格式及罪罚、工匠、营造及公廨舍宇之事"，见刘俊文《敦煌吐鲁番唐代法制文书考释》，中华书局，1989年，第188页。需要说明的是，《永徽令》之所以法曹兼掌工匠、营造等事，是因为当时亲王府未置士曹参军事一职，故法曹兼士曹之事。至开元时亲王府并置法曹、士曹，法曹职掌则改为"掌推按欺隐，决罚刑狱等事"（《唐六典》卷二九《诸王府公主邑司》，第732页。参见《新唐书》卷四九下《百官志四下》，"王府官"条，"法曹参军事掌按讯、决刑"，第1306页）。在四类职掌外，府州法曹也会将接到的敕书抄写行下，见开元十六年（728）六月《虞候司及法曹司请料纸牒》，内有西州法曹向录事参军"请上件黄纸写敕行下"的牒文。黄文弼：《吐鲁番考古记》，中国科学院考古研究所编：《考古学特刊》第3号，中国科学院，1954年，第38—39页，又见该书图版二七至三〇（图32），第28—31页。不过，写敕行下应该是府州判司共同的职责，法曹并非独任其事，如《开元十六年五月兵曹法曹等司请纸判》（文书号：大谷5839，[日]小田义久编：《大谷文书集成》第3册，第207—208页）所载两司所请黄纸，应皆为写敕所用。

195　　　　　　　　　　　 ］ 秘 书省正字武骑尉 臣 □□

196　　　　　　　　　　　　　　 ］ 尉 臣 袁武

197　　　　　　 尚书都省主事飞骑 尉 臣 □□□

198　　　　　　　　 登 仕 郎行门下 〔

（中缺）

199　　　　　朝议郎行少〔府〕监承（丞）上骑都尉 臣 张行实

200　　　　　　 朝议大夫 守 中 书舍人骑都尉 臣 李友 益

201　　　　　　　 朝请大夫守给事轻车都尉 臣 赵文

202　　　　　　　　 ］ 守刑部侍郎骑都尉 臣 刘燕客

203　　　　　　　　 ］ 守吏部侍郎轻车都尉 臣 高敬言

204　　　 大中大夫守太常少卿监修国史武骑尉 臣 令狐德棻

205　　　　　　　 兼 尚书右丞轻车都尉 臣 段宝玄

206　　　　　　　　　　 中书侍郎上骑都尉 臣 柳奭

207　　 银青光禄大夫行黄〔门〕侍郎轻车都尉平昌开国公 臣 宇文节

208　　　 光禄大夫侍中监修国史上护军蓨县开国公 臣 高〔季辅〕

209　　　 尚书右仆射监修国史上护军北平县开国公 臣 行成

210　　　 尚书左仆射监修国史上柱国燕国公 臣 志宁

211　　　　　 开府仪同三司上柱国英国公 臣 勣

212　　　 太尉扬州都督监修国史上柱国赵国公 臣 无忌

213　　　　　　　　 沙州写律令典赵元简初校

214　　　　　　　　　　 典田怀悟再校

215　　　　　　　　 凉州法曹参军王 义 ①

首先要说明的是，题记所载时间"永徽二年（651）闰九月十四日"，并非写本抄写之时，而是永徽律令删定完成之后奏上颁行的日子，② 反映出对于法典，记录其颁行时间（时效性）比抄录时间更为重要。

---

① 文书号：S. 3375、S. 11446、P. 4634C₂，录文见刘俊文《敦煌吐鲁番唐代法制文书考释》，第 195—197 页；［日］池田温编：《中国古代写本识语集录》，东京大学东洋文化研究所，1990 年，第 195—196 页。

② 《唐会要》卷三九《定格令》："永徽二年闰九月十四日，上新删定律令格式。太尉长孙无忌……等同修。……颁于天下。"第 820 页。

发现于敦煌的这件文书，应该是沙州所藏的《永徽令》残卷，故由"沙州写律令典"校勘（213—214 行）。可是沙州所藏的《永徽令》写本骑缝处，为何皆钤有"凉州都督府之印"?① 这当然与沙州为凉州都督府管内刺史州有关。② 同时，在唐代新定律令等法典颁行之后，大概只有重要府州才会得到朝廷颁给的律令写本，其他府州则需要自行抄定写本，带回本州行用。③ 为了保证律令的权威与准确，不仅沙州典吏在抄写成卷之后连校两遍，而且凉府也在写本骑缝处钤印以示可信。④ 同时，凉州法曹参军王义也在卷末押署了自己的名字"义"，以示负责。这正体现了法曹参军掌律令格式的含义：即对朝廷所颁行律令格式予以保管传抄，并负责审校其抄录文本的准确性。⑤

与此类似，尚书省刑部司亦有掌律令之责。贞元二年（786）七月，刑部侍郎韩洄奏："刑部掌律令，定刑名，按覆大理及诸州应奏之事，并无为诸司寻检格式之文。比年诸司，每有与夺，悉出检头"，令刑部检出相应律令格式之文。韩洄认为这样做会造成"下吏得生奸，法直因之轻重"，"讹弊日深，事须改正"，遂引文明元年（684）敕"当司格令，并书于厅事之壁"为据，指出："此则百司皆合自有程式，不唯刑部独有典章。"故此德宗颁下敕旨："宜委诸曹司，各以本司杂钱，置所要律令格式。……其所诸司于刑部检事，待本司写格令等了日停。"⑥ 可见刑部所

---

① 刘俊文：《敦煌吐鲁番唐代法制文书考释》，第 180 页。
② 《旧唐书》卷四〇《地理志三》，第 1640 页。
③ 开元二十五年（737），李林甫等奏上《格式律令事类》四十卷，玄宗敕："于尚书都省写五十本，发使散于天下。"（宋）王钦若等编：《宋本册府元龟》卷六一二《刑法部·定律令四》，中华书局，1989 年，第 1900 页。由此可知，绝大多数府州是据此五十本《格式律令事类》自行抄写。荣新江指出，开元、天宝时律令格式和官颁写经一样，皆是由朝廷缮写，分送诸道采访使，令管内诸州郡转写。见氏著《唐代西州的道教》，《敦煌吐鲁番研究》第 4 卷，北京大学出版社，1999 年，第 139 页。此说可从。
④ 刘俊文认为此卷是凉州都督府作为正式文书保存的官写本，见氏著《敦煌吐鲁番唐代法制文书考释》，第 198 页。但此件文书是沙州派人在凉州抄写，并经凉州都督府审核之后带回沙州的《永徽令》。此残卷发现于敦煌，则正说明其为沙州保存之官写本。
⑤ 黄正建亦有类似看法，参见氏著《唐代司法参军的若干问题》，第 160 页。
⑥ 《唐会要》卷三九《定格令》，第 824—825 页。按，韩洄的说法，可以得到《新安文献志》所载贞元三年（787）三月户部蠲牒的印证。此蠲牒是户部司（由员外郎押）颁给曾任祁门县建县县令吴仁欢，准许县蠲免其荫亲课役的付身文书。据文书所载，在接到牒后，知吴氏虽有皇帝"恩命""除朝散大夫、石州长史〔朝散大夫，从五品下阶。代宗恩命，事在永泰二年（766）〕，但"未蒙省符下州蠲免"，故仍"差遣赋役有同白屋"，户部司随即"刺史部检，得报官甲名录"。又得刑部检报《赋役令》：'文、武职事官五品已上父祖子孙、勋官二品，并免课役。'又云：'荫亲属免课役者，散官亦依职事例'者"。据此，户部司下牒歙州免其荫亲课役，并"准式仍牒（转下页）

掌律令，亦是指对律令格式的保管，并因之形成要替诸司抄出适用的律令格式，以供其判事。①这应该与唐前期府州法曹掌律令的情形是类似的。

不过，府州法曹掌律令的职掌，似乎在唐后期逐渐消失了。如后唐建立后，御史台以刑部、大理寺、御史台"收贮刑书，并是伪廷（后梁）删改者，兼伪廷先下诸道追取本朝法书焚毁，或经兵火所遗，皆无旧本节目。只定州敕库有本朝法书具在，请敕定州节度使速写副本进纳"。不久，定州节度使王都进纳唐朝律令格式及格后敕等，凡286卷。②可见，经历了唐末后梁之际的动荡，唐代法书在地方保存状况极为不佳，即便侥幸保存下来的文本，也是在藩镇使府敕库之中。这一情形的出现，一方面是由于唐后期藩镇坐大，并逐渐成为事实上的州上一级的行政层级，所以地方上对律令格式的保管，也相应地成为节度观察使的职掌，保管在使府敕库之中。另一方面，应该与唐朝后期敕的作用逐渐上升有关。由于律令在唐后期几乎不再大规模修订，法律的调整主要靠敕及格后敕来实现。③这一变化直接导致律令格式和敕保存于使府敕库，而不再依赖于府州曹司。

二　法曹职掌之二：定罪

正如前文所述，在现存敦煌、吐鲁番文献中，有关府州法曹的文书数

（接上页）知（指牒付吴仁欢）者"。（明）程敏政编、何庆善等点校：《新安文献志》卷九六上《唐故建县长史吴公任（仁）欢庙碑》［端拱元年（988）立］附，黄山书社，2004年，第2451—2456页。参见顾成瑞《〈新安文献志〉收录唐户部蠲牒考析》，《安徽史学》2015年第3期，第49—53页；《唐代蠲免事务管理探微——基于对〈新安文献志〉所录唐户部蠲牒的考释》，《中国经济史研究》2015年第3期，第86—88页。刑部司检报《赋役令》之文，系节录令文原文（见天圣《赋役令》附唐令第14、17条，《天一阁藏明钞本天圣令校证（附唐令复原研究）·清本》，第392、393页），这正是韩洄所谓刑部"为诸司寻检格式"之例。因其所引常为律令节文，故存在"下吏生奸"的可能。另从上述牒文的时间可知，德宗敕旨中所谓"诸司于刑部检事，待本司写格令等了日停"的理想，在八个月之后仍未成为现实。

① 北宋神宗元丰改制后，三省各建有制敕库房（敕库），负责编录及提供、检阅敕令格式。参见龚延明《中国历代职官别名大辞典》，"制敕房""敕库"条，第425—426、645页。

② 《旧五代史》卷一四七《刑法志》，中华书局，2016年，第2286页。滋贺秀三认为此286卷法书包括：开元二十五年律12卷、律疏30卷、开元二十五年令30卷、开元新格10卷、开元式20卷、格式律令事类40卷、刑法要录10卷、大和格后敕52卷、开成格10卷、大中刑法总要格后敕60卷、大中刑律统类12卷。见氏著《法典编纂の歴史》，《中国法制史論集——法典と刑罰》，创文社，2003年，第94页。

③ 戴建国：《唐宋时期法律形式的传承与演变》，《法制史研究》（台北）第7期，2005年，后以《唐宋变革时期法律形式的传承与演变》为题，收入氏著《唐宋变革时期的法律与社会》，上海古籍出版社，2010年，第35—96页。

量相对较少。笔者目力所及，尚未见有与法曹"鞠狱定刑"职掌相关的文书。① 那么法曹的定罪，与上述其他诸曹所量定科决又有何关系？目前无法通过利用文书取得突破，故可从唐令的规定入手来考虑。据开元《狱官令》："诸犯罪，皆于事发处州县推断……杖罪以下，县决之，徒以上，县断定送州，覆审讫，徒罪及流应决杖、笞，若听赎者，即先决配征赎。"② 也就是说，徒以上，县司断定之后，需将文案申送至州覆审。如覆审无失，得报之后，县司才可将徒刑付诸实施（包括徒罪的征赎，也包括流罪的附加杖、笞刑及其征赎）。③

负责覆审县司所送徒以上罪的府州官司，应该是法曹，即法曹有徒以上罪的审断（含覆审）权限。而前章所引与其他诸曹（户曹）有关的司法类文书，所行决之罪罚都是笞杖等轻罪，有的甚至是低于《唐律》所规定的起始刑罚，故可推测如下：与县司相似，府州其他诸曹也具有杖罪以下的审断及行决权。若是在其业务范围内发现的徒以上罪，大概就要关牒法曹进行断决。当然，这一推测的证实与否，还有待于新材料的发现。不过，参照唐代京畿地区（包括在京诸司）司法政务的处理机制，上述推测成立的可能性还是比较大的。

比如，对于京畿府县和在京诸司，《唐六典》明确记载："凡京都大理寺，京兆、河南府，长安、万年、河南、洛阳县咸置狱（其余台、省、寺、监、卫、府皆不置狱）。"④ 那么，是否就意味着不置狱的其他在京诸司就没有对犯罪的断决之权和禁系囚徒的情况吗？当然不是。首先，《狱

---

① 据《唐垂拱三年（687）西州高昌县申州户曹为车牛肆乘发遣请裁事》（文书号：大谷4920，［日］小田义久编：《大谷文书集成》第3册，第65页），高昌县于"今月四日被其月三日符，令差"车牛四乘"取枪□"，"县已准符差下作（？）发遣，便取法曹进止讫。［"故知其所受符应为法曹符，但同时高昌县在奉法曹符处理完毕后，还需"录申"户曹"请裁"。因文书较残，具体情况无从得知（长运坊或车坊，州级管理机构不详，或由户曹管理）。本节所引录文及定名，据刘安志《吐鲁番出土文书所见唐代解文杂考》，《吐鲁番学研究》2018年第1期，第8—9页。参见乜小红《吐鲁番所出唐代文书中的官营畜牧业》，《敦煌研究》2005年第6期，第75页。
② 雷闻：《唐开元〈狱官令〉复原研究》，《天一阁藏明钞本天圣令校证（附唐令复原研究）》，第609—610页。
③ 《唐西州天山县残文书》《唐西州天山县案卷牍尾》（文书号：72TAM204：20、37，唐长孺主编：《吐鲁番出土文书》（图录本）第2册，文物出版社，1994年，第153—154页）原被视作两件文书残片，刘安志认为两者可缀合为开耀二年（682）前后五月一日天山县申西州法曹的解文。但具体内容不详，仅知是高昌县将责得案状申州的情况（缀合后的文书1—2行"勘申令［责各得状［"）。见氏著《吐鲁番出土文书所见唐代解文杂考》，第3—5页。
④ 《唐六典》卷六《尚书刑部》，第188页。

官令》在规定"诸犯罪，皆于事发处州县推断"之后，明文规定："在京诸司，则徒以上送大理寺，杖以下，当司断之。"①《唐六典》的记载也呼应了上条规定：大理寺丞六人，"掌分判寺事。凡有犯，皆据其本状以正刑名"，而其所正之刑名，包括"判尚书六曹所统百司及诸州之务"。其中"百司之务"，指的就是"凡诸司百官所送犯徒刑已上……（其杖刑已下则决之）"者，②对应的正是前引《狱官令》之规定，即在京诸司在日常政务的处理中，杖以下罪，当司即可决之，徒以上罪必须移送大理寺处理（参见本书第三章）。③

此外，虽然《唐六典》称"其余台、省、寺、监、卫、府皆不置狱"，可是一旦遇到皇帝赦降或虑囚之时，诸司禁囚就会出现在相应的诏敕中。如贞观二十二年（648）十二月，以皇太子之请，太宗诏"雍州长安、万年两县，及诸司见禁囚徒，三年以下，差降杖罪，并放免徒罪已上。征铜未输者，亦从降例"。又如麟德二年（665）三月，以东作聿兴，高宗诏"西京及东都诸司，雍、洛二州见禁囚徒，宜准龙朔元年（661）虑囚例处分"。④从中不难看出，京都诸司与京县一样，都有着为数不少的"见禁囚徒"。对《唐六典》的记载，不可理解过实。

在京诸司会将徒以上罪则移送相对专业化的大理寺（法司）处理，而本身拥有对杖以下罪的断决权。诸司禁囚的出现，正与在京诸司参与到唐代司法政务运行机制的方式有关。在这一点上，府州诸曹应与之类似，即本司具有杖以下罪的断决权，徒以上罪则移送相对专业化的法曹处理。对于法曹定罪职能的探讨，只能到此为止了。以下将着重讨论与法曹定罪职掌有关的两个问题：流移人的管理和囚徒给粮。

上述内容见诸抄目历中。虽然现存抄目历多为缺损较严重的残片，但透过其中的只字片言，还是能丰富我们对于唐代地方司法政务运行机制的认知。前引《唐开元十九年正月西州高昌县抄目历》中与流移人相关的抄

① 雷闻：《唐开元〈狱官令〉复原研究》，《天一阁藏明钞本天圣令校证（附唐令复原研究）》，第 609 页。

② 《唐六典》卷一八《大理寺》，第 503、502 页。

③ 此处的"诸州之务"，则包括地方官员所犯"除、免、官当"的案件及州县疑难案件的申谳。参见本书第三章，及曹鹏程《略论大理寺在唐代司法系统中的地位和作用》，第 89 页。

④ 《册府元龟》卷八四《帝王部·赦宥三》、卷一五一《帝王部·慎罚》，第 990、1824 页。此类事件颇多，参见陈玺《唐代诉讼制度研究》，"唐代京畿地区虑囚疏狱统计表"，第 227—230 页。

目如下：

2　　　　　　　　　　　　　（前略）法曹符，为移配流入（人）［
3　录事司符，为仓粮长行坊供客等，上州印纸，每月具申事。（后略）
15　　　　　　　　　　　（前略）户曹帖，为追辛 头 （？） 奴 （？）、潘 ［
16　为配流人等，并诸县流移人等，帖到当日申事。（后略）①

其中 16 行所载抄目的起首，在 15 行末，但文书该部分已残，无法知晓其
曹司之名。不过从其内容，并参考 2 行抄目来看，应该是高昌县对西州法
曹来文的抄目无疑。虽然 2 行抄目后面已残，但从现存文字来看，内容应
与 16 行抄目相关。从上述抄目来看，西州法曹在一年之始的正月，就连续
两次遍帖所属诸县，要它们统计本县需移配的流刑之人以及在本县的流移
人，并限帖到当日申上。这应与唐代流移人的管理有关。

　　首先，就犯流罪需移配之人来说，唐令规定："诸流移人，州断讫，
应申请配者，皆令专使送省司。令量配讫，还附专使报州，符至，季别一
遣（若符在季末至者，听与后季人同遣）。具录所随家口、及被符告若发
遣日月，便移配处，递差防援。专使部领，送达配所。"② 正月是季初之
月，法曹要求统计部内应移配流人情况，正是为本季配遣工作而准备。

　　其次，对于诸县流移人（即已经配在诸县的流移人），唐令规定："诸
流移人（移人，谓本犯除名者）至配所，六载以后听仕（其犯反逆缘坐
流，及因反逆免死配流，不在此例）。即本犯不应流而特配流者，三载以
后听仕。"③ 这是涉及流移人政治待遇（入仕）的规定。唐代律令对于称
"年"称"载"的区分是比较明确的：称"年"者以日计，三百六十日为一
年。④ 称"载"者以年计，故而"假有元年犯罪，至六年之后，七年正月始
有叙法，其间虽有闰月，但据载言之，不以称年要以三百六十日为限"。⑤ 所

---

① 录文见［日］池田温《中国古代籍帐研究》，"录文与插图"部分，第 213 页。
② 雷闻：《唐开元〈狱官令〉复原研究》，复原唐令第 15 条（附唐令第 5 条），《天一阁藏
明钞本天圣令校证（附唐令复原研究）》，第 615 页。
③ 雷闻：《唐开元〈狱官令〉复原研究》，复原唐令第 19 条（附唐令第 6 条），《天一阁藏
明钞本天圣令校证（附唐令复原研究）》，第 617 页。
④ 《唐律疏议》卷六《名例律》，"称日年及众谋"条，第 141 页。
⑤ 《唐律疏议》卷三《名例律》，"除免官当叙法"条，第 58 页；刘俊文：《唐律疏议笺解》
卷三，中华书局，1996 年，第 227、232 页。

以正月之初，统计诸县流移人，则是为及时了解其已经配流、移乡的年限。

再来看前引《唐开元十九年正月——三月西州天山县抄目历》所载三月到来的公文中，同样有与流移人相关的抄目（115行）："法曹符，为反逆缘坐移配匠处，不在放限事。"①

唐代流刑，就刑制而言分为三种（三流）：即流二千里、二千五百里、三千里。而根据其所犯罪行的性质，又被分为"加役流、反逆缘坐流、子孙犯过失流、不孝流、及会赦犹流"（五流），② 以区别于一般流刑。根据规定，流罪是终身刑，除非遇到大赦、特诏等情况，流人不得"私逃还乡"，③ 而且三流俱要服役一年。④ 此件抄目中的"移配匠处"即因此而言。⑤ 至于"不在放限"一语，针对的是开元十九年二月乙酉《放还罚镇及配隶人诏》：

> 令式条流，科制明具，行之已久，亦便于人。比者天下勋官，加资纳课，又因犯入罪，罚镇配州。言念于兹，有乖宽恤。宜各依令式处分，其先罚镇及配隶人未归者并即放还。⑥

---

① ［日］池田温：《中国古代籍帐研究》，"录文与插图"部分，第217页。该抄目所对应的文书是在三月廿五日后到（113行）。

② 《唐律疏议》卷一《名例律》，"流刑三"条；卷二《名例律》，"应议请减"条，第5、35—36页。律文特标五流之名，"与十恶同科，不得请、减及赎"，遇到赦免也要依旧"除名、配流如法"。同前书卷四《名例律》，"彼此俱罪之赃"条，第88页。

③ 《唐六典》卷六《尚书刑部》，第190页。

④ 《唐律疏议》卷三《名例律》，"犯流应配"条："诸犯流应配者，三流俱役一年（本条称加役流者，流三千里，役三年。役满及会赦免役者，即于配处从户口例）。"第66页。由于流刑服役满及会赦免者，仍然是"从户口例"在配处州县附贯，为当地百姓。所以学者认为唐前期流刑具有强制性，且有无期徒刑之意。至唐后期，流刑之人在配流六载之后即可被放还。参见下引《高昌县准诏放还流人文书》及刘俊文《唐律疏议笺解》卷三，第262—265页。

⑤ 参见牛来颖《唐律令时代公共工程建设的劳役与征派——以〈天圣令〉为中心》，《江西社会科学》2016年第9期，第112页。

⑥ 《册府元龟》卷六三《帝王部·发号令二》，第711页。参见毛华轩等编《唐大诏令集补编》卷二〇，上海古籍出版社，2003年，第914页。按，开元十九年二月乙酉为二月六日，是月30天。故三月廿五日后到的上件法曹符，距离诏下时间已达50天以上。这符合唐代长安与西州之间的文书递送时限，如景龙三年（709）八月四日尚书省比部符，于九月十五日到达西州，凡40天（是年八月为29天）。见《唐景龙三年八月西州都督府承敕奉行等案卷》，馆藏号：Or. 8212/529，沙知、吴芳思编：《斯坦因第三次中亚考古所获汉文文献（非佛经部分）》，上海辞书出版社，2005年，第60—61页。亦见陈国灿《斯坦因所获吐鲁番文书研究》（修订本），编号：Ast.Ⅲ.4.092（即Ma：272），第271—273页。参见陈垣《二十史朔闰表》，古籍出版社，1956年，第95、92页。

　　因诏书并非大赦诏书，又未该及反逆缘坐流人，故西州法曹认为已经配匠的反逆缘坐流人不属于本次诏书规定的放还情形，因此下符部内诸县予以说明。当然，此件文书仅存抄目，目前无法确知对诏书放还范围的解读究竟是来源于西州法曹向上级（安西都护府）的请示，还是据自己的理解径行下符。

　　有关特诏放还流人，见《唐文明元年（684）高昌县准诏放还流人文书》，兹引录如下：

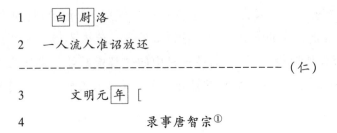

1　白 尉 洛
2　一人流人准诏放还
-------------------------------- （仁）
3　文明元 年 ［
4　　　　　　录事唐智宗①

由此件文书可知，高昌县在准诏放还白尉洛之后，需向州司申牒。州司则要继续向尚书省申解，如《唐上元三年（676）西州都督府上尚书都省状为勘放还流人贯属事》：

（一）
1　　　解并目上尚书省都省。
2　　　］放还流人贯属具状上事。
3　　　　　　］ 九 月 四 日 ［
（二）
1　　　］勘放还流人贯属具状上事。
2　　上元三年九月四日录事　［
3　　　　　　参 军判录 ［②

---

① 文书号：72TAM230：59（a），60（a），唐长孺主编：《吐鲁番出土文书》（图录本）第4册，第69页。本件钤有"高昌县之印"。骑缝押署"仁"字，当是高昌主簿判尉思仁（详见后文）。刘安志亦指出，此件文书为高昌县申州解文，拟题为《唐文明元年西州高昌县申为流人准诏放还事》，并从文书格式推断，"仁"当为高昌县尉，而非高昌县令。见氏著《吐鲁番出土文书所见唐代解文杂考》，第13页。
② 文书号：64TAM19：48、64TAM19：38，唐长孺主编：《吐鲁番出土文书》（图录本）第3册，第269—270页。本件钤有"西州都督府之印"，并有勾检朱书。

可见唐前期对流人的限制和管理确实非常严格。在流人被放还之后，州司（应该就是法曹）还要将所返还流人的贯属——详列，解牒申上尚书省都省，以备都省勾会。

与囚犯给粮问题相关的抄目历，残缺尤其严重，却依然传递出比较重要的信息：即在囚犯给粮问题上，法曹与仓曹之间存在分工与协作。先将抄目历相关部分移录如下：

《唐西州抄目历》：

（一）

1　　　　　　　]泥匐特纳官粮料事。

2　　日七廿　　　　　　　付□□

3　高昌县申 [

4　　当勘□　　　　　　　[①

5　法曹关为囚 死 [

6　　　　　　付 伍 　 凤

- -

7　□□ 关 给防人陈宪□等十二月粮事。

（二）

　　（前略）

3　　　　　　]买婢患手请退事。

4　　　　　　　　付董□②

　　（后略）

（三）

　　（前略）

3　　　　　　]柳中县申公 廨 [

　　（后略）

---

① 本段2、4行空白处倒书"廿七日""□勘当"字样，方诚峰将其视为文书给付（或勘当）时间，但并未给出充分的证明，见氏著《敦煌吐鲁番所出事目文书再探》，第124页。

② "董"下之字，整理者仅照描原文，未能释出。下同。

（五）

1　　　　]买得婢请给粮事。

2　　　　　　付伍凤

3　　　　]奴得伽等将练事。

4　　　　　　付董□

5　　　　]姚敏牒纳飒支粮练两疋讫事。

6　　　　　　付伍凤

7　　　　　]纳粮事。①

对于抄目历所属的机构，整理者据"高昌县申""柳中县申"判定其为西州都督府收到的文书。尽管从府州录事参军掌"省署抄目"（见表1）来看，或许并不存在西州诸判司单独的抄目，但从抄目历中"纳粮"（一段1行、五段7行）、"给粮"（一段7行、五段1行）、"申公廨"（三段3行）等来看，现存抄目多与府州仓曹职掌密切相关。或许，它就是西州仓曹抄目历。②

即便上述推测错误，若从"法曹关"抄目（一段5行）来看，无疑是法曹因为狱囚死亡而给本府某曹的关文。接下来要考虑承办此件"法曹关"的佐史伍凤的身份。据其所承办其他抄目"买得婢请给粮事"③"姚敏牒纳飒支粮练两疋讫"，他应该是仓曹属吏。④ 因此可以肯定，此法曹关文的受文机构就是仓曹。而狱囚死亡后法曹要通知仓曹，应该与给囚粮有关。

唐代见禁囚徒的给粮制度，见《狱官令》："诸流人至配所居作者，并

---

① 文书号：64TKM2：18（a），64TKM2：20/2（a），16（a），64TKM2：14（a），64TKM2：15（a），17（a），唐长孺主编：《吐鲁番出土文书》（图录本）第4册，第374—376页。本节所引文书定名，据王永兴《事目文书研究》，第383页。

② 从现存含有西州诸曹名的抄目历来看，基本上是西州属县的来文抄目历，这与县司机构设置较为简单有关。考虑到州司机构设置基本完备，推测其抄目历有可能是按七司加以区分的。

③ 李锦绣认为此处的"买得婢"指的是官府买婢，属于公廨奴婢（官奴婢），因而需官府给粮。见氏著《唐代财政史稿》上卷第三分册，第1071—1072页。唐代"诸官奴婢皆给公粮"，"凡在京诸司官人及诸色人应给仓食者，皆给贮米，本司据见在供养"（《唐六典》卷四《尚书户部》，第84页），据此可知，唐代官奴婢虽然由本司供养，但其所需仓粮（贮米）仍要向主管部门申请。故此抄目应该是给付西州仓曹属吏承办。

④ 李方：《唐西州官吏编年考证》未收录伍凤与董□，见该书附录二《唐西州官吏任职简表》，第445—447页。

给官粮（加役流准此）。若去家悬远绝饷及家人不知者，官给衣粮。家人至日，依数征纳（其见囚绝饷者，亦准此）。"[1] 可见，在禁囚犯（包括徒刑及犯流应役者）的食粮，除了在役期间由官给外，一般情况下，都由犯人本家自行承担。只有在"去家悬远"和"家人不知"情况下，出现犯人绝饷时，才暂由官给，并由其家人随后依数填纳。[2] 参考唐令及文书，可知在府州狱的囚徒需要给粮时，应由法曹向仓曹申请。所以当囚犯死亡后，法曹还要及时通知仓曹，予以核减。这与本件文书二段 3 行、五段 1 行所反映的官奴婢给粮情况类似：由于官府所买婢需要仓曹提供口粮，所以相关部门要向仓曹请粮。在女婢因患手疾而被解退后，亦要通知仓曹，不再继续给粮。[3] 官奴婢给粮与在禁囚徒给粮，处理原则及申请程序应相同。

三　法曹职掌之三：盗贼

所谓盗贼，即督捕盗贼，是法曹重要职掌之一。不过，从敦煌、吐鲁番文献及唐令有关规定来看，法曹所督捕者，不仅限于盗贼之一端。

（一）《唐开元十九年正月——三月西州天山县抄目历》：

43　□　□　道　二　月　到

82　　　　　　　　　　　　（前略）法曹符，为下脱健儿杜庄

---

[1] 雷闻：《唐开元〈狱官令〉复原研究》，复原唐令第 61 条（据宋令第 53 条复原），《天一阁藏明钞本天圣令校证（附唐令复原研究）》，第 637 页。

[2] 唐代囚徒衣粮不由官府提供，亦可从唐日律令比较中得到印证。养老《狱令》："凡狱囚应给衣粮、荐席、医药及修理狱舍之类，皆以赃赎等物充，无则用官物。"〔日〕黑板胜美编：《令义解》卷一〇《狱令》，"应给衣粮条"，新订增补国史大系普及版，吉川弘文馆，1985 年，第 329 页。该条令文，是日令编修者在唐《刑部式》"诸狱囚应给荐席、医药及汤沐，并须枷、鏁、钳、杻、钉、鏁等，皆以赃赎物充，不足者用官物"〔（宋）窦仪等撰、吴翊如点校：《宋刑统》卷二九《断狱律》，"囚应请给医药衣食"门，中华书局，1984 年，第 472 页〕规定基础上修订而成，唐《狱官令》并无相应条文。参见雷闻《唐开元〈狱官令〉复原研究》，《天一阁藏明钞本天圣令校证（附唐令复原研究）》，第 642 页。两者比较即知，日令中有唐式所不包括的狱囚衣粮和修理狱舍，同时省去了汤沐和刑具等相关文字，由此可见唐代狱囚衣粮不由官府提供。关于流放刑徒的给粮标准，参见李锦绣《唐代财政史稿》上卷第三分册，第 1072—1075 页。

[3] 在两京地区的官奴婢，每年由诸司造籍送尚书省。都官司置簿，点身团貌后"关"仓部司给粮（《唐会要》卷八六《奴婢》，大历十四年八月，都官奏引格式，第 1860—1861 页），与地方官奴婢给粮程序类似。

83　人、行客王［　　　　］（后略）

87　册　八　道　三　月　到

92　法曹符为许献之奴磨语等逃走，差人捕捉事。已上九日到。［

97　　　　　　　　　　　　　　　（前略）法曹符，［

98　趂速勒许献之赴州事。（后略）

100　　　　　　　　　　　　　　（前略）户曹［

101　戎等，今年废屯税子粟麦四千石事。已上十六日到。

103　法曹符，为追许献之等赴州事。（后略）

110　　　　　　　　　　　（前略）法曹符，为白黑［①

（二）《唐开元十九年正月前西州天山县抄目历》：

4　　　　］骃（驴）犯盗移隶葱岭事。

5　　　］官人被讼榜示要路（?）事。

6　　　］兵曹符，为差输丁廿人助天山屯事

9　　　］符，为鞠识望身死事。

11　　　］法曹符，为公主寺婢逃走事。

12　　　］符，为流人赵长寿捕捉事。

13　　　］兵曹符，为警固事。

16　　　］为警固事；一符，为访廉苏苏事。

17　　　］为访王李绚事，一符为访流人劯匽甬韩张什事。

26　　　　　　　］符为访令史寇瑒事。

27　　　　　　　　］□□贼事

28　　　　　　　　］囚使争绦事。②

---

① ［日］池田温：《中国古代籍帐研究》，"录文与插图"部分，第216—217页。

② 馆藏号：Or. 8212/520，沙知、吴芳思编：《斯坦因第三次中亚考古所获汉文文献（非佛经部分）》，第54—55页。参见陈国灿《斯坦因所获吐鲁番文书研究》（修订本），编号：Ast. Ⅰ.4.018（即 Ma；263），第168—171页。本件文书，陈国灿前揭书所定名为《唐开元间西州都督府诸曹符帖事目历》，池田温定名为《唐开元年代（c.731）西州诸曹符帖目》（《中国古代籍帐研究》，"录文与插图"部分，第218页）。王永兴则认为此件仍是抄目历，且格式与前引《唐神龙二年或三年二月至□月西州高昌县抄目历》相同，见氏著《事目文书研究》，第385—386页。另，16行"一符为访廉苏苏事"，与《唐开元十九年正月西州高昌县抄目历》"录事司帖为追廉苏苏等送州事"（见前章所引），应是两件相关文书。陈国灿认为"送州"即已经追访到，应在访廉苏苏符文之后，故将本件文书时间推定为只能是开元十八年或更早。见氏著《唐开元西州诸曹符帖目中的西域"警固"事》，《西域研究》1995年第1期，第29页。其说可从。故笔者酌定文书名如前。

据以上抄目可知，法曹下符令天山、高昌县捕捉的人员中，包括下脱健儿、行客、私家奴、寺家婢及流人等。这与唐《捕亡令》的规定不谋而合：

> 诸囚及征防、流移人逃亡及欲入寇贼者，经随近官司申牒，即移亡者之家居所属及亡处比州比县追捕。承告之处，下其乡里村保，令加访捉。
>
> 诸亡失部曲、奴婢、杂畜、货物等，皆于随近官司申牒案记。[①]

对囚徒、奴婢等逃亡人的追捕，在府州一级，正是法曹的职掌。

与法曹掌督捕盗贼职掌相关的吐鲁番文书有两件，可资参考。其一为《唐垂拱元年（685）西州都督府法曹下高昌县符为掩劫贼张爽等事》：

```
1   盗贼送此堪当 [
2   牒所掩张爽等事，缘 [
3   县，仰子（仔）细括访获因 [
4   物主同上，以得为限。仍限符到两日内连
5   申者。此□下诸县，并镇营市司 [
6   讫。符到奉行。
7                        府宋闰
8   法曹参军□□
9                           史
10      垂拱元年十二月十八日 [
    --------------------------------------------
11      十二月廿日录事唐
12      主簿            □
13      检 案  □  □  白
```

① 孟彦弘：《唐捕亡令复原研究》，复原唐令第 1、5 条（据宋令第 1、4 条复原），《天一阁藏明钞本天圣令校证（附唐令复原研究）》，第 544、546—547 页。

背面：

1 -- （□）

2 　法曹 ^{符下}_{高昌} 为掩劫贼张爽等上事①

通过州符及其背面的事目，可知西州法曹为掩捕劫贼张爽等而下符高昌及部内诸县并镇营市司等，要求其将相关情况申州。由于文书前半段缺失，对于张爽等人的案情已难知晓，但从发文时间来看，当系临近年关结伙抢劫财物的案件。从"盗贼送此堪当"与"牒所掩张爽等事"（1—2行）来看，西州城及附郭之高昌县应非初始案发地。不过，虽然是西州受牒追捕张爽等，并要将其送至事发地审理，但据"物主同上，以得为限"（4行）可知，高昌亦有被盗物主，或可反映出张爽团伙的流动性较强，故而西州不仅要求高昌县上报仔细括访的情况，并且还要将可能在本县连续作案的被盗物主及其损失一并上报。

此外，法曹还考虑到盗贼逃入比州比县后的追捕问题。《捕亡令》在前引令条外，还规定："诸有贼盗及被伤杀者，即告随近官司、村坊、屯驿。闻告之处，率随近军人及夫，从发处寻踪，登共追捕。若转入比界，须共比界追捕。若更入它界，须共所界官司对量踪迹，付讫，然后听比界者还。其本发之所，吏人须待踪穷。其踪迹尽处，官司精加推讨。"所谓随近军人，应即"其（州县）当界有军府，即与相知，随即讨捕"。② 故法曹在下符高昌县的同时，还要一并行文其他属县、镇营和市司等，以符合令文规定。

在唐代前期的西州，镇戍守捉与折冲府共同构筑起完整的军事防御体系。这一体系，不仅可以对军事入侵之敌进行抵抗，还可以对危害社会治安的"盗贼"进行掩袭、追捕。因此，除在军事职责上，府州兵曹对镇戍守捉和折冲府有主管责任之外，③ 对于一般贼盗而言，上述体系内的官司，

---

① 文书号：64TAM29：90（a），90（b），唐长孺主编：《吐鲁番出土文书》（图录本）第3册，第345页。法曹参军、主簿及背面1行骑缝署名，均为照描，故以缺字符"□"代之。11行"录事唐"，即前引《唐文明元年高昌县准诏放还流人文书》中的录事唐智宗。参见李方《唐西州官吏编年考证》，第280—281页。

② 孟彦弘：《唐捕亡令复原研究》，复原唐令第2、3条（据宋令第2、3条复原），《天一阁藏明钞本天圣令校证（附唐令复原研究）》，第544—546页。

③ 唐代西州镇戍烽燧体系，及其与折冲府、西州兵曹的关系，详见程喜霖《汉唐烽堠制度研究》，三秦出版社，1990年，第253—268页。

同样会承受法曹之符，奉命遏制贼盗，因而"无贼盗入境"就成为兵健、戍官等考课中一项重要指标，如《武周兵健、戍官、行使等功状残文书》（之三）所载：

    （前缺）

1　　　] 及戍官等功状，具上 [

2　　　] 见在及行使总□□ [①

3　　　] 除 不 考

4　　　] 人 鞫正见入都方亭 [

5　　　　] 在 合

6　　　]　　 歧（岐）州　　 歧（岐）阳县　 长安□ [

7　　　] 元 年十一月十七日上 [

8　　　] □无贼盗入境 [

9　　　　] □健 儿 [

    （后缺）②

上述功状文书共三残片，皆出自一只纸鞋，应为同件文书所裁。本节所引为第三片文书，是西州戍官、军将等考课功状文书（包括个人考课文书及汇总文书）中的汇总文书残件。③ 据此可知，戍官被分为见在与行使两类，后者或入神都（今洛阳），不在西州，因而被"除不考"，即不参加西州考课。对于入考戍官，功状文书不仅具列其贯属、上任时间，还分项罗列其在任的功过。其中，"无贼盗入境"正是戍官课绩的第一项，足见其重要程度。

---

① 缺字符为原文中被抹去的小字。

② 文书号：66TAM360：3-4，柳洪亮：《新出吐鲁番文书及其研究》，新疆人民出版社，1997年，第98—99页。整理者指出文书钤有朱印，但印文不清楚，文书时间据武周新字推定。结合同墓所出《武周长安四年（704）关为法曹处分事》（引文见下）文书，或可推断"元年十一月十七日上"即长安元年。又，6行之"长安"，陈国灿认为是岐州岐阳县所属之乡名，并将本件文书定名为《戍官、军将考课簿》，见氏著《吐鲁番出土唐代文献编年》，第170页。

③ 李方：《唐西州官僚政治制度研究》，第317—319页。所谓的个人考课文书，应即考状，而汇总文书则是朝集使所送省之考簿，参见［日］仁井田陞著、栗劲等译《唐令拾遗》，《考课令》第1条"长官考属官功过行能"、第2条"景迹功过附考实录"，长春出版社，1989年，第240、243页。

其二是《唐开元二十一年（733）西州都督府案卷为勘给过所事》。该案卷为西州户曹勘给过所的存档文书，内有涉及《西州都督府户曹为蒋化明往北庭给行牒事案卷》,[①] 可移录如下：

（一）

（前略）

———————————————————————————————— （元）

69　岸头府界都游奕所　　　　状上州

70　　安西给过所放还京人王奉仙

71　　　　右件人无向北庭行文，至酸枣戍捉获，今随状送。

72　　无行文人蒋化明

73　　　　右件人至酸枣戍捉获，勘无过所，今随状送。仍差游奕

74　　　　主帅马静通领上。

75　牒件状如前，谨牒。

76　　　　　　　开元廿一年正月廿七日典何承仙牒

77　　　　　　　　宣节校尉前右果毅要籍摄左果毅刘敬元

78　　　付功曹推问过

79　　　斯示

80　　　　　廿八日

———————————————————————————————— （九）

81　牒奉 都 督判命如前，谨牒。

———————————

① 文书号：73TAM509∶8/14（a），73TAM509∶8/21（a），73TAM509∶8/15（a），唐长孺主编：《吐鲁番出土文书》（图录本）第4册，第288、291、294—296页。本组文书，池田温定名为《唐开元二一年正月二月北庭蒋化明辩及判案》，王仲荦称之为《有关蒋化明丢失过所案件的文书》（卢向前录文据前文，文书名拟为《蒋化明辩案》），程喜霖题作《西州都督府勘蒋化明丢失过所案卷》（刘俊文所题《西州都督府勘问蒋化明失过所事案卷残卷》与之类似）。[日]池田温：《中国古代籍帐研究》，"录文与插图"部分，第223页；王仲荦：《试释吐鲁番出土的几件有关过所的唐代文书》，《文物》1979年第7期，收入沙知、孔祥星编《敦煌吐鲁番文书研究》，甘肃人民出版社，1984年，第154—156页；程喜霖：《试析吐鲁番出土的高昌唐代雇佣契券的性质》，《中国古代史论丛》1982年第3辑，第322—324页；刘俊文：《敦煌吐鲁番唐代法制文书考释》，第552—561页；卢向前：《从敦煌吐鲁番出土的几件文书看唐前期和籴的一些特点》，北京大学中国中古史研究中心编：《敦煌吐鲁番文献研究论集》第5辑，北京大学出版社，1990年，后与其他文章合为《唐代和籴研究——唐代粮食政策之一方面》，收入氏著《唐代政治经济史综论——甘露之变研究及其他》，商务印书馆，2012年，第125—126页。笔者据170行文书事目定名如前。

82　　　　　正月　日典康龙仁牒

83　　　　　问，九思白

84　　　　　　　　　廿八日

（后略）

（二）

（前缺）

97　所将走去傔人桑思利，经都督 下 牒 ，不敢道 将 过 ［　　］ 都

98　督处分。傔人桒思利领化明将向北庭。行至酸枣戍，勘无过所，并被

99　勒留。见今虞候先有文案，① 请检即知虚实。被问依实谨辩。思。

100　　　　　　　　　开元廿一年正月　日

101　　　　　　蒋化明年廿六　　　　　　　｜　　｜　　｜

102　化明辩：被问：先是何州县人？得共郭林驱驴？仰答。但化明

103　先是京兆府云阳县嵯峨乡人，从凉府与敦元暕驱驮至北庭。括

104　客，乃即附户为金满县百姓。为饥贫，与郭林驱驴伊州纳和籴。

105　正月 十 七日，到西州主人曹才本家停。十八日欲发，遂即权奴子盗

　　　化明

106　过所将走。傔人桑思利经都督下牒，判付虞候勘当得实，责

107　保放出。法曹司见有文案，请检即知虚实。被问依实谨辩。思。

108　　　　　　　　　开元廿一年正月　日

109　　　　　　　付法曹检，九思白

110　　　　　　　　　　廿九日

－－－ （九）

111　功曹　　　付法曹司检。典曹仁　功曹参军宋九思

112　　郭林驱驴人蒋化明　傔人桑思利

113　　　右请检上件人等，去何月日被虞候推问，入司复

114　　　缘何事？作何处分？速报。依检案内上件蒋

115　　　化明，得虞候状，其人北庭子将郭琳作人，先

116　　　使往伊州纳和籴。称在路驴疫死损，所纳

117　　　得练并用尽。北庭傔人桑思利于此追捉，

① "见"，录文原作"现"，从图版来看，应是"见"。

118   到此捉得。案内，今月廿一日判付桒思利

119   领往北庭。有实。

120 牒件检如前，谨牒。

121   开元年一年正月　日府宗宾牒

122   参军摄法曹程光琦

123   具录状过，九思白

124   廿九日

---（九）

    （后略）

    （三）

---（元）

147   ］ 问 有凭，

148   准状告知，任连本过所，别

149   自陈请。其无行文蒋化明

150   壹人，推逐来由，称是北庭

151   金满县户，责得保识，又非

152   逃避之色。牒知任还北庭。

153   谙，元璟白

154   五日

155   依判，谙，齐晏示

156   五日

157   依判，谙，崇示

158   五日

159   依判　　斛斯示①

160   五日

161   蒋化明

162 牒件状如前，牒至准状，故牒。

163   开元廿一年二月五日

164   府谢忠

---

① 本行骑缝书写，骑缝背面有朱印一方，印文不可辨识。

```
165 户曹参军元
166                    史
167             正月廿九日受，二月五日行判。
168             录事元肯   检无稽失
169             功曹摄录事参军是   思勾讫
170 牒蒋化明为往北庭给行牒事
- - - - - - - - - - - - - - - - - - - - - - - - - - - - - - - - - - - - - - （元）
```

（后略）

据文书可知，蒋化明因无过所，在酸枣戍被捉获后，于开元二十一年正月二十七日经岸头府界都游弈所送至西州，[①] 由西州都督王斛斯直接批示："判付功曹推问。"[②]

经勘得知，蒋化明原籍京兆府云阳县（治今陕西泾阳县北）嵯峨乡，后至凉州（治今甘肃武威），为敦元暕充当脚夫，遂至北庭（治庭州金满县，今新疆吉木萨尔北），恰遇到政府括户（当在开元九年宇文融括户时），于是便著籍金满。因生活饥贫，他又成为北庭子将郭琳（林）作人，驱驴运送和籴米至伊州（治今新疆哈密）。在返回途中，驴染疫病而死，和籴所得练匹亦被用尽。因其滞留未归，北庭僱人桑思利受郭琳之命，来到西州将其捉获。两人于是年正月十七日在西州曹才本家留宿，准备次日出发返回北庭。

结果临行前，蒋化明的过所被权奴子所盗。桑思利向西州报案，经都督下牒命虞候勘当得实，复经法曹责保放去（事在二十一日，118 行），但行至酸枣戍时，蒋化明仍因无过所而被查获，再次被送回西州勘问。因蒋化明辩称"法曹司见有文案，请检即知虚实"，功曹遂牒付法曹司检案，要其查明"上件人等，去何月日被虞候推问，入司复缘何事？作何处分？速报"。在获知属实后，户曹参军的处理意见"牒知任还北庭"得到了通

---

① 酸枣戍处于交河往北庭的他地道上，由岸头府卫士戍守。陈国灿：《唐西州的四府五县制——吐鲁番地名研究之四》，第 17 页。与蒋化明一起被都游弈所送至西州的还有安西给过所放还京人王奉仙，两人被并案处理，故其文书被粘连在一起。本节未引录与王奉仙相关文书。

② 功曹并不负责与过所相关的事务（参见表 1 户曹参军之职），但蒋化明等之所以被都督付功曹推问，或与此时西州功曹参军九思，即判仓曹，又摄录事参军有关。相关官吏考证，参见李方《唐西州官吏编年考证》，第 18—19、43—44、76、88、101 页。

判官和长官的同意，并在录事参军勾检之后，其事告毕。

值得注意的是，虽然此案卷中涉及了过所被盗一案，且事经法曹处理，但其推问之事，由虞候负责。① 从"去何月日被虞候推问，入司复缘何事"来看，法曹只是在得虞候状后才参与其中，其所直接介入的应当是"责保放出"环节。尽管唐前期从中央到府州皆普遍置虞候，有伺察之任，② 但尚未见其参与司法推问的记载。③ 到了开元、天宝年间，与"捕贼官（县）尉"同时出现的是，④ 府州虞候也积极参与到地方司法政务中，职掌推问，很可能与此阶段国家形势和军事体制变化有关，也预示着唐代司法体制转型的开启。⑤

四 法曹职掌之四：赃赎

赃赎是唐代国家财政中的两项特种收入，⑥ 是官府运用法律手段获得的预算外收入。尽管这些收入只占国家财政收入的很小一部分，但还是起到了一定的补充作用。李锦绣从财政史角度已对赃赎收支做过研究，并涉及赃赎收入管理体制。但她关注的是中央机构——尚书比部司与御史台在

---

① 开元年间，西州都督府下亦有虞候司，见前引开元十六年六月《虞候司及法曹司请料纸牒》。
② 严耕望：《唐代方镇使府僚佐考》，《唐史研究丛稿》，第 220 页。
③ 黄正建亦曾利用此件曾经先后功曹、法曹、户曹处理的文书说明司户、司法分掌民事、刑事案件审判的看法不够准确。此外，他认为郭琳、桑思利先经虞候初审，再由法曹勘问判案，原因在于"傔人"的身份属于军人。亦可备为一说。参见氏著《唐代司法参军的若干问题》，第 163—167 页。
④ "捕贼官尉赵□□"，见天宝二年（743）高昌县处理《瀚海军逃兵关系文书》（文书号：大谷 2377），［日］小田义久编：《大谷文书集成》第 1 册，第 90 页。
⑤ 王旭：《唐代地方监狱体制的变化》，《历史教学》（下半月刊）2018 年第 6 期，第 14—19 页。
⑥ 唐前期国家通过实施法律而获得的特种收入大约有赃、赎、罚、没四类。其中，"赃谓罪人所取之赃"，是指在财物的夺取或授受而构成犯罪时，成为夺取或授受对象的财物（［日］滋贺秀三：《唐律疏议译注篇一》名三二"解说"，东京堂，1979 年，第 187 页。有关滋贺氏对唐律"赃"的解释，参见周东平《〈晋书·刑法志〉校注举隅》，中国政法大学法律古籍整理研究所编：《中国古代法律文献研究》第 9 辑，社会科学文献出版社，2015 年，第 209 页）。其用途大体可分为"没官""还官、主"及"赏人"三类。本节所涉及的是没官之赃，主要包括"彼此俱罪之赃"（"没谓彼此俱罪之赃及犯禁之物，没官"）。"赎谓犯法之人，应征铜赎"，是犯法之人根据法律规定可以向官府纳铜（也可折纳钱物）而被免予刑罚。引文分见《唐律疏议》卷四《名例律》，"平赃及平功庸"条、"彼此俱罪之赃"条疏、"以赃入罪"条；卷三〇《断狱律》，"输备赎没入物违限"条，第 91、86—88、569 页。

赃赎钱物管理中的职能。① 本节主要探讨唐前期地方官府对赃赎钱物的管理与使用，其中还涉及府州法曹与功曹、仓曹在地方政务运行中的分工与协作关系。

如前所论，赃赎为唐前期府州法曹基本职掌之一。但如果无法从地方政务运行的视角对法曹"掌赃赎"职能作出解释，就无从了解地方赃赎钱物的管理机制。新获吐鲁番文书的整理出版，提供了一些解决问题的新材

---

① 以上详见李锦绣《唐代财政史稿》上卷第二分册，第664—682页。其中，比部司主要负责根据赃赎钱物帐目进行勾检审计，并不负责赃赎的征收。《唐六典》卷六《尚书刑部》："比部郎中、员外郎掌句（勾）诸司百寮俸料、公廨、赃赎、调敛、徒役课程、逋悬数物，以周知内外之经费而总勾之。……凡仓库出内（纳），营造佣市，丁匠功程，赃赎赋敛，勋赏赐与，军资器仗，和籴屯收，亦句（勾）覆之。"第194—195页。参见《通典》卷二三《职官五·尚书下》，第645页。御史台则稍为复杂。《唐六典》卷一三《御史台》："侍御史四人，……其职有六：一曰奏弹，二曰三司，三曰西推，四曰东推，五曰赃赎，六曰理匦（侍御史年深者一人判台事，知公廨杂事等；次知西推、赃赎、三司受事监奏；次知东推、理匦之事。台中有黄卷，不纠举所职则罚之。其新除者未晓制度，罚有日逾万钱者）。"第380页。杜佑则未提及侍御史之职包括赃赎："侍御史凡四员，……又分直朝堂，与给事中、中书舍人同受表理冤讼，迭知一日，谓之'三司受事'。……侍御史之职有四，谓推（推者，掌推鞠也）、弹（掌弹举）、公廨（知公廨事）、杂事（台事悉总判之）。……其知杂事者，谓之'杂端'，最为雄剧。"《通典》卷二四《职官六·侍御史》，第672页。在前揭书中，李锦绣据《唐六典》所载指出，唐前期侍御史知赃赎究竟是行政管理，还是督察监举，尚难确定。因为当时并没有对赃赎进行统一的支用管理机构，其中一部分赃赎钱物由地方自行支用（参见后引《唐为处分支女赃罪牒》），另有部分则解送入京（参见前引唐《刑部式》："诸狱囚应给荐席、医药……皆以赃赎物充。"笔者认为《刑部式》并非仅针对解送入京的赃赎物，而是涉及狱囚器用财务管理的一般规定，适用于所有设有监狱的官府），或供少府监铸钱或造军国器物之用，或大理寺直接掌握，以补充其公廨本钱之不足（上述两项针对的是赎钱）。赃赎钱物究竟是纳州县还是纳京，根据的是其罪刑轻重。到了唐后期，御史台对赃赎的管理更多是行政性的，各地赃赎钱物都被申送至御史台，由其统一支用。如元和三年（808）正月敕："自今已后，应坐赃及他罪当赎者，诸道委观察判官一人，专勾当及时申报。如蔽匿不申者，节级科贬。如罪不系，奏官长量情处置者。其赃但准前申送御史台，充本色给用。仍差御史一人，专知赃赎，不得以罚钱为名。如罪名未正，妄纠求财，亦委观察判官勾当差定后先，具名闻奏。"《宋本册府元龟》卷六一二《刑法部·定律令四》，第1901页。"所充本色给用"中，包括御史台的公廨杂费用及推知御史粮料（《唐会要》卷六〇《御史台》，贞元七年六月敕，卷六二《推事》，建中三年九月御史台奏，第1227、1274页）。御史台掌管赃赎钱物支用，体现了唐后期财政紧张、中央尽可能集中一切收入的财政政策。笔者认为，唐前期侍御史知赃赎，是台内事务（《宋本册府元龟》卷五一二《宪官部·总序》："侍御史年深者一人判台事，知公廨杂事等；次知西推、赃赎、三司受事监奏，定纠察□□推、理匦。……而侍御史六职，其三司、理匦，则与给事中、中书舍人更直朝堂受表，台中唯四职，推、弹、廨、杂而已。"第1301页。参见《唐会要》卷六〇《侍御史》，第1239页。由此可见，侍御史六职中，除三司、理匦外，均应为台中之职），包括对御史所纳赃赎及罚钱的管理。这与前引唐前期府州法曹"掌赃赎"与亲王府法曹"掌罪罚"，皆是本司之事是一致的。或可进一步推测，唐后期由御史台管理地方赃赎钱物的制度，是随着使职系统的发展，御史台知赃赎职能扩展至外台（即藩镇等使府，如《通典》卷二四《职官六·侍御史》："自至德以来，诸道使府参佐，多以省郎及御史为之，谓之外台，则皆检校、里行及内供奉，或兼或摄。诸使官亦然。"第673页）的结果，而非单纯由于中央财政紧张。

料和新思路。首先来看一组与地方官员考课有关的文书。

一、《唐上元三年西州法曹牒功曹为仓曹参军张元利去年负犯事》：

（一）

———————————————————————————————— （□）

1 法曹　　　牒功曹
2 　　仓曹参军张元利
3 牒：得牒称，请检上件人上元二年考后已来，□
4 何勾留负犯者。依检上件人案，是前府史孟□
5 □□检觅不获，贞礼知去上元二年十月内，为 ［
6 □□□州司录奏禁身，至三年□ ［
7 □□依问，山海称郎将何宝 ［
8 　　　　当判元利厘 ［
9 　　　　　］牒 ［

　　　（后缺）

（二）

　　　（前缺）

1 　　　　］七月廿九日至□ ［
2 ］□仓曹，总经二百廿六 ［
3 　　　］帖上件官摄 ［
4 　　　　］至任判，［

　　　（后缺）①

二、《唐仪凤三年（678）西州法曹牒功曹为检李恒让去年功过事》：

1 　　　　］　牒功曹
2 　　　　　］恒让去年摄判仓曹□ ［

---

① 文书号：2004TBM207：1—12a、2004TBM207：1—12b，荣新江、李肖、孟宪实主编：《新获吐鲁番出土文献》，中华书局，2008年，第72—73页。据整理者所作解题，文书背面有押署，文字不识。"元利"又见《唐西州高昌县史张才牒为逃走卫士送庸缏价钱事（二）》，即仓曹参军张元利，文书号：72TAM230：62（b），唐长孺主编：《吐鲁番出土文书》（图录本）第4册，第85页。参见李方《唐西州官吏编年考证》，第99页。

3　　　　　] □□□□ [

　　（后缺）①

三、《唐仪凤某年（676—679）西州牒为考课事》：

　　（前缺）

1　　军准

2　　诏具录功过奏闻，表

3　　本附案。其李恒让

4　　付诸司检报，余后判。

5　　诺，仍检。大爽白

6　　　　　　廿六日

7　　依 判 [

　　（后缺）②

四、《武周长安四年关为法曹处分事》：

　　（前缺）

1　　　] 法曹参军□ [

2　　　　] 请处分。牒□ [

3　　　] 犯同报者，关 [

4　　　] 令 去年考□ [

5　　　] 状 关，关至准 状 [

6　　　　长安四年 [

① 文书号：2004TBM207∶1-1，荣新江等主编：《新获吐鲁番出土文献》，第76页。据整理者所作解题，李恒让于仪凤二年（677）十月至三年十一月摄判仓曹参军。其人又见橘文书《唐仪凤二年西州北馆文书》、中村文书E《唐仪凤二年西州都督府仓曹下市司柳中县符》（西域文化研究会编：《敦煌吐鲁番社会经济资料（下）》，《西域文化丛书》第3册，法藏馆，1960年，第74、84页）。但整理者未解释将该件文书所残缺的发文机构确定为法曹的原因，推测其定名应受到前引《唐上元三年西州法曹牒功曹为仓曹参军张元利去年负犯事》等考课文书的影响。亦可参见李方《唐西州官吏编年考证》，第93—95页。

② 文书号：2004TBM207∶1-14，荣新江等主编：《新获吐鲁番出土文献》，第75页。据整理者所作解题，通判官大爽仪凤二年时任功曹参军，同年十一月后判录事参军。其人又见《唐府史高叡牒为件录西州诸曹今日当值官典事》，文书号：72TAM161∶5（a），唐长孺主编：《吐鲁番出土文书》（图录本）第4册，第379页，以及《唐仪凤二年西州北馆文书》，见前揭《敦煌吐鲁番社会经济资料（下）》，第74、65—66页。按，大爽是以参军的身份摄判功曹、录事等参军，见李方《唐西州官吏编年考证》，第86—88页。另外，此件文书与地方官吏的年度考课无关，是在西州接到"准诏具录功过奏闻"的临时诏令后，大爽在相关文牒上批示的判语部分。

7　　　　　　□〔

（后缺）①

以上四件文书中，第一件相对较完整，可先就其内容略作考释。此件文书是西州法曹给功曹的牒文。② 此前功曹曾牒请法曹检案，以查明仓曹参军张元利自"上元二年考后已来，□〔有〕何勾留负犯"，故法曹回牒功曹告知所查得的详情（一件一段1—4行）。

虽然此件文书时间已缺，但可根据唐代考课制度做一推测。唐《考课令》规定：

> 诸内外文武官九品以上，每年当司长官考其属官。应考者，皆具录一年功过行能，议其优劣，定九等考第。京官九月三十日已前校定，外官去京一千五百里内，八月三十日已前校定，三千里内，七月三十日已前校定，五千里内，五月三十日已前校定，七千里内，三月三十日已前校定，万里内，正月三十日已前校定。本州定讫，京官十月一日送簿，外官朝集使送，限十月二十五日已前到京。考后功过，并入来年。无长官，次官考。③

西州距长安5030里，④ 故应于每年三月三十日前校定考第完毕，则该州上元三年考课年度的时间断限为上元二年四月朔至次年三月底。了解到这一点，对于下面讨论文书时间很有帮助。

据文书可知，法曹在检案后，发现有关张元利的案卷，是前府史孟贞

---

① 文书号：66TAM360：3-1，柳洪亮：《新出吐鲁番文书及其研究》，第95页。
② 唐代牒式应用广泛，可参考北宋元丰牒式分为3类：（1）牒上型（"下达上"，即《唐六典》卷一《尚书都省》，"左右司郎中员外郎"条所载"九品已上公文皆曰牒"，第11页）。（2）牒下型（"上施下"，即"应受剌之司于管内行牒"，见P.2819开元《公式令》残卷"牒式"条）。（3）平行型（即"内外诸司非相管隶者"，见开元《公式令》"移式"条，参见刘俊文《敦煌吐鲁番唐代法制文书考释》，第221—223页；《唐令拾遗》，《公式令》第9、7条，第490、487页。按，唐令中的移式，至元丰时即被改为牒式，且为基本型的平行牒式）。见卢向前《牒式及其处理程式的探讨——唐公式文研究》，北京大学中国中古史研究中心编：《敦煌吐鲁番文献研究论集》第3辑，北京大学出版社，1986年，收入《唐代政治经济史综论》，第310—329页。
③ 《宋本册府元龟》卷六三六《铨选部·考课二》，后唐明宗天成元年（926）十月尚书考功条奏格例引，第2076页。
④ 《元和郡县图志》卷四〇《陇右道下》，第1031页。

礼所掌，① 但已经检觅不获。而孟贞礼早在上元二年十月，已被州司录奏禁身（所犯不详）。为了进一步了解情况，法曹又询问了山海等人（一件一段4—6行）。之后的情况，由于文书残缺，不得而知。另外，从本件二段三行"帖上件官摄"来看，张元利应是以他官摄仓曹参军。

本件二段文书是关于张元利在任时间的报告。"总经二百廿六〔日〕"（2行），是对张元利在上元三年考课年度内在任时间的统计。因为根据《考课令》："考前厘事不满二百日，不合成考。"所谓厘事，"谓都论在任日，至考时有二百日，即成考。请假停务，并不合破日"。② 也就是说，如果张元利在本考课年度内在任日不超过二百日，则不能计为成考。虽然其日数可通入来年，但成考数会相应减少一次。③ 对于张元利而言，其上元三年考课年度内的在任日数已符合成考条件。

更为难得的是，文书残片保留有张元利摄官上任的时间是上元二年七月廿九日。根据朔闰推算，④ 自是日起至上元三年三月十八日，合计二百二十六日。可见上述牒文更具体的时间应该是三月十八日后不久。这一时间，恰好与上文据西州至京道里数推算出来的考课校定时限（三月三十日前）是吻合的。

通过上引《考课令》及《唐六典》相关规定（见表1）可知，府州一级所有属官的考课都由功曹直接负责，而由长官（无，则次官）负总责。那么，功曹为何要让法曹检报官员的负犯情况呢？这当然与法曹"掌定

---

① 按，前府史孟贞礼或即《唐永徽四年（653）八月安西都护府史孟贞等牒为勘印事》（文书号：2004TMM102∶6背面，荣新江等主编：《新获吐鲁番出土文献》，第107页）中的史孟贞。据该件文书三段3行"永徽四年八月廿日史孟贞牒"，其后是功曹参军令狐京伯、及录事参军隆悦的署名（第4—5行），可知此时孟贞是安西都护府功曹史。安西都护府自贞观十六年（642）九月后，即与西州同治高昌，合署办公，直至显庆三年（658）西迁龟兹。此后，唐朝又于西州置都督府，仍与州司合署（刘安志：《唐初对西州的管理——以安西都护府与西州州府之关系为中心》，《魏晋南北朝隋唐史资料》第24辑，武汉大学文科学报编辑部，2008年，收入氏著《敦煌吐鲁番文书与唐代西域史研究》，商务印书馆，2011年，第5—23页；李方：《唐西州行政体制考论》，第1—36页），故孟贞、孟贞礼的工作地及职务均相当。尽管永徽四年、上元三年相距有23年之久，但考虑到府史作为流外官，虽有任职年限（"四周而代"，《唐六典》卷三〇《三府督护州县官吏》，第748页），但其执行较为宽松，以至于有"若有景行，明闲案牍，任经十年，不在解限"（《唐会要》卷六九《丞簿尉》，开元十六年五月二十五日敕，第1446—1447页）的规定，故能常年任职。关于府史任职及迁转情况，参见任士英《唐代流外官制研究（上）》，第289—291页；张玉兴：《唐代县官与地方社会研究》，第160—161页。
② 《宋本册府元龟》卷六三五《铨选部·考课一》，天宝二年八月考功奏引，第2071页。
③ 《唐六典》卷二《尚书吏部》："内外官从见在任改为别官者，其年考从后任申校（其别敕赐考，限当年附校。如不及当年，及当年无考，于以次有考年限）。"第43页。
④ 陈垣：《二十史朔闰表》，第89页。

罪"或"鞫狱定刑"的职责有关。

可是通过上一章对唐代府州曹司政务处理中刑狱审断问题的讨论，可知户、仓等各曹都会在其职务范围内对相关人员施以杖罪以下的刑罚，即行使相应的司法裁决权，而无须通报法曹。因此，就地方司法政务运行机制的特点来看，具有"鞫狱定刑、纠逖奸非"职能的府州法曹实际上并不能完全掌握州级官员所有的犯罪（尤其是杖以下罪）情况。

同时，据《唐六典》载："诸官人犯罪负殿者，计赎铜一斤为一负，公罪倍之（按：赎铜二斤为一负）。十负为一殿。"① 对官员而言，一负即为所犯私罪"笞一十"（赎铜一斤），是五刑之中的起始刑罚。一殿也不过是杖罪中最高的刑罚"杖一百"。② 可以说，官员负殿，往往是杖以下罪的累计。因为若其所犯为徒以上罪，官员则相应要接受除官、免官或官当的处罚，并解去现任官职，追夺所降告身。③ 这就不仅仅是附考殿选的问题了。

既然掌断狱定罪的法曹并不能掌握部内官员的全部犯罪，尤其是与考课相关的负犯情况，那么就又回到了之前所提出的问题：功曹为何要向法曹询问官员负犯呢？这是由于法曹"掌赃赎"的缘故。根据唐律，九品以上官员"犯流罪以下，听赎；若应以官当者，自从官当法"。④ 但官当之后，真正纳赎的恰是杖以下轻罪（及官不足以当其罪的部分等）。因此接下来要解决的是，这些赃赎是如何被法曹所掌，又是如何被支用？

若据《狱官令》"杖罪以下，县决之，徒以上，县断定送州，覆审讫，徒罪及流应决杖、笞若应赎者，即决配征赎"的规定，府州法曹似乎只是负责对徒以上罪及流罪的附加刑部分的征赎（引文及分析，详见第四章）。其实并非如此。此条唐令是为县司所断徒以上罪裁决、执行（包括征赎）程序而生文的，并未涵盖上一章所提及的府州诸曹所具有的杖以下罪的处

---

① 《唐六典》卷二《尚书吏部》，第43页。参《唐令拾遗》，《考课令》第38条："……校考之日，负殿皆悉附状，当上上考者，虽有殿不降（此谓非私罪）；自上中已下，率一殿降一等。即公坐殿失应降，若当年劳剧，有异于常者，听减一殿。"第255页。可见，负殿情况与官吏的考课等第息息相关。
② 《唐律疏议》卷一《名例律》，"笞刑五""杖刑五"条，第3—4页。
③ 详见《唐律疏议》卷一至二《名例律》，"官当""除名""免官""免所居官"条，第44—58页。亦可参雷闻《唐开元〈狱官令〉复原研究》，复原唐令第31条（文字同宋令第25条），《天一阁藏明钞本天圣令校证（附唐令复原研究）》，第622页。
④ 《唐律疏议》卷二《名例律》，"应议请减（赎章）"条，第34—35页。

理权限，也不能证明法曹不负责部内杖以下罪赃赎的征收。

唐前期府州法曹是否负责部内官员杖以下罪的赃赎？吐鲁番文书《唐为处分支女赃罪牒》可资参考。兹移录如下：

（前缺）

1　丈肆尺伍寸，据 赃 不 满 ［　　　　　　　　　〔　〕 决 ］

2　讫放。其粟既是彼此俱罪［　　］〔之赃，　〕准例合没官。别牒

3　交河县，即征支女粟叁［　　］ 送 州，请 供 修甲

4　仗，仍牒兵曹检纳处分。 其 ［　　　］所告支女剩取粟

5　既是实，准《斗讼律》，若告二罪［　　］〔以上，　〕重事实
　　□〔及〕数事等，但一

6　事实，除其罪，请从免者。［　　］ 准 状，故牒。

（后缺）①

此件文书年代不详，据同墓所出文书，除了一件有景龙二年（708）纪年外，其余多为开元年间，最晚者为开元十一年（723）后。② 故文书年代大体可确定为开元初年前后。③ 对于其性质，刘俊文已据"别牒交河县"及"仍牒兵曹检纳处分"指出，此件文书是西州法曹对支女剩取粟科罪征赃及对告发者准律免罪的决定的官文书，其说可从。虽然文书已残，已不知支女的身份，以及法曹对该犯的最终判罚，不过从"彼此俱罪之赃"、④"决讫放"来看，⑤ 此人应是官员，所犯为杖以下罪。这就说明即便是县司

---

① 文书号：72TAM223：47（a），唐长孺主编：《吐鲁番出土文书》（图录本）第4册，第124页。〔〕内校补文字，据刘俊文《敦煌吐鲁番唐代法制文书考释》，第495—496页。

② 唐长孺主编：《吐鲁番出土文书》（图录本）第4册，第118页。

③ 与西州赃赎物被用于维修甲仗大体同时，京兆府赃赎钱被用于修缮房舍："府内廨宇，……开元元年（713）孟温礼为京兆尹，奏以赃赎钱修理缮葺焉。"（唐）徐松撰、李健超增订：《增订唐两京城坊考》卷四，三秦出版社，2006年，第203页。

④ 《唐律疏议》卷四《名例律》，"彼此俱罪之赃"条疏："受财枉法、不枉法及受所监临财物，并坐赃，依法：与财者亦各得罪。此名'彼此俱罪之赃'，谓计赃为罪者。"第86页。此四类赃罪，都应该是官员所犯之罪。

⑤ 参见下引《唐盗物计赃科罪牒》3—4行。按，在唐前期司法实践中，亦有徒以下罪"量决罚便放"的情形（开元二十二年五月及二十三年四月诏，《册府元龟》卷八五《帝王部·赦宥四》、卷一五一《帝王部·慎罚》，第1010—1011、1825页），是帝王赦宥或慎刑的特例。

所断杖以下罪的赃赎，府州法曹是知晓的。赃赎的征收是由法曹专门下牒交河县，令其将赃物粟若干征送于州，充作供修甲仗之用，[①] 同时亦牒兵曹知晓此事，以便对所送赃粟予以检纳处分。

与上件文书类似的《唐盗物计赃科罪牒》，同样也是一件关于赃赎征收的案卷。亦移录如下：

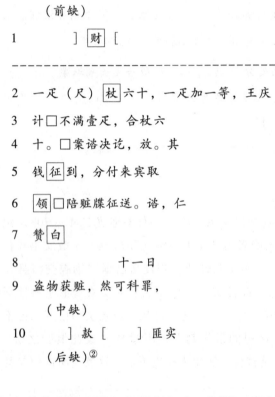

（前缺）

1　　　］财［

2　一疋（尺）杖六十，一疋加一等，王庆

3　计□不满壹疋，合杖六

4　十。□案谘决讫，放。其

5　钱征到，分付来宾取

6　领□陪赃牒征送。谘，仁

7　赞白

8　　　　　　　十一日

9　盗物获赃，然可科罪，

　　（中缺）

10　　　］款［　　　］匪实

　　（后缺）[②]

关于仁赞的身份，从文书程式来看，应属于判官，故其判词之后有"谘，

---

① 在指出地方上用赃钱充修甲仗费用时，李锦绣还举出李齐物"迁北都军器监事。太原为一都之雄镇，军器掌五库之禁兵。故乾没之赃，一微百万；缮完之利，费省巨亿。少尹严挺之连奏课最，擢拜长安令"〔（唐）颜真卿：《颜鲁公集》卷六《金紫光禄大夫守太子太傅兼宗正卿赠司空上柱国陇西郡开国公李公（齐物）神道碑铭》，上海古籍出版社，1992年，第41页〕为例，认为齐物作为北都军器监事，所以能用乾没之赃充缮完之利。见氏著《唐代财政史稿》上卷第二分册，第668页。但"乾没之赃，一微百万""缮完之利，费省巨亿"，是指李齐物获严挺之"连奏课最"的两次课绩，并不能直接认为是用乾没之赃充缮完之利。

② 文书号：72TAM194∶27（a），唐长孺主编：《吐鲁番出土文书》（图录本）第4册，第52页。录文参见刘俊文《敦煌吐鲁番唐代法制文书考释》，第499—500页。该书认为此件文书第1行，可据《唐律疏议》补作："〔诸窃盗，不得〕财〔答五十〕。"

某白"（6—7行）的签署。刘俊文认为仁赞是法吏（判官），并未进一步说明其为法曹参军或是县尉。[①] 李方根据"合杖六十"，属于"县决之"的杖以下罪，推定其为县尉。并将其与前引《唐文明元年高昌县准诏放还流人文书》中的骑缝背押"仁"联系了起来，认为此"仁"很可能就是"仁赞"。[②] 其说虽然有道理，但也并非令人完全信服。

首先，根据前文的讨论，虽然《狱官令》有"杖以下罪，县决之"的规定，但是这只表明县司有杖以下罪的决断权，似乎并不能逆推出"凡是杖以下罪，皆为县司所断"的结论。其次，根据本墓所出开元七年（719）张行伦墓志及《唐□□五年佐麴和牒》来看，[③] 本件文书的时间亦应为开元初年（以开元元年计），上距文明元年达 29 年，因此，"仁"与"仁赞"当是两人。[④] 虽然对上述两点持不同意见，但笔者同样倾向于认为本件文书是高昌县文书。因为从"陪（倍）赃牒征送"来看，是要求将王庆所纳倍赃征送于州司，[⑤] 所以它应该是县司公文书。而从同墓所出《唐西

---

① 刘俊文：《敦煌吐鲁番唐代法制文书考释》，第 501 页。

② 李方：《唐西州官吏编年考证》，第 148—149 页。

③ 文书号：72TAM194：12/1, 12/12，唐长孺主编：《吐鲁番出土文书》（图录本）第 4 册，第 53 页。唐代开元之前，年号纪年有"五年"者，依次为武德、贞观、永徽、显庆和咸亨。其中，咸亨五年（674）已距开元元年有 39 年之久，恐此件文书的时间并非咸亨以前。

④ 实际上，李方还认为文明元年之"仁"，还可能与《唐西州高昌县下团头帖为追送铜匠造供客器事》［文书号：64TAM35：25，圣历元年至神龙元年前后，唐长孺主编：《吐鲁番出土文书》（图录本）第 3 册，第 523 页］中的"尉张仁"是同一人，见氏著《唐西州官吏编年考证》，第 185 页。此外，她又根据该件文书中张仁的署名笔迹与《唐高昌县史成忠帖为催送田参军地子并事》［文书号：64TAM36：9，神龙元年前后，唐长孺主编：《吐鲁番出土文书》（图录本）第 4 册，第 16 页］中"尉张"的笔迹相似，提出"尉张"即张仁的看法，见同前书，第 192—193 页。当然，为了谨慎起见，李方只是提出了自己的推测，在具体编年时，仍将前述三人的资料分别列出，以待后验。笔者注意到，永淳元年（682）五月高昌县有"主簿判尉思仁"［《唐永淳元年西州高昌县下太平乡符为百姓按户等贮粮事》，文书号：64TAM35：24，唐长孺主编：《吐鲁番出土文书》（图录本）第 3 册，第 487 页］，此人亦见开耀二年二月前后的《唐西州高昌县诸乡里正上直暨不到人名籍》［文书号：67TAM376：03（a），唐长孺主编：《吐鲁番出土文书》（图录本）第 3 册，第 291 页］，均与文明元年之"仁"时间相近，或为同一人。参见拙文《吐鲁番文书所见唐代里正的上直》，《西域文史》第 2 辑，科学出版社，2007 年，第 75—88 页；李方：《唐西州官吏编年考证》，第 181 页；《唐西州官僚政治制度研究》，第 37—43 页。

⑤ 根据仁赞的判词可知，王庆所犯为窃盗私财。按照"正赃见在未费用者，官物还官，私物还主"和"盗者，倍备"的规定（《唐律疏议》卷四《名例律》，"以赃入罪"条，第 88—89 页），赃钱与倍赃皆应交由物主来宾取领（同前书卷五《名例律》，"盗诈取人财物首露"条疏，"甲盗乙绢五疋，……乙乃取甲十疋之物，为正、倍等赃"，第 109 页）。但在此件文书中，倍赃则入官，故需"牒征送"州，与律文不同。按，高明士指出此件文书中所征到的赃钱"分付来宾取"，令人费解，见氏著《律令法与天下法》，上海古籍出版社，2013 年，第 201 页。但真正令人费解的，应是倍赃入官一节。

州高昌县残文书》上盖有高昌县残印来看，^① 大概本墓所出文书皆为高昌县文书。那么，仁赞应是开元初年的高昌县尉。

也正因本件文书为县司公文书，且案卷保存不完整，故未能见到能够体现府州法曹"掌赃赎"职能的相关文书或程序。总之，目前限于史料不足征，难以对法曹上述职掌的详情做出全面分析。目前可知的是，尽管在地方司法政务运行中，从案件的断决和审覆环节上，法曹并不能掌握所有州级官员的全部犯罪情况，但是在刑罚的最后执行环节上，由于法曹"掌赃赎"的职掌，使得它反而能够间接地掌握官员杖罪以下的负犯情况，从而使得功曹请法曹检案以查明部内官员"勾留负犯"情况成为可能。

另外，在某些情况下，法曹会在判词中直接对赃赎的支用作出安排。这种安排虽然与法曹"掌赃赎"的职能相关，但并不意味着法曹是地方赃赎钱物的唯一管理机构。仍以前引《唐为处分支女赃罪牒》为例，虽然法曹作出了"其粟既是彼此俱罪之赃，准例没官"的判决，但其赃粟却是由交河县送州，并由"修甲杖"的直接管理部门——兵曹检纳处分。这种对赃赎钱物的支用，或许与唐式的具体规定相关，如前引《刑部式》"诸狱囚应给荐席、医药……皆以赃赎物充，不足者，用官物"类似，是对赃赎钱物优先支用的专门性安排，有助于减少国家预算收入的支用。

正如《唐为处分支女赃罪牒》所揭示的那样，府州法曹虽然"掌赃赎"，但却不负责赃赎钱物的具体收支管理。那么《唐盗物计赃科罪牒》文书提到的送州之倍赃物，应该由什么机构征收呢？据新获文书《唐永徽五年至六年（654—655）安西都护府案卷为安门等事》（简称"安门案卷"）可知，一般情况下，地方赃赎钱物的征纳和支用，与赋税、公廨田租等一样（参见表1），是由仓曹统一负责。兹将文书引录如下：

（前略）

13　户曹

---

① 文书号：72TAM194：12/2，唐长孺主编：《吐鲁番出土文书》（图录本）第 4 册，第 53 页。

14　　　判官房门壹具——————

15　　□ 曹 ：得彼关称，得户曹关称，得参

16　　□□户曹事麹善积等牒称，请造

17　　□件门安置者，检库无木 可 造，流

18　　例复多，宜关 ［

19　 郸 风尘，天气□□ ［

20　□皆有扇，士司亦应具知，唯独□

21　　□□ 门 扇，若论流例，应合安门。□

22　　□□ 彼 量判。谨关。

23　　录事麹仕达勘同① 永徽五年十月廿四日

24　　　　　　　　　　府

25　　］ □曹事善积

　　（中缺）

26　 交 何（河）县：件状如前，今以状□，［

27　准状，符□ ［

28　　　　　永徽五 年 □一□□ ［

29　　　　　府张洛

　　（中缺）

30　　　　　　　　］ □□ ［

31　牒举者。今以状关，关至，所有赃赎、应入官财

32　 物 ，从去年申后已来，仰具报。待至，勘会。

33　□□□破用之处，具显用处，并本典赍□

34　□应赴录事司勾勘者，□ ［　　　］ □□

35　必须子细勘当，不得遗漏。限今月末

36　□□，谨关。

37　　　　　　永徽六年正月十二日

---

① 本句为朱书，当系麹仕达勾检之署。

38   史高惢

39   ] 参军事隆悦

40   [

41   ]

42   ] □□付

-- （俊）

43   检案，武俊白

44   十 三 日

45 牒检案连如前，谨牒。

46   [

47   勘 □□□ [①

48   等以不 符 [

（中缺）

49   □□□ [②

（中缺）

-- （俊）

50 □依勘当司从去年申

51 后已来，令（今）无赃赎之物及

52 无应入官之 物 。

53 交何（河）县送 仓 [

54 伍寸，阔三尺伍寸，准直钱肆 拾 □

55 □同前检上件门到，其

56 价直，③ 县已牒别头给讫。

57 牒件录检如前，谨牒。

58   □□□□□□□

59   交何（河）县送仓曹门

----

① 本行文字，整理者原释读为" 勘 当 司 检 ["。

② 本行整理者原释读为" 检 武 俊 ["。

③ "直"，刘安志重释作"值"。核以图版，此字字迹清楚，与54行"直"字相同，故从之。

60　　　　　　两具。既到，付仓督张

————————————————————————————————————（俊）

（后缺）①

关于本件文书的整理情况及对安门案卷的考释，雷闻、刘安志前揭两文讨
论已详，本节从略。虽然案卷保存不完整，但仍可确定其为仓曹文书存档
案卷，故骑缝背押主要由"俊"（即仓曹参军武俊）签署。②

从第 30—36 行录事司关文来看，是由于此前仓曹与士曹相互推
诿，③ 导致造户曹门所需木材无从着落，因而录事司便以赴司勾勘为名，
要求仓曹于永徽六年正月月末之前，④ 具报从永徽五年申报之后"所有赃
赎、应入官财物"，并且要求"破用之处，具显用处"。这正说明仓曹不仅
负责地方赃赎钱物的征纳，⑤ 而且也负责赃赎钱物的支用。

也就是说，虽然法曹"掌赃赎"，但它只是对赃赎物的征收与否作出
决定，而具体到赃赎钱物的征纳和支出，则仍与其他财物收支一样，归仓
曹负责（不过，前引支女案中直接送兵曹检纳处分的赃赎钱物应除外）。
这与唐前期勾征管理中勾所与征所是相分离的体制是一致的。比如在中央
政务运行中，勾征要先经尚书比部司勾检，然后将结果知会财政机构（尚

————————————

① 文书号：2006TZJI：196、2006TZJI：197、2006TZJI：013、2006TZJI：001、2006TZJI：
　198a、2006TZJI：010、2006TZJI：015、2006TZJI：016、2006TZJI：017、2006TZJI：002、
　2006TZJI：009、2006TZJI：005、2006TZJI：195、2006TZJI：194a，荣新江等主编：《新获
　吐鲁番出土文献》，第304—307页。刘安志又据图版对安门案卷的录文加以调整和订正，
　参见氏著《关于吐鲁番新出唐永徽五、六年（654—655）安西都护府案卷整理研究的若
　干问题》，《文史哲》2018年第3期，修订后收入《吐鲁番出土文书新探》，武汉大学出
　版社，2019年，第250—252页。本节录文据后者。

② 该案卷的骑缝背押，亦有司马麴仕悦的署名"悦"，但本节未引录相应部分。

③ 按，本件文书13—25行为户曹关文，受文机构应是仓曹，而其中所提及的"彼关"，则
　是指此前仓曹致户曹关文（此据刘安志前揭文）。据此可知，在接到户曹申请房门的关文
　后，仓曹以"无木可造"为由，把难题推给了士曹，建议户曹向士曹申请（18行）。虽
　然户曹与士曹之间的公文往来不会保存在仓曹存档案卷中，但从问题未得到解决以及
　"士曹亦应具知""论诸流例，应合安门""□〔任〕彼量判"（按："任"字系笔者臆
　补）等语，亦可推知此前士曹关文是在推诿安门一事，因而导致户曹不满。

④ 据前引唐《仓库令》《赋役令》，赃赎钱物与庸调一起，于每年九月上旬从本州起运入
　京，故此，推测赃赎的申报与造帐时间也应截止于庸调的征收期限（每年八月上旬起输
　日之后的第三十日）。安门案卷中"从去年申后已来"（21、38—39行），或即指永徽五
　年九月上旬以后。

⑤ 有关府州仓曹负责征收赃赎钱物，还见于前引《唐开元十九年正月——三月西州天山县
　抄目历》75行"〕铜八斤，百姓棄外剩田地子粟三百石事。〔"，〔日〕池田温：《中国古
　代籍帐研究》，"录文与插图"部分，第216页。虽然该行文书有残，但"铜八斤"应即
　赎铜。既与剩田地子同纳，应该皆纳州仓，故其应为仓曹符帖事目。

书金部司、仓部司），由其下省符征纳。而在地方则分别由录事参军和仓曹（或户曹）负责。①

另外，从府州录事司可以将赃赎物、应入官财物作为独立的"名品"进行勾勘来看，赃赎物与应入官财物在仓曹文帐之中，应该是作为单独的帐目存在的。这种帐目也正是前文所提及的需要由尚书比部勾检的赃物帐、赎物帐。不仅地方府州录事司要对赃赎钱物的收支帐目加以勾勘，新兴的使职系统也逐渐取得了对地方各色赃赎进行勾勘的权力。这大概反映出唐朝中央政府强化对地方预算外收入及支用监管的努力。敦煌文献中《唐天宝八载（？）敦煌郡抄目历》就反映了上述情况：

（前缺）

1　　　廿四日判［

2　度支使勾覆所牒为同前事

3　　　如同前判

4　监河西和籴使牒为诸色赃赎勘报事

5　　　其日判，牒监河西和籴使讫，史张宾行②

（后略）

唐代于河西置监和籴使（和籴使），并派遣侍御史等充使，目的应该就是要解决和籴中出现的"始于贵取，而终以耗称，俾边兵受寒，战马多瘦"的"丛脞之病"。③而将地方诸色赃赎纳入和籴使的监察范围，应该与上述

---

① 李锦绣：《唐代财政史稿》上卷第一分册，第250页。该书还指出，地方上除了由录事参军和仓曹（或户曹）负责分别负责勾征外，还会有单独的州勾所与州征所负责勾征。亦可参考唐代前期尚书户部四司（户部、度支、金部、仓部）财政收支中的分工与协作关系，见同前书，第290—298页。

② 文书号：S.2703/3，录文见王永兴《唐勾检制研究》，上海古籍出版社，1991年，第61页，亦参氏著《事目文书研究》，第388页。图版见中国社会科学院历史研究所等合编《英藏敦煌文献》（汉文佛经以外部分）第4册，四川人民出版社，1991年，第200页。本件文书1、3、5行均为朱书，3、5行末皆有押字或花押，未能释读。2、4行墨书前有朱色勾检笔迹。

③ （唐）高适：《送窦侍御知河西和籴还京序》，孙钦善校注：《高适集校注》，上海古籍出版社，1984年，第322页。高适笔下的"窦侍御"恰好又数次出现在《天宝十三载（754）敦煌郡会计牒》（文书号：P3559，录文见〔日〕池田温《中国古代籍帐研究》，"录文与插图"部分，第336页）中，其中就涉及和籴物被挪用的情形。参见卢向前《唐代西州土地的管理方式——唐代西州田制研究之三》，荣新江主编：《唐研究》第1卷，北京大学出版社1995年，收入《唐代和籴研究——唐代粮食政策之一方面》，《唐代政治经济史综论》，第171—173页。

"丛脞之病"造成的财政紧张有关，因此天宝年间敦煌郡（沙州）的赃赎被优先用于和籴。或许，正是这种将赃赎钱物的收支纳入使职监管之下的做法，开启了唐后期地方赃赎钱物由诸道观察判官专勾当，并统一申送御史台、由御史专知体制的局面。

敦煌郡赃赎被用于和籴，意味着地方赃赎钱物被统一用于财政优先支用的方面，像之前那样根据地方所需可以被"随意"支用的现象也就不复存在了。同时，能够用于和籴，又从一个侧面反映出被统收统支后的赃赎钱物，其数量并非细微的事实。但这是天宝年间的状况。

从前件安门案卷中仓曹牒文（38—40行）来看，西州仓曹自永徽五年申报赃赎钱物之后，在相当长的一段时间内（依唐令推测，当有四个月之久），[①]竟然未收到任何的赃赎之物及应入官之物。不过，没有赃赎

①　《天圣令》附唐令深化了我们对唐前期赃赎钱物管理机制的认知。《仓库令》所附唐令第19条："诸赃赎及杂附物等，年别附庸调车送输。若多给官物，须雇脚者，还以此物回充雇运。其金银、鍮石等，附朝集使送。物有故破、不任用者，长官对检有实，除毁。在京者，每季终一送。皆申尚书省，随至下（即？）纳。"《天一阁藏明钞本天圣令校证（附唐令复原研究）》，《校录本·仓库令》，第286页。参见中国社会科学院历史研究所《天圣令》读书班《〈天圣令·仓库令〉译注稿》，《中国古代法律文献研究》第7辑，社会科学文献出版社，2013年，第280—281页。可见赃赎钱物的支用破除，需纳入赃物帐或赎物帐管理。地方支用不尽者，随庸调车于每年九月上旬出发（《赋役令》所附唐令第2条："诸庸调物，每年八月上旬起输，三十日内毕。九月上自〔旬〕各发本州。"《天一阁藏明钞本天圣令校证（附唐令复原研究）》，《校录本·赋役令》，第268页)，解送入京。若是赃赎物中有金银、鍮石（黄铜），则每年附朝集使送入京（《唐六典》卷三《尚书户部》："凡天下朝集使……皆以十月二十五日至于京都，十一月一日户部引见讫，于尚书省与群官礼见，……元日，陈其贡篚于殿庭。"第79页）。在京官司赃赎钱物，则每季一送。解送入京的赃赎钱物（包括金银、鍮石），皆随至而申尚书省，然后分纳于太府寺左、右藏署仓库。《唐六典》卷二〇《太府寺》："诸州庸、调及折租等物应送京者，并贮左藏；其杂送并贮右藏。庸、调初至京日，录状奏闻。每旬一奏纳数。""凡元正、冬至所贡方物应陈于殿庭者，受而进之。"第540、542页。此外，太府寺除负责赃赎钱物的收纳支用外，也负责除毁故破（《唐六典》卷二〇《太府寺》："平准令掌供官市易之事……凡百司不任用之物，则以时出货；其没官物者，亦如之。"第544页）。综上，由于在京诸司、府州诸曹与县司均有杖以下罪的断决权，因此赃赎钱物的来源是多元的，但其管理却相对统一。就地方而言，无论是由于徒以上罪（需要经府州法覆审）产生的赃赎，还是由于杖以下罪产生的赃赎（需要申送于州），都会被汇总至法曹。这些赃赎钱物，或者因法曹的处分，或者因格式、诏敕，而被优先用于地方财政支出，以节约预算收入。盈余部分，则由仓曹统一征纳和支用，并建立单独的帐目进行管理。相应的钱物和帐目，最终会在每年九月上旬，随庸调物一起装车起运，自本州出发，被送入京。随至，申尚书省后纳于太府寺。若赃赎钱物为金银、鍮石，则随朝集使于每年十月二十五日前送入京，纳太府寺。在京诸司所征赃赎钱物，是每季度末造帐并申送于尚书省、太府寺。相应地，所有的赃赎钱物及其帐目，会分别受到府州录事司、临时或固定的使职，以及尚书比部司的勾检，从而被纳入国家财政管理的大框架下。从这个意义上讲，"掌邦国财货之政令"（所谓"邦国财货"，主要包括"诸州庸、调及折租等物应送京者"和"杂送物"。《唐六典》卷二〇《太府寺》，第540页）的太府寺是唐前期赃赎钱物的统一管理机构。

钱物，并非意味着西州百姓与官吏在永徽年间比开元年间更为"守法"，而是源于预算外收入的不稳定性及其支用的优先性。如在支女案中，赃赎物被直接用于修理甲仗，而由交河县直接征送于西州兵曹，充作该司经费，故无须再经过仓曹。安门案卷中"流例复多"（8—9行）一语，恰恰说明了这种情况在唐前期地方府州中应该是比较普遍的，而其依据大概就是如前引《刑部式》等相关格式的规定，或者是像京兆尹孟温礼一样奏请皇帝批准。天宝以后，随着边镇十节度体制的确立，军费日增，像敦煌郡这样的沿边郡县的赃赎钱物率先被纳入使职财政收支中统一管理。

本 章 小 结

通过律令规定可知，作为相对专门的"法司"，府州法曹主要处理属县和本州其他判司所移送的徒以上罪的覆审，并需将流以上罪案状申奏于尚书省和皇帝以获得批复或处分。

借助于敦煌、吐鲁番文献，则可扩展对唐代府州法曹主要职掌——律令、定罪、盗贼、赃赎所涵盖的地方司法政务内容的理解。尽管现有解读还很不充分，但仍可以看到，即便是为完成某一项职掌，仅依靠法曹是无法独立完成的。它必须就所涉及的相关政务，与其他曹司协作。以"掌赃赎"为例，法曹"掌赃赎"而不负责收支钱物，后者是仓曹的职责（直接支用的赃赎钱物除外）。由此，作为预算外收入的赃赎钱物，它的产生与征用在地方政务中被划分为两部分，分别由法曹和仓曹负责。另外，在涉及囚犯给粮问题上，法曹与仓曹也存在协作的需要。

除此之外，在地方官员考课事务上，功曹与法曹之间也需要相互配合。但是这种配合更主要地由于法曹通过"掌赃赎"职能所了解到部内官员的负犯情况，而非仅仅源于其"鞫狱定刑"的职能。就地方司法政务运行体制的特点来看，法曹并非府州判司中唯一参与到地方司法政务运行中的机构，其他户、仓等各曹在其职务范围内也都会对相关人员施以杖罪以下的刑罚。这样，具有"鞫狱定刑、纠逖奸非"职能的法曹实际上并不能完全掌握部内州县官员所有的犯罪（尤其是杖以下罪）情况。但是在刑罚的最后执行环节上，由于法曹"掌赃赎"的职掌，使得它反而能够间接地掌握官员杖罪以下的负犯情况，从而使得功曹请法曹检案以查明州官"勾留负犯"情况成为可能。

综上可知，法曹与仓曹在赃赎钱物、囚犯给粮管理中的分工协作，以及法曹与功曹在地方考课中的相互配合，都是地方政务运行机制中有机组成部分。而同一件政务，需要不同的府州判司相互协作，这恰恰与唐前期三省制下分层决策与分层执行的机制是一致的。

附论　唐前期县级司法政务处理中的长官负责制

上面围绕着府州一级讨论了唐前期地方司法政务运行的情况，那么同属地方司法政务的县级司法运行又会表现出哪些特点，它与府州司法政务运行有何异同？

前文曾提到，府州政务运行中，在长官负总责的前提下，具体政务运行则由诸曹司直接负责。与府州相比，县司虽然也有完整的四等官体制，但设官比较简单。一般而言，只有令、丞、簿、尉四五员而已（员外官及前官不计）。因而在县级政务中，往往呈现出长官直接负责制。也就是说即便具体事务，往往也是由县令亲力亲为。① 司法政务也同样如此。

《唐宝应元年（762）六月康失芬行车伤人案卷》：

1　　　　男金儿八岁　——

---

① 主要是指对于县司所受文书，作为长官的县令会先行批示"付司"（甚至还会直接批示下一步处理办法），然后由录事受付相关县尉和佐史承办。这就是所谓"若籍帐、传驿、仓库、盗贼、河堤、道路，虽有专当官，皆县令兼综焉"（《唐六典》卷三〇《三府督护州县官吏》，第753页）的制度规定在政务文书上的体现和实现。参见赵璐璐《唐代县级政务运行机制研究》，第78—93页。在撰写博士学位论文时，笔者与赵璐璐已形成各有侧重的研究主题，并有所交流。本节的撰写，也正是在赵氏研究的基础上，进一步围绕与县级司法政务运行相关的敦煌吐鲁番文书略加申说。至于笔者起初曾想要涉及的一些问题，诸如唐前期补贼官与县尉的关系、唐后期至北宋初县尉的消失与镇将的演变等，后来或因资料不充分，或因赵璐璐已有较充分的讨论（参见同前书，第124—133、139—143页），故均未展开。这也使得拙文在结构上存在一定缺陷，如在州县司法政务运行机制方面，仅论述了唐前期的情况。至于唐后期的变化，则主要着重于使职系统的发展。对于这一问题，在修订成本书时，也未能予以解决，特此说明。

2　牒：拂那上件男在张鹤店门前坐，乃被行客

3　靳嗔奴家生活人将车辗损，腰已下骨并碎破。

4　今见因重，恐性命不存，请处分。谨牒。

5　　　　元年建未月　日 百姓史拂那牒

6　　追 问， 铮 示

7　　　　　四日

--（铮）

8　元年建未月　日 百姓曹没冒辞

9　　女想子八岁 ——

10　县司：没冒前件女在张游鹤店门前坐，乃

11　被行客靳嗔奴扶车人，将车辗损，腰骨

12　损折，恐性命不存，请乞处分。谨辞。

13　　　　付本案，铮

14　　　示

15　　　　　四日

--（铮）

16　靳嗔奴扶车人康失芬年卅　　　｜ ｜ ｜

17　　史拂那男金儿　曹没冒女想子

18　　问：得史拂那等状称，上件儿女并

19　在门前坐，乃被靳嗔奴扶车辗损，腰

20　胯折，见今因重，仰答虚实！但失芬身

21　是处蜜部落百姓，靳嗔奴雇使年作，今日

22　使将车牛向城外般（搬）墼，却回行至城南门

23　口，遂辗前件人男女损伤有实。被问依

24　实谨辩。铮

25　　　　元年建未月　日

26　　康失芬年卅　　　　　　　｜ ｜ ｜

27　　问：身既扶车牛行，劈路见人，即合唱唤，

28　何得有此辗损良善？仰答！更有情故具状。

29　但失芬为是借来车牛，不谙性行，拽挽不

30　得，力所不逮，遂辗前件人男女损伤有实，

31　亦更无情故。所有罪愆，伏听处分。被问依实

32 谨辩。铮

33 　　　　　元年建未月　日

--（铮）

34 靬嗔奴扶车人康失芬年卅　｜　｜　｜

35 　　问：扶车路行，辗损良善，致令

36 困顿，将何以堪？款占损伤不虚，今

37 欲科断，更有何别理？仰答！但失芬扶

38 车，力所不逮，遂辗史拂那等男女损伤

39 有实。今情愿保辜，将医药看待，如不

40 差身死，情求准法科断。所答不移前

41 款，亦无人抑塞，更无别理。被问依实谨辩。铮

42 　　　　　元年建未月　日

（中缺）

43 　　　　　　　　检，诚白

44 　　　　　　　　　十九日

----

45 靬嗔奴并作人康失芬

46 　　右得何伏昏等状称：保上件人在外看养史拂那等

47 　　男女，仰不东西。如一保已后，忽有东西逃避及翻

48 　　覆与前状不同，连保之人情愿代罪，仍各请求

49 　　受重杖廿者。具检如前，请处分。

50 牒件检如前，谨牒。

51 　　　　　建未月　日史张奉庭牒

52 　　　　　　靬嗔奴并作人责保到，

53 　　　　　　随案引过，谘取处分讫，[各]

54 　　　　　　牒所由。谘，诚白，十九日

55 　　　　依判，谘，曾示

56 　　　　　　　　　　十九日

57 放出，勒保辜，

58 仍随牙，余依判，

--（铮）

59 铮示

60 廿二日①

应该说这是目前现存唐代县级司法案卷中最为完整的一件文书。就案件本身来看，事实和处理过程也比较清楚：处密部落百姓康失芬被天山县百姓靳嗔奴雇使年作，② 因赶牛车向城外搬墼，回至城南，因不识牛性，拽挽不得，便将在张游鹤店门玩耍的史拂那男金儿、曹没冒女想子碾压成重伤。经过案问，天山县令"铮"判靳嗔奴与康失芬责保放出，待保辜期满再处分，并要求康氏随牙（衙）点到，以防逃匿。围绕本件文书，学界研究已非常充分，③ 故此处不拟对案件本身展开讨论，仅就县级官员的作用略加说明。

首先，据本件文书图版可以很明显地看出，史拂那和曹没冒的两件状辞（1—5、8—12行）及康失芬的辩辞（16—41行）以及天山县史张奉庭的牒文（45—51），笔迹各不相同。在康氏辩辞中，所问部分（"但"字以前）与所答（"但"字以后）辩辞，前后笔迹也不相同。另外，"但"字之上还有墨笔勾勒，足见此案卷为原始辞牒依次粘连而成的存档文案。这与前引高元祯职田案卷是相同的。不过，与后者由仓曹参军康义感押署不同，本件文书在每段辩辞之后，及骑缝背押皆为县令亲署，并不由时任县尉的"诚"负责。这足以说明县令在此案件勘问过程中，不仅直接跟进案子的勘问，而且还亲自参与一般性的文书工作。

其次，从结尾的判词及署位来看，县尉"诚"只是要求将犯人与保人等"随案引过，谘取（长官）处分"。最后的处分，也的确是县令"铮"作出的。根据李方的研究，可将此件文书归属于命令式文案。所谓命令式文案，是长官意志占主导地位的表现形式。④ 不过，她认为此件文书除了

---

① 文书号：73TAM509：8/1（a），8/2（a），唐长孺主编：《吐鲁番出土文书》（图录本）第4册，第329-333页。

② 刘俊文《敦煌吐鲁番法制文书考释》认为此案卷为高昌县所属（第570—571页），笔者认同李方《唐西州官吏编年考证》（第215页）是天山县案卷的看法。

③ 详见陈国灿《吐鲁番出土唐代文献编年》，第324页。较新的研究，参见陈玺《唐代诉讼制度研究》，第87—92页；赵晶：《唐代"保辜"再蠡测——〈唐宝应元年六月康失芬行车伤人案卷〉再考》，《敦煌吐鲁番研究》第16卷，上海古籍出版社，2016年，第181—200页。

④ 关于命令式与依判式文案的区分以及各自的特点和性质，详见李方《唐西州行政体制考论》，第312—331页。

体现出县令"躬亲狱讼"的职责外，[①] 还可能与伤人案为重罪及原被告的少数族群身份有关系。

但对唐朝官员而言，尤其是西州官员而言，原被告的少数族群身份未必是其勘问、断案时所需考虑的重要因素：一者，《唐律》自有明文"诸化外人，同类自相犯者，各依本俗法；异类相犯者，以（唐）法律论"；[②] 二者，唐代官员针对少数族群犯人，亦有"幸沾唐化，须存廉耻之风"的看法。[③] 而且就此案原被告皆能自书状牒与辩辞来看，他们应是很早就在西州生活，甚至是出生在此的九姓胡人。此外，县令在勘问案件时所起的主导和直接参与文书工作，并不仅限于伤人案，可参见《唐麟德二年五月西州高昌县勘问张玄逸失盗案卷》。[④] 综上所述，笔者认为还是应该更多地从县级司法政务运行的特点来认识县令在上述案件中发挥的作用，以及其在文案判署上的性质。

与县司决罚杖以下罪相关的是《唐总章二年（669）八月九月传马坊牒案卷》：[⑤]

（前缺）

1　传驴卅六头，去七月廿一日给送帛练使司马杜雄充使往伊州

2　□三头在伊州坊，程未满。

3　十六伊州满给送蒲桃酒来：

4　孔行威驴乌　次　　　　丁丑奴驴青　次

---

① 《唐六典》卷三〇《三府督护州县官吏》，第753页。

② 《唐律疏议》卷六《名例律》，"化外人相犯"条，第133页。

③ 《唐（七世纪后半?）判集》内载有豆其谷遂加药窃资一案的判词（71—86行），内有"谷遂幸沾唐化，须存廉耻之风。轻犯汤罗，自挂吞舟之网"，文书号：P.3813背，［日］池田温：《中国古代籍帐研究》，"录文与插图"部分，第174页。

④ 文书号：66TAM61：22（a）、66TAM61：24（a）、66TAM61：23（a），《吐鲁番出土文书》（图录本）第3册，第238—239页。

⑤ 文书号：P.3714V⁰，图版见上海古籍出版社、法国国家图书馆编：《法藏敦煌西域文献》第27册，上海古籍出版社，2002年，第51—58页，录文见唐耕耦、陆宏基编《敦煌社会经济文献真迹释录》第4辑，全国图书馆文献缩微复制中心，1990年，第417—428页；卢向前：《伯希和三七一四号背面传马坊文书研究》（以下简称卢文），北京大学中国中古史研究中心编：《敦煌吐鲁番文献研究论集》，中华书局，1982年，第660—680页。参见卢向前：《牒式及其处理程式的探讨——唐公文书研究》，《唐代政治经济史综论——甘露之变研究及其他》，第319页。按，前揭卢文及《马社研究》，虽然都收入《唐代政治经济史综论》，但录文排印均缺失部分内容（如本件文书中"荃"均以缺字符替代），故仍以早前录文为准。

5	赵孝积驴青　　次	曹德文驴青　　次	
6	张行威驴青　　次	韩刚子驴青　　次①	
7	索行威驴青　　次	张长命驴青　　次	
8	王智惠驴青　　次	孙通驴青　　　次	
9	张住驴青　　　次	张怀智驴青　　次下	
10	张行满驴青　　次	宋善生驴青　　次上	
11	张君政驴青　　次	氾玄度驴青　　次	

12　前件驴被差送帛练往伊州，今还至县，请定

13　肤第。谨牒。

14　　　　　总章二年八月廿一日前校尉杨迪 牒

---（迁）

15　　　　付司，迁示

16　　　　　　　廿一日

17　　　　　　八月廿一日录事令狐顺受

18　　　主簿　敬　付司法

19　　　　　　连，行荃白

20　　　　　　　　廿一日

（中空约八行）

---（荃）

21　马坊

22　□传马叁疋去七月廿一日给使帛练使司马杜雄□

23　卢孝顺马爪　　　次　　　郭义顺马爪　　　次

24　马善住马忩　　　次

25　牒上件马去七月廿一日被差送帛练往伊 州

26　呈（程，下同）满□□充乘给使人□□□州

27　□□□到县，请定肤第。谨牒。

28　　　　　总章二年八月廿一日前校尉杨迪 牒

29　　　　付司，迁示

30　　　　　　　廿一日

---

① "刚"字，卢文释作"刘"。下文74行同。

31 　　　　　八月廿一日令狐顺 受

32 　　　主簿 敬　付司法

33 　　　连，行荃白

34 　　　　　廿一日

——————————————————————————————————————（荃）

35 马坊

36 　　二疋去七月廿二日给使人杨玄往伊州，停经十四日，

37 　　覆使人参军乘来。令狐君节马赤　次

38 　　吴智惠马赤　次

39 　　牒上件马给使人杨玄乘往伊州呈满，覆

40 　　乘至此，请定肤第。谨牒。

41 　　　　　总章二年八月廿一日充行马子吴惠

42 　　　　　　前校尉杨迪

43 　　　付司，迁示

44 　　　　　廿一日

45 　　　八月廿一日录事令狐顺 受

46 　　　主簿 敬　付司法

47 　　　连，行荃白

48 　　　　　廿一日

——————————————————————————————————————（荃）

49 传马坊

50 　　马一十九疋，去七月廿四日送殷大夫往伊州。

51 　　十疋呈未满，在伊州坊未还。

52 　　九疋停经十二日，覆给使人甘元柬等乘。

53 　　一疋回至内涧戍北廿里致死，给得使人公验唐孝积。

54 　　八疋见到：

55 　　郭延客马赤　次　　　　　张安都马赤　次

56 　　解玄意马者白　次下　　　杨仁马念　次

57 　　左孝积马念　次　　　　　唐满生马留　次

58 　　张武通马留　次　　　　　夏惠马赤䮾　次

59 　　牒上件马，差送使往伊州，今还至，请定肤第。

60　　　谨牒。

61　　　　　总章二年八月廿日行马子郭延客

62　　　　　　　前校尉杨迪

63　　　　　付司，迁示

---（迁）

64　　　　　　　廿一日

65　　　八月廿一日录事令狐顺受

66　　　　主簿 敬　付司法

67　　　连，行荃白

68　　　　　　　　廿一日

（中空约九行，三行有字）

---（荃）

69　张慈皎马念　　曹满？臣马赤　王景仁驴青

70　赵怀到驴青　　令狐君才马爪　宋君意马乌

71　令狐德敏马念　贺万机马念　　索君意马骠

72　氾保住马紫　　索怀本马留　　孔行威驴乌

73　丁丑奴驴青　　赵孝积驴青　　曹德文驴青

74　张行威驴青　　韩刚子驴青　　索行威驴青

75　张长命驴青　　王智惠驴青　　孙通驴青

76　张住驴青　　　张怀智驴青　　张行满驴青

77　宋善生驴青　　张行政驴青　　氾玄度驴青

78　卢孝顺马爪　　郭义顺马爪　　马善住马念

79　令狐君节马赤　吴伯惠马赤　　郭延客马赤　　　县

80　张安都马赤　　解玄意马者白　杨住马念

81　左孝积马念　　唐满生马留　　张武通马留

82　夏惠马赤駮

83　　　右件人并不违程。

---（荃）

84　程师惠马爪　　　　　　　　　　　　　　钧

85　　　右件人马去六月卅日差送使往伊州，八月三日

86　　　到县，计违二日。

87　赵君孝马爪　曹行政马爪　索万成驴青

88　叱于粪堆驴青

89　　右件人马驴，去七月四日差送铁器往伊州，八月

90　　七日到县，计违二日。

91　张才智驴青

92　　右件人驴频追不到。

93　牒件勘如前，谨牒。

94　　　　八月廿　日佐赵信牒

95　　　　程师惠等伍人使往伊

96　　　　州，计程各违贰日，论

97　　　　情不得无责。据《职制律》：

--（茎）

98　　　　诸公使应行而稽留者，

99　　　　壹日答叁拾，叁日加壹

100　　　等。计师惠等所犯合

101　　　答叁拾，并将身咨注。

102　　　其不违程者，记。其张

103　　　才智频追不到。牒坊

104　　　到日，将追其新备驴①

105　　　及今月廿一日所阅马驴，

106　　　并长官检阅讫记。咨，

107　　　行茎白

108　　　　　　廿五日

109　　依判，迁示

110　　　　　　廿五日

111　马坊件状如前，牒至准状，故牒。

112　　　　　总章二年八月廿五日

--（茎）

113　　　　佐赵信

114　尉　行茎

115　　　　　史

---

① "追"，《真迹释录》原释作"返"，卢文作"追"，笔者以为当为"追"。

116   八月廿一日廿五日行判，无稽。

（中空约五行）

据卢文的考证，此件文书是由敦煌县保管的有关处理本县传马坊文书的案卷。[①]

现存案卷是传马坊在马、驴运输回来之后，牒请县司定肤第的一系列文书，[②] 以及县司根据这些牒文对运输过程中出现的稽留情况所作判牒，被依次粘连的而成的档案。其中包含四批马驴返回至县后，传马坊（马坊）牒请县司定肤第的牒文：第一批（1—14 行）、第二批（21—28 行）、第三批（35—40 行）、第四批（49—61 行）。虽然第三、四件牒文是由行马子（充行马子）起草的，但四件牒文都经过前校尉杨迪签署，说明杨迪是以前资官身份担任传马坊负责人。

县司在接到牒文之后，便依例由县令"迁"签署"付司"，然后再由主簿付给相关的佐史（在此是兼掌司兵事务的司法佐史，参见第一章第一节）。最后，佐史在县尉"连"的判词下依次粘连成案。69—116 行是县司对前一阶段传马坊的牒文进行总结和处理的文书（72 行"孔行威驴乌"至 82 行为止，依次为第一至四批马驴，次序与前四件牒文完全一致。那么，69 行至 72 行"索怀本马留"为止，应是案卷前缺之部分），其中根据《职制律》判决程师憙等"笞三十"刑罚的是县尉"行苯"。从县令的批示来看，文书属于依判式文案。

《开元十四年（726）沙州敦煌县勾征悬泉府马社钱案卷》也是一件与

---

① 传马坊与长行坊是唐代存在于西北地区的特殊交通制度，是对馆驿制度的补充。与驿马按驿换乘不同，传马坊与长行坊马、驴的运输，从起点至终点不用换乘。其中传马坊属县，而长行坊属州（兵曹主管）。参见荒川正晴《唐河西以西の傳馬坊と長行坊》，《东洋学报》第 70 卷第 3—4 号，1989 年，第 35—69 页；王冀青：《唐前期西北地区用于交通的驿马、传马和长行马》，《敦煌学辑刊》1986 年第 2 期，第 56—65 页。

② 定肤第，是对长行坊马、驴出行归来伤损、患病情况，主要是脊破、梁破程度的判定。文书中"次""次下"当为"次肤""次下肤"之省。参见孙晓林《试探唐代前期西州长行坊制度》，唐长孺主编：《敦煌吐鲁番文书初探二编》，武汉大学出版社，1990 年，第 180—181 页。卢文根据 79、84 行末分别有"县""钩"二字，认为"次"等字样应为具有勾检职责的录事令狐顺所书。然而《真迹释录》并未释录"县""钩"二字，与图版（见国际敦煌项目网站：http：//idp. bl. uk/image_ IDP. a4d？ type = loadRotatedMainImage；recnum = 181398；rotate = 0；imageType = _ M，访问时间：2019 年 10 月 12 日）相符。但从不同牒文中"次""次下"等字笔毫入纸动作、前进方向和力量施加方式所显示的书写习惯基本不相同来看，可知其非同一人所写。更何况，县录事与佐史均属于杂任，也就是说令狐顺、赵信等同属典吏，因而仅有行署文案之责，不应该具有判定肤第之权。

县司决罚有关的案卷，并涉及州、县、折冲府三者的关系。兹移录如下：

（前缺）

1　　　　　　　　　　白

2　　　　　　　　依判，谘，钦□示

3　　　　　　　　　十二日

4　　　　　　　　依判，度示

5　　　　　　　　　十二日

————————————————————————————

6　　　　　　　　　　连，俊白

7　　　　　　　　　十三日

————————————————————————————

8　　沙 州

9　　前校尉判兵曹张袁成注五团欠开九年马 [

10　　　　数内征张袁成[　　　　　] 捌阡肆伯伍拾壹文

11　　捌阡陆伯捌拾文征前府史翟崇明，欠未纳。

12　　燉 煌县主者：得府牒称，前校尉张袁成经州陈牒称，

13　　悬泉府校尉遣判兵曹事，征前件马社麦，当卫

14　　士贫弊，征索不得。已后征得前件麦数，纳贰拾伍硕陆 [

15　　典氾贞礼、翟崇明等给得文抄见在，所由欠物并 [

16　　君护等诸人上。袁成为年满六十，倚团已后，府司□

17　　所由将作物在袁成腹内，为当时估，独征袁成钱。□

18　　欠数合出诸人。今蒙开元十三年十一月十日

19　　制，诸色逋县欠负官物，合当免限。谨以谘陈，请乞

20　　处分者。刺史判，付府勘会虚实申者。谨依，各追 所

21　　由人等到，问得款称，欠负不虚，并自立限伏纳。□

22　　数内捌阡肆伯伍拾壹文，勘问所由，并不臣伏。袁成

————————————————————————————（度）

23　　自立限伏纳。具检如前，请处分者。开九年马社，前校□□

24　　□曹张袁成专征，马社既欠阙未填，社钱所由未纳，□□

25　　征得贷便五团，既不将输，府司申州，下县征纳。张袁成

26　　　] 借注五团，奉判勘会欠由，今问并皆臣伏，各自 [

27　　　　　　] 纳者，勘如前者。刺史判，着摄 [

28　　　　　　] □处问钱，此月廿日内纳了。

29　　　　　　] 征者。悬泉府主帅张 [

30　　　　　　] 县，依限征纳讫申。□ [

31　　　　　　] 状下县，宜准状，符（符）[

32　　　　　　　　佐 [

33　　　　　　　]

34　　　　　　] 　　史范鲁

35　　　　　开元十四年二月十日下

36　　　　　　　二月十五日录事

37　　　　　　尉判主簿俊付　　司□（兵）

--（俊）

38　　　　　　　　张袁成等欠马社钱

39　　　　　　　帖所由，限三日 内

40　　　　　　　纳，俊白

41　　　　　　　　　十六 日

42　牒

43　翟崇明欠马社钱贰伯肆阡陆伯捌拾文又捌阡陆 [①

44　张袁成捌阡肆伯伍拾壹文

45　　右被符（符，下同）令征前件钱，频征，各自立限，并

46　　违不纳。事恐阻违，请处分。

47　牒件状如前，谨牒。

48　　　　　二月　日史索忠牒

49　　　　　催，俊白

50　　　　　　　廿七日

（中空约三行）

--（俊）

---

① "陆伯"，卢向前《马社研究》作"柒伯"，依图版当是陆。

51　牒检有事至，谨牒。

52　　　　三月　日史宋仁牒

53　　　连，俊白

54　　　　　四日

---（俊）

55　司户

56　悬泉府马社钱壹伯叁拾壹贯叁伯伍拾文所由府史翟思明

57　　右件钱州司已判下府征讫，谨录状上。

58　牒件状如前，谨牒。

59　　　　　开元十四年三月　日史氾光宗牒

60　　　　　　　参军判司户贾履素

61　"问：既用官马，何得欠不纳？"着谨审［　　　］①

62　右钱既就州陈诉，其钱判下府征马钱已就，余欠柒［

63　文在前所由典氾礼处，见在州榡项推问，请乞检，判案日［

64　钱，马式匹在案内填付，乞限今日案将马□县［

65　违限，求受重杖册。被问依实，谨牒。

66　　　　　开元十四年三月　日品子翟崇明牒

67　　　　　频追不得，决十下，限取状。当

68　　　　日不了，既决，付本典，度示

69　　　　　四日

---（俊）

70　司户

71　前校尉张袁成负马社钱八千四百文 已送纳七千七百文，欠七百文。

72　前府史翟崇明欠马社钱八千［

73　　　　　　　］取府马用填钱处。

---

① "马"，卢向前《马社研究》录作"为"，参图版及文义，应作"马"为是。《真迹释录》虽释作"马"，但录文倒乙为"马官"。值得注意的是，此句笔迹与"着谨审"以下不同。从笔迹来看，当是敦煌县令"度"所书判问之语（67—69 行）。参卢向前《马社研究》，第 63 页。又，64 行"式"、68 行"既"，《真迹释录》分别释作"弎""史"，今据卢向前《马社研究》。

74　⬚牒 ⬚件 ⬚检 ⬚如 ⬚前，谨 ⬚牒。

75　　　　　　　　　　　］年三月　日史范思鲁牒

76　　　　　　　　　　参军判司户贾履素

77　　　　　付司。既欠不足，

78　　　　　决十下，度示

79　　　　　　　　四日

80　　　　　　　三月四日　录事

81　　　　　　　尉摄主簿俊　　付司兵

82　　　　检纳，□白，四日

83　　　　检，俊白

84　　　　　　　四日

　---（俊）

85　　前府史翟明欠马社钱贰伯［　　　　　　　］文，前征

86　　　一百卅一贯三百五十五文，得州史汜光状，出□

87　　　七十三贯三百廿五文欠目，限今日得了，状

88　　　后征捌阡陆伯文，得州史范鲁状，中马一疋，用填钱处。

89　　前校尉张袁成欠捌阡肆伯文　七千七百文，得州史范鲁状纳讫，
　　　　　　　　　　　　　　　　　欠七百文，长官决十下。

90　　　右先被符征上诸钱，比日征催，具已纳未纳

91　　　如前。

92　牒件检如前，谨牒

93　　　　　三月　日史宋仁牒

94　　　付库，检纳，耀白

95　　　翟明等欠钱，今日

96　　　不了，明朝唱过。俊

97　　　白

98　　　　　四日

　---（俊）

99　牒检有事至，谨牒。

100　　　　三月　日史宋仁牒

101　　　连，俊白

102　　　　六日

103　　　　　付司。既催纳，限十日

104　　　　　内纳讫。如违，注追，帖

105　　　　　长　[

106　　　　　　　　　] 六日

————————————————————————————————（俊）

107　　司　户

108　　前校尉张袁成负马社钱柒伯伍拾壹文

109　　　右件钱今日纳足。

110　牒件状如前，谨牒。

111　　　　　　　开元十四年三月五日典范思鲁牒

112　　　　　　　　　参军判司户贾履素

113　　　　　　　付司，度示

114　　　　　　　　　　五日①

115　　　　　　　　　三月五日录事

116　　　　　　　　　尉摄主簿俊　付司兵

117　　　　　　　　连，俊白

118　　　　　　　　　六日

119　　　付库收领纳讫，连，□

120　　州具□

121　　　　　　　　□日

122　　　　检，六日，耀白

————————————————————————————————（俊）

123　　司　户

124　　悬泉府马社钱柒拾叁阡贰伯肆拾伍文。

125　　　右件钱得府状称，所由典氾礼欠者。刺史判，付司□□

126　　推问征者。其人见在州推征，钱不在翟明处。

127　牒件状如前，谨牒。

128　　　　　　　开元十四年三月　日史氾光宗牒

129　　　　　　　　　参军判司户贾履素

———————————————————

① “五日”上原有墨迹，应为“度”所书，《真迹释录》释作“帖”，今从卢向前《马社研
究》未录。

130　　　付司问。如没（后）州

131　　　符，官下云有欠，

132　　　当何罪？度示

133　　　　　　　　　　　　　　　　　六日

134　　　　　　　　　　　三月六日录事

135　　　　　　　　　　　尉摄主簿俊　　付司兵

-- （俊）

136　　　　　　　　准判问，俊白

137　　　　　　　　　　　六日

138　马社钱前后征贰伯壹拾叁贯贰伯捌拾文

139　　问：被符征上件钱，① 今得州史氾光、范鲁状，合出府家，并

140　折马价，如后更有符下覆征，求受何罪？仰答者！谨审□

141　被符征上件钱壹伯叁拾壹贯叁伯伍拾文，州符下者，至秋 均 ②

142　出千人。柒拾叁阡贰伯肆拾伍文，合征所由典氾礼，今人在州

143　枷项推征，其钱不在崇明腹内。捌阡陆伯文，中马一疋便折填□。

144　其上件钱等，如后更有符征崇明上件钱，求受重杖六

145　十，仍请准法科罪。被问依实谨牒。　　度。

146　　　开元十四年三月　　日品子瞿崇明牒

147　　　　　　　　　　│　明　│　　　│

148　　　　　　　　勘，俊白

149　　　　　　　　　六日

（中略）③

-- （俊）

153　瞿明马社钱贰伯壹拾叁阡贰伯捌拾文

154　　一百卅一千三百五十五文，州状出悬泉府；

155　　七十三千二百卅五文，州状见征氾礼；

156　　八千六百文，州状中马一疋便折填还。

157　张袁成八千四百文，州状称纳了。

———————————

① "钱"，《真迹释录》释作"残"，今从卢向前《马社研究》。

② "至"，卢向前《马社研究》释作"然"，据图版，应作"至"，今从《真迹释录》。

③ 所略 150—152 行文字，疑为后人涂鸦。参见卢向前《马社研究》，第 64 页。

158　　右检案内被符征上件钱者，今得州史氾光、范

159　　鲁等状称，具件如前。又问瞿明，得款，钱壹伯叁拾 壹

160　　贯叁伯伍拾伍文，州符下府，至秋均出千人，柒拾叁阡贰 伯

161　　肆拾伍文，合征典氾礼，今见在州枷项，征捌阡陆伯文，中

162　　马一疋便折填还。其钱如后更有符征，崇明求受

163　　重杖六十，仍请准法科罪者，件勘如前。

164　牒件勘如前，谨牒。

165　　　　三月　日史宋庆仁牒

166　　　　被符合征前府史瞿

---（俊）

167　　　　明等钱，州检得报，

168　　　　钱出府兵及纳了。

169　　　　具审，虑恐虚矫，重问

170　　　　款如前，如后更有符 征，

171　　　　准款依数科决。谘，弘俊

172　　　　白

173　　　　　　　　六日

174　　　　依判，度示

175　　　　　　　　六日

176　　瞿崇明马 [

　　　（中空约三行）

177　悬泉府

178　　前府史瞿崇明（欠马社钱捌阡陆伯文）前校尉判兵曹张袁成（欠马社钱叁阡肆伯伍拾文。）

179　 燉 煌县：得折冲都尉药思庄等牒，称检案内前件人等 [

180　　□上件社钱，频征不纳，先已录状申州。州司判下县征 [

181　　□月廿日纳了。依检，其钱至今不纳，事须处分，[

182　　　] 者。瞿崇明负府司社钱，违限不纳，准状牒燉 [①

———————————

① 179、182行"燉"，《真迹释录》、卢向前《马社研究》或录作"敦"，今依图版。

183　　　□请垂处分者。今以状牒，牒至准状，谨牒。

184　　　　　　　　开元十四年四月廿三日

185　　　　　　　　　　　府

186　折冲都尉庄

187　　　　　　　　　　史李崇英

188　廿六日，礼

189　　　　　　　　四月廿六日录事

190　　　　　　　　尉摄主簿俊　　付司 兵

-- （俊）

191　　　　　　　　检案，俊白

192　　　　　　　　　　　廿七日

193　牒　　检案连如前，谨牒。

194　　　　四月廿七日史宋庆仁牒

195　　　检，俊白

196　　　　　　　廿七日

（后缺）①

　　现存案卷由十七张粘连而成，骑缝背押中，除 2 处因文书已残不知押字和 1 处未有押字之外，由县令所押"度"者仅 1 处，其余 12 处皆是县尉摄主簿所押"俊"字。说明此次勾征马社钱，具体由判官"俊"负责，并由司兵佐史起草牒文。故案卷应是敦煌县司兵的存档文案。仅有的县令押字出现在沙州司户所下符文的骑缝处（22—23 行之间），② 这是由于承符对象为"敦煌县主者"，故县令在接到州符之后签字以示经手和负责。本件文书上并无"付司"环节，或是文书缺失的缘故。

　　案件的起因，可以追溯到案卷成立五年前的开元九年。当时，张袁成因

① 文书号：P.3899V⁰，图版见上海古籍出版社、法国国家图书馆编《法藏敦煌西域文献》第 29 册，上海古籍出版社，2003 年，第 126—131 页，录文见唐耕耦、陆宏基编《敦煌社会经济文献真迹释录》第 4 辑，第 432—445 页；卢向前：《马社研究》，《敦煌吐鲁番文书论稿》，第 48—58 页。

② 该符文结尾部分有残缺，其所属判司不详。但从史"范鲁"之名（即"范思鲁"，又见 75、111 行）起草的牒文经"参军判司户贾履素"签署（76、112 行）来看，上述沙州符应为司户参军所下。参见刘安志《关于唐代沙州升为都督府的时间问题》，《敦煌学辑刊》2004 年第 2 期，收入氏著《敦煌吐鲁番文书与唐代西域史研究》，第 362 页。

职务（悬泉府校尉身份判兵曹事）所在，负责向当府卫士征收本年度的马社麦。但卫士贫困，无法交纳，他就自己想办法征得一批麦（13—14 行），纳于本府后，当时的悬泉府典氾贞礼、翟崇明还给了他纳麦凭证"文抄"。至于仍欠的那部分马社麦，张袁成认为应该是算在"君护"等人的头上。

在张袁成年满六十，倚团（退役）之后，没想到悬泉府所由却将所欠马社麦都算在他的"腹内"，并根据当时市估价，折算成钱（16—17 行）。大概这一批马社麦都出现了问题，悬泉府并未收到（24—25 行）。所以才出现经手人氾贞礼已经在州司被"槭项推问"（63 行），而翟崇明和张袁成也被勾征钱物的情况。其中翟崇明所欠之钱共有两笔：第一笔是 204 680 文，案卷已不见，1—7 行残牒判署或即此部分征钱案卷的案尾；第二笔是 6 068 文，与张袁成所欠同时载在州符（9—11 行，参 43 行）。悬泉府之所以要敦煌县向翟、张二人征钱，是因二人贯属敦煌。

得知自己又被勾征五年前的旧账，张袁成不服，于是经沙州陈牒申诉，并引开元十三年（725）十一月十日制节文"诸色逋县欠负官物，合当免限"为据，[①] 认为前件麦钱应该从免，请求给予处分（18—19 行）。

沙州刺史判令悬泉府调查清楚。悬泉府经问得款，众人皆承认前件马社麦钱确实由各自所欠，并且表示要立限填纳。不过其中有 8 451 文，其他人都不承认是自己所欠，于是便由张袁成"立限伏纳"。府司于是申牒沙州，请处分（18—23 行）。但因为张袁成等人一直拖着未纳，经府司申州，下县征纳，仍未果。最终，刺史令参军摄司户贾履素负责，并判令"此月（开元十四年二月）廿日纳了"。这才有了 8—35 行有户曹签发的州符，令敦煌县"依限征纳讫申"。州符是二月十日所下，但至敦煌县已是十五日，[②] 距离期

---

① 此制当即《唐大诏令集》所载玄宗封禅赦书："负欠官物，逋悬租调，并宜放免。"然该书载大赦时限为"自开元十三年十一月十三日昧爽以前"，与此文书不同。（宋）宋敏求编：《唐大诏令集》卷六六《开元十三年东封赦书》，中华书局，2008 年，第 371—372 页。按，《册府元龟》卷八五《帝王部·赦宥四》载是年"十一月壬辰，以封禅礼毕，御朝觐坛之帐殿，朝群臣，大赦天下，制曰：'……自开元十三年十一月十日昧爽已前'"云云（第 1005 页），可知班赦在十一月十二日（参陈垣《二十史朔闰表》，第 94 页），而大赦所立除罪及减免逋欠之限是十一月十日（此即封禅礼初始之日，见《新唐书》卷五《玄宗纪》："十一月庚寅，封于泰山。辛卯，禅于社首。壬辰，大赦。"第 131 页）。可能赦书在唐宋之际先被人误以班赦之日为大赦立限之日而改"十日"为"十二日"，其后在《唐大诏令集》刊刻流传过程中，复又将"十二"讹作"十三"。

② 从吐鲁番所出官文书来看，唐代同处一地的各级机构间的公文来往，其受付时间多在两日以内，异地则有长达五日以上者。刘安志：《唐初对西州的管理》，第 16 页。沙州情况应类似，如本件文书 107—115 行沙州牒在当天便已至敦煌县。但此次州符在州县之间的受付时间却长达五日，可能意味着其间存在不寻常的情况。

限仅有五天，所以次日，县尉"俊"便判令限三日内纳。

需要指出的是，本案卷中的几件沙州符牒都是由司户参军所下，而敦煌县在接到文书后，却通常由摄主簿"俊"交付司兵佐史处理（37、81、116、135 行），与悬泉府来文的受付曹司（190 行）是一致的。这一状况的出现，与当地州县官吏设置变化有关。

开元、天宝年间，沙州为下州，敦煌县为上县。[①] 理论上，沙州应置司仓参军兼掌司功事、司户参军兼掌司兵事、司法参军兼掌司士事。[②] 敦煌县应置司户佐史与司法佐史（参见表 2）。如前引《传马坊牒案卷》，总章二年敦煌县本应付司兵（参考州司兵参军掌传驿，见表 1）的文案，就被直付司法，说明当时州县两级官府确实皆由司法兼理司兵之事。但到了开元十四年时，两者官吏设置已不同。由于敦煌县已增置司兵，但沙州未置司兵参军，故与悬泉府相关的州级符牒便仍由兼掌司兵的判司户贾履素负责，而县司相关文书便被直付司兵。[③]

还是回到案件本身。虽然州县所定的纳毕期限早已过去，可是迟迟没有张、翟二人纳钱的消息。到了二十七日，县史索忠只好牒请县尉处分，但他也只能判"催"而已（42—50 行）。张、翟二人究竟去哪里了？

两人的行踪直到三月四日才传到县里。这一天，接连来了两件州司户的牒文。第一件是由司户史氾光宗起草的关于翟崇明所欠第一笔钱的处理意见，第二件是由司户史范思鲁起草的关于张袁成欠钱的纳欠情况的说明，以及翟崇明第二笔钱的处理意见（55—76 行）。随着两牒的到来，张、翟二人也随之出现。

说明两个人此前都去了州司：张袁成是去州司纳钱，不过只填纳了7 700 文，尚余 751 文未纳（71 行）。县令"度"便以"欠不足"为由，判"决十下"（77—78 行）。而翟崇明在州司的活动却大有成效：其中第一笔中的 131 355 文被州司判下悬泉府，令府内卫士集体承担，所余 73 425 文，据翟崇明的辩辞，是氾贞礼所欠，请求县司查证是否属实。另外的 8680 文，

---

① 王仲荦：《唐天宝初年地志残卷考释》，载氏著、郑宜秀整理《敦煌石室地志残卷考释》，上海古籍出版社，1993 年，第 4 页。
② 《唐六典》卷三〇《三府督护州县官吏》，第 746—747 页。
③ 关于敦煌县司兵设置与否的讨论，详见李方《唐西州行政体制考论》，第 57—71 页。由此也可确定，此案卷应是敦煌县司兵文案。

称有马一疋可在案内填付（86—88、141—143 行），① 请求"限今日案前将马□县"（55—64 行）。这个说法得到了州牒的证实，可"取府马用填钱"（72—73 行）。县令只能以"频追不得"为由，判"决十下"（67 行）。

到了三月六日，敦煌县又收到了两件三月五日的州司户牒。其中，范思鲁牒称张袁成所余 751 文钱已纳足（107—122 行），而汜光宗牒再一次确认了翟崇明的说法，其名下 73 425 文确实为汜贞礼所欠（123—129 行）。这样实际上翟崇明所欠两笔钱也已处理完毕。不过县令仍担心事后反复，便令所司勘问翟崇明：如后更有官符"云有欠，当何罪"？在翟崇明写下辩辞，表示如更征上件钱便求受重杖六十（130—150 行）之后，事件便以敦煌县史宋庆仁的总结牒而结束（176 行就是一组案卷结束之后的事目）。不过意外的是，一个多月后的四月廿六日，敦煌县又收到悬泉府的牒文，称翟张二人所欠马社钱 8 680 文和 3 451 文仍是未纳，因牒敦煌县要求处理（177—187 行）。这确实很奇怪，详情不得而知。

最后需要指出的是，从判词形式来看，本件文书既包含命令式文案，也包含依判式文案。前者如对被勾征马社钱的翟崇明、张袁成的决罚等政务裁决，就是由敦煌县令"度"作出的（67—69、77—79、行）。尤其值得注意的是，在接到县司对于翟崇明"其钱后如后更有（州）符征""求更受重杖六十"答款（138—175 行）的确认，则由县令以"依判"作结，体现了政务的轻重缓急与县司官员酌情采取不同处理程序之间的关系。

---

① 本案卷中，几处数字或取其整数，或有错误，卢向前《马社研究》已有辨析，第 75—77 页。

第三章 公文形态与唐前期
中央司法政务运行

　　本章将围绕着与政务申报和批复相关的公文书及其形态，来探讨尚书刑部司、大理寺、御史台在唐前期司法政务运行中的作用。正如绪论中所提到的，论及上述三个机构时，人们往往习惯称之为中央司法行政主管机关、最高审判机关和司法监察机关。但这并不是站在唐代政务运行程序的角度去思考台、省、寺（监）三类中央机构的职能与分工，而是站在明清以降的制度框架下去观察唐代制度。这种观察无疑是错位的。① 以下将着

---

① 即便站在唐代制度层面，上述定位也存在需要反思和质疑的地方。"大理寺是中央（全国）最高审判机关"的定位，确实能与广德诏书中"天下刑狱，须大理正断，刑部详覆"的司法体制相合（《册府元龟》卷八八《帝王部·赦宥七》，第 1049 页。分析见第四章），也能印证唐代大理卿"掌邦国折狱详刑之事"的职能（《唐六典》卷一八《大理寺》，第 502 页）。不过问题也随之而来：首先，广德诏书所反映的唐后期司法政务运行机制能否被证实与唐前期司法政务运行机制保持一致。其次，大理卿"掌邦国折狱详刑之事"的记载，尽管源于唐《职员令》，但作为一种经过改写的文本［唐《职员令》今已无存。唯敦煌文献中尚保存有永徽《东宫诸府职员令》残卷，录文见刘俊文《敦煌吐鲁番唐代法制文书考释》，第 180—197 页。据此残卷，《职员令》在叙述官员职掌时，例用"掌……""掌……事/之事"句式。《唐六典》所载大理卿之职，虽与上述句式相同，但却并非照录令文，而是编纂者模仿《周礼》"乃立秋官司寇，使帅其属而掌邦禁，以佐王刑邦国"之文进行改写的结果。《职员令》的原文，应如《通典》所载："（大理）卿一人，掌鞫狱，定刑名，决诸疑谳。"（汉）郑玄注、（唐）贾公彦疏、赵伯雄整理、王文锦审定：《周礼注疏》卷三四，北京大学出版社，1999 年，第 887 页；《通典》卷二五《职官七·诸卿上》，第 711 页。关于《唐六典》《通典》所叙官人职掌与《职员令》文本的比较，参见李锦绣《永徽东宫诸府职员令残卷考释兼论唐前期东宫王府官设置变化》，载氏著《唐代制度史略论稿》，中国政法大学出版社，1998 年，第 70—84 页］，能否跟唐代司法实践中具体的制度规定（《狱官令》）契合，也是一个有待被证实的前提。进一步还需要被论证的是，"邦国"一词是否与前述"中央（全国）"的概念一致。《周礼》称"乃立天官冢宰，使帅其属而掌邦治，以佐王均邦国"，唐孔颖达疏释曰："《周礼》以'邦国'连言者，据诸侯也。单言'邦'、单言'国'者，多据王国也。然不言'均王国'，而言'均邦国'者，王之冢宰，若言'王国'，恐不兼诸侯，今言'邦国'，则举外可以包内也。"《周礼注疏》卷一，第 6 页。若据此，在"举外以包内"时，"邦国"确实可以理解为"全国"。不过，即便《唐六典》编纂者是在同样语义下使用"邦国"一词，也还需要论证，这一表述能否跟大理寺的职能相契合。如绪言所述，唐代大理寺职掌被概括为负责审判中央百官犯罪及京师徒刑以上的案件，但是流、徒刑案件（转下页）

重通过对唐代律令的解读，结合公文形态的特点和性质，重新认识唐代中央司法政务的内容及其运行机制。

一　奏抄、发日敕与唐前期
中央司法政务运行

唐代中央司法政务运行，主要是围绕着尚书刑部，或者说是依托刑部司、都官司、比部司和司门司展开的。不过在上述刑部四司中，都官司虽然由于掌配没于在京诸司的官奴婢簿籍，并负责与之相关的给粮、医药，及良贱诉竞、雪免之事，[①] 也构成了中央司法政务处理的一个环节。但官奴婢的管理和良贱诉竞等事，毕竟只占中央司法政务中很小的一部分，而且与之相关的史料并不多，所以只能从略。至于剩下的比部和司门司，则因为其所掌勾检和过所等事，[②] 与司法政务关系不大，故亦从略。

探讨唐前期中央司法政务运行机制，还要从与其有密切关系的官文书——奏抄、发日敕入手。而上述公文的适用范围，直接与尚书刑部司的职掌联系在一起。因此，以下分析先从刑部司职掌开始，以便揭示唐前期司法政务申报与裁决机制的特点。

（接上页）判决后须经刑部复核，死刑案件判决后须奏报皇帝批准；负责审核或重审由刑部移送来的地方死刑案件（见王立民、张国刚、黄源盛前揭论著）。在上述第一项职能中，"中央"仅指唐朝中央政府，其地域范围基本与"京师"相当。因而只有将一、二项职能综合起来，才能对应"最高审判机关"的定位。因此，有待证实的前提是，唐代京师徒刑以上的案件和地方死刑案件，确须经过大理寺才能被处理。"刑部是中央司法行政机关"的定位，建立在"大理寺是最高审判机关"的前提之下。既然前提需要重新论证，那么对刑部的定位也存在着重新探讨的必要。

① 《唐六典》卷六《尚书刑部》，第192—194页；《通典》卷二三《职官五·尚书下》，第645页。《唐会要》卷八六《奴婢》，大历十四年（779）八月，都官奏："伏准格式：官奴婢，诸司每年正月造籍二通，一通送尚书，一通留本司。并每年置簿，点身团貌，然后关金、仓部给衣粮。又准格式：官户受有勋及入老者，并从良。比来因循，省司不立文案，伏恐日月滋深，官户逃散，其受勋及入老者无定数。伏请令诸司准式造籍送省，并挛生及死亡者，每季申报，庶凭勘会。"敕旨："宜并准式处分。自今已后，有违阙者，委所司奏闻，准法科罪。"第1860—1861页。这是目前所仅见的与都官职掌直接相关的文献记载。

② 《唐六典》卷六《尚书刑部》，第194—196页；《通典》卷二三《职官五·尚书下》，第645—646页。关于比部司与勾检制度的研究，详见王永兴《唐勾检制研究》，第66—81页；李锦绣：《唐代财政史稿》上卷第一分册，第309—312页。有关过所与司门司的职掌，参见程喜霖《唐代过所研究》，中华书局，2000年，第55—112页。

1. 分治"诸州"与"在京"的中央司法政务运行机制

据唐《职员令》，刑部司"掌律令，定刑名，按覆大理及诸州应奏之事"，[①] 其中掌律令一项，前章已论及，可参见。至于"定刑名，按覆大理及诸州应奏之事"，则是刑部司参与处理唐前期司法政务的主要内容。

但刑部司职掌，当然也是由唐人自己概括的，因而讨论的前提，同样是要结合唐前期司法政务运行的实践，解决如下问题：由刑部司所定之刑名包括哪些？需要刑部司按覆的"大理及诸州应奏之事"又有哪些？这其中所体现出的刑部、大理寺与诸州之间的上行下承的关系又如何？刑部司与"掌天下刑法及徒隶句覆、关禁之政令"，或者说"总判刑部、都官、比部、司门事"的刑部尚书及侍郎地位与作用又是怎么体现的？[②] 回答这些问题，需要先结合《狱官令》进行解读。

开元《狱官令》规定：

第1条：诸犯罪，皆于事发处州县推断。在京诸司，则徒以上送大理；杖以下，当司断之。若金吾捉到罪人，非贯属在京者，皆送大理。

第5条：诸犯罪在市，杖以下，市决之。应合荫赎及徒以上，送县。其在京市，非京兆府，并送大理寺（驾幸之处亦准此）。

第2条：诸犯罪，杖罪以下，县决之；徒以上，县断定送州，覆审讫，徒罪及流应决杖、笞若应赎者，即决配征赎。其大理寺及京兆、河南府断徒及官人罪，并后有雪减，并申省。省司覆审无失，速即下知。如有不当者，亦随事驳正。若大理寺及诸州断流以上若除、免、官当者，皆连写案状申省，大理寺及京兆、河南府，即封案送。若驾行幸，即准诸州例，案覆理尽申奏。即按覆事有不尽，在外者遣

---

① 见前引《唐会要·定格令》贞元二年七月韩洄奏。韩洄奏文所引刑部之职，未明言来源。参考永徽《东宫诸府职员令》句式，笔者倾向于认为上述引文是唐《三师三公台省职员令》中刑部郎中之职。需要说明的是，《通典》将相同的文字"掌律令，定刑名，案覆大理及诸州应奏之事"（卷二三《职官五·尚书下》，第644页）置于刑部侍郎之下。这一点应该与刑部司是尚书刑部头司，而杜佑例将头司之职，列于除吏部、户部之外的四部侍郎之下有关（这一做法亦与《唐六典》只将"贰尚书、侍郎"的表述用于礼部、刑部两部头司郎中、员外郎之职相呼应。见该书卷四《尚书礼部》、卷六《尚书刑部》，第111、180页。以上说明诸部所辖四司体制及其政务运行机制的发展程度是不同的，关于此，有待于进一步研究），也可呼应贞元二年韩洄作为刑部侍郎时对刑部司职掌的引用。

② 《唐六典》卷六《尚书刑部》，第179页；《通典》卷二三《职官五·尚书下》，第644页。

使就覆，在京者追就刑部，覆以定之。

第 4 条：诸州断罪应申覆者，刑部每年正月共吏部相知量，取历任清勤、明识法理者充使，将过中书门下，定讫奏闻，令分道巡覆。若应勾会官物者，量加判官及典。刑部录囚姓名，略注犯状，牒使知（岭南使人以九月上旬，驰驿发遣），见囚事尽未断者，催断即覆，覆讫，使牒与州案同封，申牒刑部（若州司枉断，使人推覆无罪，州司款伏，灼然合免者，任使判放，仍录状申。其降入流、徒者，自从流、徒。若使人与州执见有别者，各以状申。其理状已尽，可断决，而使人不断，妄生节目盘退者，州司以状录申，附使人考）。其徒罪，州断得伏辨及赃状露验者，即役，不须待使，以外待使。其使人仍总按覆，覆讫，同州见者，仍牒州配役。其州司枉断，使判无罪，州司款伏，及州、使各执异见者，准上文。

第 7 条：诸决大辟罪，在京者，行决之司五覆奏；在外者，刑部三覆奏。若犯恶逆以上及部曲、奴婢杀主者，唯一覆奏。[1]

前文已经据上引诸条令文的部分内容对地方司法政务运行做了探讨。在此将相关令文汇集一处，是为了便于对唐代五刑决罚程序形成一个整体的概览式认知图景，以便清楚地了解刑部司在唐前期司法政务运行中的职能与地位。

一般来说，唐代犯罪案件的审理（推）、判决（断）和刑罚的执行（决）都是在事发官司（州县、大理寺等）依程序完成。然后根据五刑的等级，按照由轻到重的顺序，案件需要经由不同层级的官司覆审。进而可将案件处理简化为两种权限，即：断（包括之前的推）与决。其中，"断定"就是前引《唐律疏议》中的"狱结竟"，即"谓徒以上刑名，长官同断案已判讫"。明白了这一点，下面就依次对五刑的断、决情况进行分析。

首先是杖以下罪。根据令文，并参考前面两章的论述，可知：杖以下罪是唐代官府——包括市司、[2] 县司、府州诸曹、在京诸司所普遍享

---

① 雷闻：《唐开元〈狱官令〉复原研究》，《天一阁藏明钞本天圣令校证（附唐令复原研究）》，第 609—612 页。其中，所引复原诸条分别是据宋令第 1 条、附唐令第 2 条、宋令第 2 条、附唐令第 1 条、宋令第 5 条复原而来。需要说明的是，整理者根据《天圣令》所复原的《狱官令》为开元《狱官令》。这从令文中"京兆、河南府""中书门下"等开元后始见的专名便可知晓。为方便起见，本节以开元《狱官令》的规定作为唐开元以前的常行制度进行解读。除非特别必要，否则并不一一详及开元以前的制度演变。

② 在市司的犯罪者可根据其身份，通过荫赎的方式免于笞、杖的实际执行。但市司不能直接给予犯人免刑或征赎，需要送所在县司处理。

有的司法处置权:其刑罚皆可当司断决。^① 虽然限于材料,前文没有对军府官司的司法权限进行讨论,但是对于杖以下罪,卫府官司也应具有断决权。^②

接下来是徒以上罪,情况就稍微复杂些。唐令将徒以上罪按照事发地域区分为在外(诸州)与在京(包括大理寺和京兆、河南府)两大类,两者在具体处理程序上有所区别。先来看在外州县。县司将所断定的徒以上罪狱案(或可称为一审),送州覆审(或可称为二审)。^③ 经过覆审,如无误失,县司也须据州符行决徒罪,以及流以上罪的附加刑部分(杖、笞)。对依法应荫、赎的,亦可即免、即征。虽然徒罪经州覆审,但这并不意味着诸州对地方徒罪具有完全意义上的断决权(即可以立即实施已经裁定的刑罚,或可称为终审权)。据上引唐令第 4 条可知,只有对"断得伏辩及赃状露验"的徒罪案件,诸州才拥有完整断决权。对于其他不能取得犯人伏(服)辩,同时赃状未露验的案件,州司需要向尚书省申覆。然后由刑部司遣使,就州按覆。覆讫,双方意见一致后,所定刑罚才能被实施。接着来看在京地区。对于徒以上罪,若犯罪者为在京诸司官吏,或"非贯属在京"的普通百姓,则本司及金吾司须将案件移送大理寺处理。而对于"贯属在京者"所犯案件,则由金吾司移送京兆府处理。而且,与外州享有一定的徒罪断决权不同,大理寺与京兆、河南府(以下简称两府)所断

---

① 张鷟《龙筋凤髓判》记载有"右金吾卫将军赵宜,检校街时,大理丞徒逖鼓绝后于街中行,宜决二十,奏付法,逖有故,不伏科罪"一案的判词:"付法将推,状称有故。但犯夜之罪,惟坐两条。被捉之时,曾鞭二十。元犯已从决讫,无故亦合停科,罪既总除,固宜从释。"周绍良主编:《全唐文新编》卷一七三,第 1 部第 3 册,吉林文史出版社,2000 年,第 2007—2008 页。参见黄源盛《法理与文采之间——读〈龙筋凤髓判〉》,《政大法学评论》第 79 期,2004 年,收入曾宪义主编《百年回眸:法律史研究在中国》第 3 卷,中国人民大学出版社,2009 年,第 238—239 页。
② 养老《狱令》第 2 条:"凡犯罪,笞罪郡决之。杖罪以上,郡断定送国。"日本律令注释家指出,军团(相当于唐之折冲府)之内,"兵士笞罪(相当于唐令中的杖以下罪),两毅(长官及佐贰)决之,若杖罪(相当于唐令中的徒以上罪),送所在郡"。《令义解》卷一○《狱令》,"郡决"条,第 311 页。虽然这一注释未必来源于唐令,但对于理解唐代军府对于本司所属官吏的杖以下罪有断决权,还是有帮助的。
③ 养老《狱令》亦有对应的条文,即"杖罪以上,郡断定送国",日本律令注释家认为"送"是"断文并(囚)身俱送"。《令义解》卷一○《狱令》,"郡决"条,第 311 页。但是这可能不同于唐制。前引《唐开元十九年正月西州高昌县县抄目历》中抄录了高昌县收到的两道关于移配流人的法曹符(见第二章),这说明流人的移配仍要县司承州符之命而进行,也就是说犯流之人身仍在县。既然流刑囚犯在移配之前都不送身至州,那么对于徒以上罪,县司所移送于州者,应该也只是案卷。因此,唐令中涉及的徒刑执行,以及流刑附加笞、杖的决配征赎,都应由县司根据州司覆审结果执行,不同于日令注释者的解释。

定徒罪（一审），① 一律皆需申省，由刑部司覆审（二审）。此外，诸州官员所犯杖以下罪，依例不须申省案覆，而大理寺与两府所断官人犯罪（应当包括杖以下罪），却须一律申省覆审，如后有雪免、减罪的情况，亦要申省详覆，② 并录送中书、门下两省参议得失。③

最后是流以上罪。对于诸州与大理寺、两府所断流以上罪及官员所犯除、免、官当之罪，唐令仍是区分为两类。诸州是"案覆理尽"之后，"连写案状申省（刑部司）"，奏于皇帝最终裁决。但大理寺、两府则是"封案送"于刑部司待奏。④ 但究竟何谓"连写案状""封案送"，唐令及相应文献并无具体解释。

---

① 此是大理寺与两府所断徒罪，即由在京诸司、金吾、市司分别移送大理寺（非贯属在京者）和两府推断的徒罪犯人。至于两府各县所断徒罪，应仍依照在外州县例，送府覆审。

② 开元八年（720）敕："内外官犯赃贿，及私自侵渔入己，至解免已上，有诉自雪及减罪者，并令大理审详犯状，申刑部详覆。如实冤滥，仍录名送中书、门下。其有远年申雪，近请除罪，亦准此。其余具《刑部格》。"《唐会要》卷六六《大理寺》，第1357页。《唐六典》卷一八《大理寺》"凡中外官吏有犯，经断奏讫而犹称冤者，则审详其状"后注亦引前敕，文字略同，第502页。曹鹏程前揭文《略论大理寺在唐代司法系统中的地位和作用》据以指出，开元八年前后，中外百官所犯徒刑以上或除名、免官、官当的案件由大理寺直接审理，第89页。敕文反映出在内外官员犯赃贿，及私坐成殿、公坐官当以上罪断定之后，遇到雪、减情况的处理上，不再区分内外之别，皆由大理寺审查元犯状，申刑部详覆之后，录送中书、门下两省处理的程序。但是，这只是对"经断奏讫而犹称冤者"情况的处理。一般情况下，官员犯罪仍是按照《刑部格》处理："法司断九品以上官罪，皆录所犯状进内。其外推断罪定，于后雪免者，皆得罪及合雪所由并元断官同奏。事若在外，以状申省司，亦具出入之状奏闻。若前人失错，纵去官经赦，亦宜奏。若推断公坐者，不在奏限。应雪景迹状，皆于本使勘检，如灼然合雪，具状牒考选司；若使司已停，即于刑部、大理陈牒，问取使人合雪之状，然后为雪，仍牒中省司，并录状进内讫，然后注。"见P.3078、S.4673号《神龙散颁刑部格》。该条格文是在高宗永淳二年（683）制"官人犯罪经断后得雪者，并申尚书省详定。前被枉断及有妄雪者，具状闻奏"的基础上逐步形成的。见刘俊文对《神龙散颁刑部格》的录文和注释，《敦煌吐鲁番唐代法制文书考释》，第247—248、259—260页。通过"录所犯状进内"与"事若在外，以状申省司，亦具出入之状奏闻"来看，官员犯罪在审断和申奏时仍然是按照在京与诸州两类区分的（《神龙散颁刑部格》与开元八年敕所提到的《刑部格》应该一致或具有因袭关系，因此可用以说明开元初年的情况）。

③ 内外官犯赃贿等罪，至解免以上（即徒以上罪），如后有雪减的情况，需录送中书、门下两省各议得失，已见前注。此外，还可举魏徵"知门下事"时，"自徒流以上罪，详事奏闻"为证。贞观十年（636），魏徵为侍中，请求逊位，太宗不得已，下手诏拜其为特进，"仍知门下事，朝章国典，参议得失。自徒流以下罪，详事奏闻"。《册府元龟》卷三三一《宰辅部·退让二》第3906页。"自徒流以下"，《资治通鉴》卷一九四，贞观十年六月壬申条后，载作"徒流以上罪"（第6119页），与《唐大诏令集》卷五五《魏徵特进制》（第289页）文字略同。可见，应以"上"字为是。魏徵逊位的同时，太宗随即任命杨师道为侍中（《旧唐书》卷三《太宗下》系此事于贞观十年六月甲戌，第46页。此据《新唐书》卷二《太宗纪》，贞观十年六月壬申条，第36页，及前引《资治通鉴》），故"仍知门下事"之语为此而来。

④ 参照《唐六典》卷一八《大理寺》："凡诸司百官所送犯徒刑已上，九品已上犯除、免、官当，庶人犯流、死已上者，详而质之，以上刑部，仍于中书门下详覆。"第502页。

幸运的是，对于"连写案状"，成书于日本仁明天皇天长十年（唐文宗大和七年，833）的《令义解》针对《养老令》与唐令相应的令文"刑部省及诸国断流以上若除、免、官当者，皆连写案申太政官，按覆理尽申奏"提供了一个可资参考的解释："凡鞫狱官司，皆连鞫状及伏辩，以成一案。更连写之，与断文共送官，是谓连写案申太政官"。① 由此可知，所谓"连写案状"，即鞫狱官司将由鞫状及伏辩组成的原始案卷保留在本司，然后将重新抄写的案卷与断文同送于太政官。唐制当与之类似，由州司将判决文字（断文）连在原始案卷的抄件之后，一同申上尚书省。这表明案件的审理及断决，都由诸州完成，刑部司只负责审核判决是否准确。

不过，由于日令中诸国（相当于唐令中的诸州）与刑部省（相当于唐令中的大理寺）在流以上等罪的处理上是作统一处理的，所以对于"封案送"的含义则无法借助《令义解》来理解。考虑到"若驾行幸，即准诸州例，案覆理尽申奏"一句，可知"封案送"与"连写案状申省"含义应不相同，因为前者并不等同于"案覆理尽申奏"。② 故参照诸州"连写案状申省""案覆理尽申奏"可推知，所谓"封案送"，就是大理寺和两府将审案的原始案卷（包含鞫状及伏辩）抄件，即时封送尚书省。封案中并不包含断文。因而对于此类案件而言，断决权在刑部司，而不在大理寺和两府。后者仅有审理权。只有当皇帝驾幸出外时，大理寺和京兆、河南府才

---

① 《令义解》卷一○《狱令》，"郡决"条，第311—312页。其中所提及的刑部省断文，如清和天皇贞观八年（唐懿宗咸通七年，866）十月廿五日太政官论奏"刑部省断罪文云：赞岐国浪人江沼美都良麻吕杀香河郡百姓县春贞，春贞妻秦净子申诉云：美都良麻吕于春贞宅相共饮酒，言论相斗，春贞叫曰：吾为美都良麻吕被剌。惊而见之，血出自左胁即死。同郡人秦成吉等与春贞、美都良麻吕等同饮之人也，而相斗之场，虽以言词相谏而遂不相救助。国司断云：……（美都良麻吕）准犯据律，合斩刑者。……成吉等在杀人处而不助救，准律条各处杖一百。刑部省覆断云：国断有失，何者？案《律》斗而用刃，即有害心，仍处斩刑，但不同于故杀，而引故杀及用兵杀等之文，此司司之谬断也。又净子词云：成吉等与春贞、美都良麻吕相斗之场，虽以言词相谏而遂不救。净子闻春贞之言，才知被剌，然则成吉等醉中不觉美都良麻吕害春贞之心，非闻告而不助，见剌而不救者也，仍改断无罪。……判断之失，既由判官，仍正七位下行掾高阶真人全秀、正六位上行左近卫将监掾藤原朝臣房雄为首"云云。此论奏备载刑部省断文，但末尾未载太政官署位及天皇处理方式。相反，其他三件论奏虽内容省略，但格式较完整，天皇皆以诏（或降恩诏）的形式改断，与《养老令》所载论奏式由天皇画闻（参见后注）不同。[日] 黑板胜美编：《类聚国史》卷八七《刑法一·断罪》，新订增补国史大系普及版，吉川弘文馆，1965年，第522—523页。参见杨鸿烈《中国法律对东亚诸国之影响》，商务印书馆，2015年，第221—222页。

② 另外，从日本令的表述中"皆连写案申太政官，按覆理尽申奏"不难看出，"连写案申"与"案覆理尽申奏"在含义和程序上均有一致性。这与唐令中的表述，也是相符的。

会"准诸州例，案覆理尽申奏"。即在"案覆理尽"之后，将案卷抄件及断文申奏于皇帝最终裁决。[①]

此外，在死刑执行程序中，"在京者，行决之司五覆奏；在外者，刑部三覆奏"，上述诸州与在京官司的程序区别依然存在。对于流以上罪的荫赎，详见下文。

经过以上分析，可以对前文提到的问题作出如下回答：

一、在唐代，五刑大体上可以把杖刑和徒刑分为两个层级，分别对应不同的处理程序。杖以下罪，可以由任何一个官司断决。而且断决之后，往往并不需要向更高一级的官府申覆、备案。这也就是狄仁杰所谓的"左右丞〔杖〕以下不勾"，[②] 尚书省内诸司所断杖以下罪，无须经由"管辖省事"的左右丞处理。[③]

二、对于徒以上罪，唐令将其按照事发所在地分为诸州与在京两大类，

① 对于流以上罪及官员所犯除、免、官当之罪的处理程序，前引《狱官令》第2条称："若大理寺及诸州断流以上若除、免、官当者，皆连写案状申省。大理寺及京兆、河南府，即封案送。若驾行幸，即准诸州例，案覆理尽申奏。"然而此节令文，颇有难以理解之处。如若依后半句，"封案送"尚书省的主体是"大理寺及京兆、河南府"，因而只有在"若驾行幸"的情况下，大理寺与两府才会"准诸州例，案覆理尽申奏"。但在前半句中，"连写案状"申尚书省的主体是"大理寺及诸州"，同样包括大理寺。通常来说，不同政务主体的申奏程序应不同，但令文中却出现了大理寺既是"连写案状"的主体，又是"封案送"的主体的歧异。可见此复原文本，令人颇为困惑。复原此令时，整理者的依据为《唐律疏议》卷三〇《断狱律》"应言上而不言"条疏引《狱官令》"若大理寺及诸州断流以上，若除、免、官当者，皆连写案状申省，大理寺及京兆、河南府即封案送。若驾行幸，即准诸州例，案覆理尽申奏"（第562页），以及《唐六典》卷六《尚书刑部》"若大理及诸州断流已上若除、免、官当者，皆连写案状申省案覆，理尽申奏；若按覆事有不尽，在外者遣使就覆，在京者追就刑部覆以定之"（第189页）。两者相较可知，较明显的差异是《唐六典》所引唐令，并无"大理寺及京兆、河南府，即封案送。若驾行幸，即准诸州例"一句，故标点本将"案覆"二字上属。不知道这一差异是编修者在纂修时的一个疏失，还是反映了不同时期唐令文本的不同。整理者虽然注意到《唐律疏议》《唐六典》的不同，但并未做出解释，而直接据《唐律疏议》复原。在没有更多资料的情况下，确实难以推断，但考虑到"大理寺及京兆、河南府，即封案送。若驾行幸，即准诸州例，案覆理尽申奏"，明确将大理寺、两府与诸州区别开来，本节仍将"连写案状"的主体表述为诸州而不涉及大理寺。退一步讲，即便上述看法有误，从"大理寺及诸州断流以上若除、免、官当者"，至少可以表明诸州在处理司法政务时并不需要经过大理寺，对于本节的主要结论，即唐前期司法体制区分为"诸州""在京"司法政务，按照不同程序进行处理的机制并没有实质性影响。

② 《唐会要》卷五一《识量上》，天授二年，太学生王修之上表，以乡有水涝，乞假还。上临轩曰："情有所切，特宜许之。"地官侍郎狄仁杰曰："左右丞〔杖〕已下不勾，左右丞相流已上方判。……况天子乎？"第1042页。其中"左右丞〔杖〕已下不勾"一句，《资治通鉴》卷二〇四，天授二年九月壬辰条后，作"左右丞徒以下不句（勾）"，中华书局，1976年，第6476页。李锦绣认为《唐会要》所脱之字应为"杖"，见氏著《唐"王言之制"初探——读唐六典札记之一》，李铮、蒋忠新主编：《季羡林教授八十华诞纪念论文集》，江西人民出版社，1991年，第279页。其说可从。

③ 《唐六典》卷一《尚书都省》，第7页。

在具体的处理程序上有所不同。在京官司所断徒罪需申尚书省刑部司覆审，而诸州徒罪则无须如此，且存在着"断得伏辩及赃状露验者，即役，不须待使"的情况。但是从"诸盗发及徒以上囚，断决讫，各依本犯，具发处日月，年别总作一帐，附朝集使申刑部"的规定来看，[①]无论是诸州还是在京徒以上罪，都可认为是经刑部司申覆的，只不过一者在决前，一者为决后。

三、在唐前期"诸州"与"在京"分而治之的司法政务运行机制中，诸州在处理司法政务时并不需要经过大理寺，[②]而是与大理寺一样申尚书省（刑部司）。[③]因而，唐前期并不存在由大理寺负责审核或重审刑部转来的地方死刑案件的机制。这样，尽管唐人有大理卿"掌邦国折狱详刑之事"、刑部掌"掌天下刑法"之政令的概括，但前者中的"邦国"（实际只包含京师地区）并不能对应后者中的"天下（即中央或全国）"。唐前期大理寺主要负责在京徒以上罪案件的处理。而且，在京徒以上罪案件也并非都由大理寺处理。大理寺所能处理的，只是那些由在京百司官吏和"非贯属在京"的普通百姓所犯的徒以上罪案件，其余徒以上罪则由两府处理。这表明唐前期大理寺只是在京法司之一，与京兆、河南府共同分享了两京地区司法政务的处理权。所以，那种认为"大理寺是唐代中央最高审判机关"的看法是错误的。

四、由于诸州及在京徒以上罪皆须申尚书省覆审，而其中只有流以上罪才须奏请皇帝裁决或核准，所以《职员令》有关刑部司掌"按覆大理及诸州应奏之事"的概括并不全面，未能涵盖刑部司的全部职能。另外，从在京"流以上若除、免、官当者"案件的断决权在刑部司、不在大理寺及两府来看，唐前期刑部司不仅负责按覆大理寺和地方司法案件，而且还拥有对某些案件（在京流以上罪及官员所犯除、免、官当之罪）的司法断决权。这种断决权，正是前文所述的刑部司"定刑名"之职。正是因为存在

---

① 雷闻：《唐开元〈狱官令〉复原研究》，复原唐令第50条（据宋令第43条复原），《天一阁藏明钞本天圣令校证（附唐令复原研究）》，第632页。

② 只有在遇到疑难案件时，诸州才会谳疑事于大理寺，见雷闻《唐开元〈狱官令〉复原研究》，复原唐令第54条（据宋令第46条复原），《天一阁藏明钞本天圣令校证（附唐令复原研究）》，第633页。参见拙文《唐宋间疑狱集议制度的变革——兼论唐开元〈狱官令〉两条令文的复原》，《文史》2010年第3辑，第133—144页。按，疑狱的处理属于特殊情况，并不影响本节基于唐前期司法政务运行机制的整体分析。

③ 仁井田陞亦有类似看法，见氏著《中国法制史》，第81—82页。

"时复申谳，颇须听断"的情况，① 所以在唐前期还出现过刑部司置狱的特殊现象。对于那些只用承担按覆职责的案件，刑部司也会因"按覆事有不尽，在外者遣使就覆，在京者追就刑部，覆以定之"。以上职能表明，尽管刑部司处理后的案件，还要经三省层面完成相关程序甚至被进奏于皇帝处分，但唐前期"掌天下刑法"的尚书刑部（主要依托掌"定刑名"的刑部司），应被视为司法政务最高裁决机关（或即最高审判机关）。这正与唐前期尚书省作为全国政务的汇总和裁决机关的地位相适应。② 所以，只把唐代刑部看作是全国司法行政机关的观点也是不准确的。

2. 中央司法政务运行中的奏抄与发日敕

既然全国徒以上罪的司法政务都须要申报至刑部司，以下着重讨论与这些政务处理相关的公文书。其中对徒罪的处理，因尚书省（刑部司）与诸州及大理寺间的文书形态比较简单清楚，即尚书省以省符来指挥大理寺和地方州府以解牒申上的司法政务，③ 故本节亦不详及。以下将集中围绕着与流以上罪处理相关文书式进行讨论。因为对流以上罪的申覆，才是唐代中央司法政务的重要内容，但目前学界恰恰在此问题的认知上还存在需要辨析之处。

断决流以上罪，须经过皇帝处理，因此要结合唐代的王言之制进行探讨。《唐六典》载：

> 凡王言之制有七：一曰册书（立后建嫡，封树藩屏，宠命尊贤，临轩备礼则用之），二曰制书（行大赏罚，授大官爵，厘革旧政，赦

---

① 《唐大诏令集》卷八二《刑法》，万岁登封元年（696）十月《减大理丞废秋官狱敕》："文昌国府，建礼天闱。庶政是归，具寮攸仰。谅青缣之美地，非赭服之攸居。虽复时有申谳，颇须听断。两造之文必具，五词之理易穷，讵假狴牢，方甄枉直。仙台置狱，甚谓非宜。……其秋官狱，即宜除毁。"第473页。刑部司置狱，虽然与当时武则天"任威刑以禁异议"（《资治通鉴》卷二〇五，长寿元年八月戊寅条后，第6485页）的政策有关系，但更主要的制度背景，还是根源于唐前期司法政务运行机制所造成的刑部司"颇须听断"的局面。
② 刘后滨：《唐代中书门下体制研究》，第89—97页。
③ 唐代"解式"形态已不详，本书第二章涉及府州为放还流人贯属解上尚书都省的公文残件，可参看。尚书符式及其适用对象，则比较清楚，见《唐令拾遗》，《公式令》第10条，第491—492页。另外，魏晋南北朝至隋唐之间"符式"形态的发展变化，参见拙文《南朝宋皇太子监国有司仪注的文书学与制度史考察》，《中华文史论丛》2015年第2辑，第31—50页。

宥降虑则用之），三曰慰劳制书（褒赞贤能，劝勉勤劳则用之），四曰发日敕（谓御画发日敕也。增减官员，废置州县，征发兵马，除免官爵，授六品已下官，处流已上罪，用库物五百段、钱二百千、仓粮五百石、奴婢二十人、马五十疋、牛五十头、羊五百口已上则用之），五曰敕旨（谓百司承旨而为程式，奏事请施行者），六曰论事敕书（慰谕公卿，诫约臣下则用之），七曰敕牒（随事承旨，不易旧典则用之）。①

发日敕是唐代七种制敕之一，且在敕书类中排名第一，其重要性可见一斑。在唐代司法政务的申报与裁决中，它适用于"处流已上罪"和"除免官爵"。② 不过，在唐代上行公文书中，同样有着与发日敕适用范围非常类似的公文书——奏抄。《唐六典》又载：

> 凡下之通于上，其制有六：一曰奏抄（谓祭祀，支度国用，授六品已下官，断流已上罪及除、免、官当者，并为奏抄），二曰奏弹（谓御史纠劾百司不法之事），三曰露布（谓诸军破贼，申尚书兵部而闻奏焉），四曰议（谓朝之疑事，下公卿议，理有异同，奏而裁之），五曰表，六曰状（……《隋令》有奏抄、奏弹、露布等，皇朝因之）。③

虽然奏抄"断流已上罪"与发日敕"处流已上罪"，文字上略有差异，但无疑都适用于流以上罪案件的裁决。这是否意味着两种公文书在功能上有

---

① 《唐六典》卷九《中书省》，第273—274页。
② 应该说，"除免官爵"包含有两个层面：一为正常的人事任免，一为涉及司法裁决的官爵褫夺。其中与本节直接相关的，无疑是后者。不过，受文献所限，本节不涉及发日敕"除免官爵"的功能（李锦绣在下揭《唐"王言之制"初探》文中指出，发日敕的这一功能与唐律"除免官当叙法"条有关。该条规定："免所居官及官当者，期年之后，降先品一等叙。"［疏］议曰："'免所居官及官当'，罪又轻，故至期年听叙。称'期'者，匝四时曰期，从敕出解官，至来年满三百六十日也。"《唐律疏议》卷三《名例律》，第60页），而重点分析其"处流已上罪"功能。此外，"行大赏罚"的制书也在唐代司法政务运行中发挥重要作用。不过，由于制书用于裁决大案要案，相对于敕书与奏抄的适用范围而言，它属于特例，更多地体现出"人主权断""临时处分"的皇权色彩。《唐律疏议》卷三〇《断狱律》"辄引制敕断罪"条："诸制敕断罪，临时处分，不为永格者，不得引为后比。"［疏］议曰："事有时宜，故人主权断制敕，量情处分。不为永格者，不得引为后比。"第562页。所以本节仅围绕奏抄和发日敕讨论。
③ 《唐六典》卷八《门下省》，第241—242页。

所冲突或重叠呢？怎么理解发日敕和奏抄在唐前期司法政务运行中的功能和作用，① 学界已有不少讨论。

考虑到发日敕和奏抄同样适用于"授六品已下官"，李锦绣对奏抄中的"除、免、官当"与发日敕中的"除免官爵"等差异相对明显的适用范围也作了同质认定。在此基础上，她认为奏抄是尚书省诸司将本司常务申奏于皇帝的上行文书，而发日敕是皇帝用于对奏抄进行批复的下行文书。从文书形态来看，发日敕即经过御画后的奏抄。②

雷闻则认为发日敕是皇帝批答文书的一种，而非御画奏抄。他指出发日敕应该是由中书舍人根据臣下的表状或百司奏抄起草而下达的一种敕书。③ 面对不同意见，李锦绣对之前自己的观点作了修正，认为发日敕是由中书省起草，由皇帝御画发日，以处理国家常务为内容的敕。发日敕与奏抄适用范围的重复，表明对国家大事，皇帝可以制书处分，而属于小事的国家常务，则降发日敕进行干预，以个人意志迫使百司执行。可见对大事与常务，皇帝均有决策权，体现了唐代皇权对国家行政常务的干预及渗透。④ 受此影响，近来吴丽娱在论及奏抄与奏状的针对性及其区别问题时，仍主张奏状与敕旨对应，奏抄与发日敕对应。⑤

目前的研究虽然对发日敕即御画奏抄的观点作了修正，但是就其功能而言，并无明显改变，依然对于两者适用范围文本较相似的部分，作同质化认定。实际上，在制度史研究中，我们常会注意到，即便是类似的文本表述，甚至是完全一致的字句，在不同时代、不同领域却表达着不同的制度内核。这种差异，有时还相当明显。比如说，同是用于"授六品已下官"，发日敕和奏抄的实际功用很不相同。中村裕一、刘后滨注意到，发

---

① 作为参照的是，继受唐令而来的养老《公式令》并未照搬唐《公式令》。日令中公文书种类较为简化，如以"论奏式"（适用于申奏大事，形态则类似于唐之奏抄）涵盖了唐奏抄和发日敕的功能："大祭祀，支度国用，增减官员，断流罪以上及除名，废置国、郡，差发兵马一百匹以上，用藏物五百端以上、钱二百贯以上、仓粮五百石以上、奴婢廿人以上、马五十匹以上、牛五十头以上，若敕授外应授五位以上，及律令外议应奏者，并为论奏。画'闻'讫，留为案。御画后，注奏官位姓。"《令义解》卷七《公式令》，第 232 页。
② 李锦绣：《唐"王言之制"初探——读唐六典札记之一》，第 277—284 页。
③ 雷闻：《从 S.11287 看唐代论事敕书的成立过程》，荣新江主编：《唐研究》第 1 卷，北京大学出版社，1995 年，第 331—332 页。
④ 张弓主编：《敦煌典籍与唐五代历史文化》上卷《史地章》"发日敕"条（李锦绣执笔），中国社会科学出版社，2006 年，第 458—460 页。
⑤ 吴丽娱：《唐代信息研究的特色与展望——以信息传递的介质、功能为重点》，包伟民、刘后滨主编：《唐宋历史评论》第 4 辑，第 176、177—178 页。

日敕所"授六品已下官"是敕授官,其适用范围只是六品以下官中相对特殊的一部分。奏抄所适用的是普遍意义的六品以下官,即旨授官。① 具体见《通典》的记载:

> 凡诸王及职事正三品以上,若文武散官二品以上及都督、都护、上州刺史之在京师者,册授。五品以上皆制授。六品以下、守五品以上及视五品以上,皆敕授。凡制、敕授及册拜,皆宰司进拟。自六品以下旨授。……凡旨授官,悉由于尚书,……谓之铨选。唯员外郎、御史及供奉之官,则否(供奉官,若起居、补阙、拾遗之类,虽是六品以下官,而皆敕授,不属选司。开元四年,始有此制)。②

据此,发日敕最初只用于那些以六品以下散官守五品以上或视五品以上职事官的任命,③ 这就是敕授官。开元四年(716)之后,敕授官范围又扩大至职事六品以下的"员外郎、御史及供奉官(即起居、补阙、拾遗之类)"。敕授官的任命权在宰相和皇帝手中,而不在吏部,因而与"悉由于尚书"的旨授官明显不同。④

"授六品已下官"既已如此,那么,奏抄"断流已上罪"和发日敕"处流已上罪"中蕴含的区别与联系又如何?思考这个问题,有助于了解唐前期司法政务运行机制及其特点,同时也可加深对唐代文书行政的理解。

奏抄的情况相对简单。在唐前期司法政务中,奏抄适用的裁决范围"断流已上罪及除、免、官当者",与前引《狱官令》中需要"连写案状申省"的案件范围"诸州断流以上若除、免、官当者"完全一致。这并非

---

① [日]中村裕一:《唐代制敕研究》,汲古书院,1991年,第385—394页;刘后滨:《唐代中书门下体制研究》,第94—95页。
② 《通典》卷一五《选举三·历代制下》,第359页。
③ 所谓"守",即散官品低于职事官品,其系衔中需在职事官前加"守"字,见《旧唐书》卷四二《职官志一》,第1785页。
④ 刘后滨:《唐宋间选官文书及其裁决机制的变化》,《历史研究》2008年第3期,第124—128页。另外,敕授官所适用文书,除发日敕外,还可以用敕旨,其差别在于,发日敕直接出于皇帝旨意,敕词结句多为"可某官",而敕旨则是对宰司或地方长官进拟状的批复,结句多为"可依前件"。唐后期随着地方藩镇长官奏请僚属任官情况愈发普遍,以敕旨批复的敕授官群体不断扩大。参见同氏著《唐代中书门下体制研究》,第334—337页。

偶然，它反映了由诸州所申报上来的这类案件的鞫状、伏（服）辩与断文，正是经尚书省以奏抄的形式向皇帝奏报，并完成裁决。为了说明这一问题，先将学者复原的唐奏抄式移录如下：

> 奏抄式
> 尚书某司：谨奏，某某事。
> 左丞相具官封臣名
> 右丞相具官封臣名
> 某部尚书具官封臣名
> 某部侍郎具官封臣名
> 某部侍郎具官封臣名等言：云云。谨以申闻，谨奏。
> 　年月日　　某司郎中具官封臣姓名　　上
> 　　　　　　　给事中具官封臣姓名　　读
> 　　　　　　　黄门侍郎具官封臣姓名　　省
> 　　　　　　　侍中具官封姓臣名　　审
> 闻御画①

奏抄是以尚书省的名义上奏皇帝处理的国家常行政务的公文书。全国的常行政务汇总到尚书省后，由所由司制为奏抄，经所属尚书、侍郎，及尚书省长官（左右仆射，即奏抄式中的左右丞相）依次签署后，牒报门下省。门下省官员经过审核后，如果认为奏抄的处理不符合律令格式，可以直接驳回，由尚书省重新拟定处理意见。如果符合，门下省官员在署位之后，将奏抄进奏于皇帝。②

经过皇帝亲画"闻"字之后，奏抄便成了御画奏抄，具有与制敕相同

---

① [日]仁井田陞著、池田温编集代表：《唐令拾遗补》，《公式令》第2条，东京大学出版会，1997年，第708—709页。由于唐《公式令》已佚，奏抄式原貌不得而知。《唐令拾遗补》所追加的奏抄式，是大庭脩、大津透根据现存开元《公式令》"奏授告身式"（《开元公式令残卷》，文书号：P. 2891，录文见刘俊文《敦煌吐鲁番唐代法制文书考释》，第226—228、231—233页）及告身实物推测的复原案。其中"年月日"下，"某司"原为"某部"，据中村裕一复原意见改，见氏著《唐代公文书研究》，汲古书院，1996年，第179—180页。

② 《唐律疏议》卷五《名例律》，"同职犯公坐"条疏："尚书省应奏之事，须缘门下者，以状牒门下省。准式依令，先门下录事勘，给事中读，黄门侍郎省，侍中审。有乖失者，依法驳正，却牒省司"，第113页。

的效力。所谓"奏抄御亲画闻，制则承旨宣用。御画不轻承旨，理与制书义同"。① 应该说，在三省制下，门下省对尚书省奏抄的审读，是国家常行政务审批的主要方式。至于皇帝"御亲画闻"的程序，唐人已明言，不过是"诏旨但画闻以从之，而不可否者也"。② 以上是奏抄（御画奏抄）处理常行政务时的基本情况。③ 由此也可看出，在上述政务的申报与裁决机制中，并不需要以发日敕作为对奏抄的批复，对于皇帝而言，也不需要他以此来体现其个人意志，并在常行政务上强迫百司执行。④

具体到司法政务处理，则是由刑部司将所汇总的"大理寺及诸州断流以上若除、免、官当"狱案，制为奏抄，并依次经过刑部尚书、侍郎，及尚书省长官签署后上奏。既然奏抄是以尚书省名义的上奏文书，所以刑部尚书、侍郎及左右仆射在中央司法政务处理中的职权与地位，就文书体式而言，主要体现在对奏抄的签署上，一般并不直接参与具体的事务性工作。⑤ 这也就是前引狄仁杰所谓"左右丞相流已上方判"的含义。

---

① 《唐律疏议》卷九《职制律》，"被制书施行有违"条，第198页。同书卷一九《贼盗律》，"盗制书官文书"条疏："盗制书徒二年，敕及奏抄亦同。敕旨无御画，奏抄即有御画，不可御画奏抄轻于敕旨，各与盗制书罪同。"第350—351页。

② （唐）陆贽著、刘泽民校点：《陆宣公集》卷一七《请许台省长官举荐属吏状》，浙江古籍出版社，1988年，第170页。

③ 刘后滨：《唐代中书门下体制研究》，第89—97页。

④ 虽然《唐律疏议》称御画奏抄"理与制书义同"，但这主要着眼于其行用效力而言。若从政务处理程序来看，在唐前期三省制下，门下省对奏抄的审读，是国家常行政务审批的主要方式，也是解决隋初废三公府，出现尚书"闻奏过多"情况后，隋朝制度实践的成果：隋炀帝大业三年（607）在门下省增设给事郎，负责审读奏案。故在三省制分层决策和分层行政的政治体制中，以奏抄处理的"流已上罪"，属于小事，无须皇帝以个人意志迫使百司执行。参见拙文《南北朝三公府在政务运行中的作用与汉唐间政治体制的转型》，《中国史研究》（韩国）第84辑，2013年，第74—77页。

⑤ 此处仅就奏抄署位而言。按，刑部尚书、侍郎在司法政务运行中不发挥作用是不可能的，但却难以从公文形态上作出分析。以京师所断徒罪为例，应须中省覆审。如前所述，是以刑部符处理。然而据《公式令》，刑部符只需经刑部郎中署位，案成后"并案送都省检勾"，根本无须尚书、侍郎连署。刘俊文：《敦煌吐鲁番唐代法制文书考释》，第223—224页；雷闻：《隋与唐前期的尚书省》，吴宗国主编：《盛唐政治制度研究》，第86—91页。又按，建中二年（781）敕节文："刑部法直，应覆大理及诸州府狱案，据《狱官令》，长官以外，皆为佐职。"《宋刑统》卷三〇《断狱律》，"断罪引律令格式"门，第485页。所引《狱官令》为："诸公坐相连，应合得罪者，诸司尚书与同长官（若无，其主判正官亦准此）。以外皆为佐职。流外官以下行署文案者，皆为主典，即品官勘署文案者，亦同主典之坐。"雷闻：《唐开元〈狱官令〉复原研究》，复原第28条（文字同宋第21条），《天一阁藏明钞本天圣令校证（附唐令复原研究）》，第621页。虽然雷闻亦曾据《公式令》符式、移式、关式等及"诸司尚书并同长官"指出，尚书省诸司要接受都省和本部尚书、侍郎的双重领导（其中，都省监临的意义更大。见氏著《隋与唐前期的尚书省》，吴宗国主编：《盛唐政治制度研究》，第86—92页），但目前仍无法确知刑部尚书如何在覆审徒罪时，体现其"同长官"之责。一个可能的例证是，唐代用于"尚书省与诸台省"之间的"移式"，虽然由诸司或左右司郎中署位，并未见尚书之位（开（转下页）

总之，走完门下审署申覆程序的刑部司奏抄，带着皇帝亲笔御画的"闻"字，又重新回到尚书省，并以尚书省符的形式下达于大理寺或诸州，要求其奉旨施行。因而这样的文书就被称为旨符。如《神龙散颁刑部格》中就有"若死囚，旨符（符）已到，有告密者，不须为受"（61—62 行）的规定。①按照死刑覆奏制度，②　大理寺或诸州在接到旨符后，也不可立即执行死刑："诸死罪囚，不待覆奏报下而决者，流二千里。即奏报应决者，听三日乃行刑，若限未满而行刑者，徒一年。"［疏］议曰："'死罪囚'，谓奏画已讫，应行刑者。皆三覆奏讫，然始下决。"③

关于旨符的文书形态，可节取大津透、榎本淳一复原的《仪凤三年度支奏抄、四年金部旨符》的中间部分来了解。兹引录如下：

（前略）

11　　　　诺

12　　　　　　［　　　　］日酉时都事下直

13　　　　　　　　摄［　　　　］下直

14　尚书省

15　西州主者：奉　旨如右，州宜任

16　旨应须行下，任处分。符到奉行。

17　　　　　　　　主事刘满

（接上页）元《公式令》残卷中"移式"仅在开头有所缺失），但在叙述其适用范围时，却提到"内外诸司非相管隶者，皆为移。其长官署位准尚书（长官无，则次官通判者署），……判官皆准郎中"。《唐令拾遗》，《公式令》第 9 条，第 490 页。可能，《公式令》在某些公文书体式上是有所省略的，故而导致尚书省位缺失。

① 录文见刘俊文《敦煌吐鲁番唐代法制文书考释》，第 250 页。

② 贞观五年（631）十二月"丁亥，制：'决死囚者，二日中五覆奏，下诸州者三覆奏；行刑之日，尚食勿进酒肉，内教坊及太常不举乐。皆令门下覆视，有据法当死而情可矜者，录状以闻。'……其五覆奏者，以决前一二日，至决日又三覆奏；唯犯恶逆者一覆奏而已。"《资治通鉴》卷一九三，第 6090 页。后来的死刑覆奏制度就是在此制书节文的基础上加以修改形成，并由制敕入令，成为《狱官令》的一条，见《通典》卷一六八《刑法六·考讯》，第 4349 页；雷闻：《唐开元〈狱官令〉复原研究》，复原唐令第 7 条（据宋令第 5 条复原），《天一阁藏明钞本天圣令校证（附唐令复原研究）》，第 611—612 页。另按，死刑覆奏是太宗因悔杀张蕴古而起，《旧唐书》卷三《太宗纪下》系此制于是年八月戊申（第 41。《唐会要》卷四○《君上慎恤》将前制系于八月二十一日，与《旧唐书》实同，第 840 页），应是误系于张蕴古被杀之日。参见《新唐书》卷二《太宗纪》，贞观五年八月戊申、十二月丁亥条，第 32、33 页。此外，不仅是在断流以上罪时需要用到奏抄，在贞观中所制定的关于死刑执行的五覆奏、三覆奏制度，也是通过奏抄这样的公文书完成的。因为前述制书规定覆奏"皆令门下覆视"，其对应的公文也应该是奏抄。

③ 《唐律疏议》卷三○《断狱律》，"死囚覆奏报决"条，第 572 页。

18　金部郎中 统师　　令史

19　　　　　　　书令史人□

20　　　　　仪凤四年正月［　　］日下

21

22　仓曹

23　牒［　　　　　　］连写如右，任

24　旨纳庸调，录［　　　　］施行，谨以牒

25　举，请裁，谨牒。

26　　　　仪凤四年二月廿七日府田德文牒

27　　　　　　　户曹判仓曹元怀俭

28　廿七日入案

29　　　　　　二月廿七日录事　受

（后略）①

　　引文前面省略了经监国皇太子画"诺"（相当于皇帝画"闻"）的度支奏抄部分。尚书金部司将奏抄（13 行之前）连写于省符之前，这就是旨符。旨符以尚书省的名义下达西州后，由仓曹根据尚书省的批示"应须行下，任处分"重抄旨符下所部高昌等五县，并"关"户曹，要求其准状奉行的文案，不具录。

　　接下来讨论发日敕所"处流以上罪"的范围。如前所述，既然对于已经过门下省官员读、省、审的奏抄，皇帝并不行使否决之权，只是依例"但画闻而已"，那么他就没有必要通过发日敕的形式来作为对奏抄的回应，以体现其个人意志，强迫百司执行。而且从上述奏抄的流程来看，流以上罪在申省之后，由尚书省制为奏抄，经门下省奏请皇帝画"闻"之后，仍由尚书省下达于原处官司执行。这一完整的文书流程，也并不需要以发日敕作为对奏抄的批复。

---

① 录文见［日］大津透著、宋金文等译《唐律令制国家的预算——仪凤三年度支奏抄、四年金部旨符试释》，《史学杂志》第 95 编第 12 号，1986 年，收入刘俊文主编《日本中青年学者论中国史·六朝隋唐卷》，上海古籍出版社，1995 年，第 446—447 页。为简便起见，本节移录之时，未照录原录文中校改、校补等情况，而是径改入正文。另，本件文书（包括度支奏抄部分）现存骑缝背署皆为"俭"（或作"检"），故知其并非奏抄及旨符原件，而是连写于西州仓曹符之前的抄件，因此由仓曹参军元怀俭押署。

正如雷闻指出的，发日敕是皇帝针对臣下所上表状的一种批答。那么，这种"处流已上罪"的批答，究竟如何在唐前期司法政务运行机制中发挥作用？先来看《唐律疏议》的相关规定：

> 诸八议者，犯死罪，皆条所坐及应议之状，先奏请议，议定奏裁（议者，原情议罪，称定刑之律而不正决之）；流罪以下，减一等。其犯十恶者，不用此律。
>
> ［疏］议曰：……八议人犯死罪者，皆条录所犯应死之坐及录亲、故、贤、能、功、勤、宾、贵等应议之状，先奏请议。依令，都堂集议，议定奏裁。议者，原情议罪者，谓原其本情，议其犯罪。称定刑之律而不正决之者，谓奏状之内，唯云准犯依律合死，不敢正言绞、斩，故云"不正决之"。流罪以下，犯状既轻，所司减讫，自依常断。其犯十恶者，死罪不得上请，流罪以下不得减罪，故云"不用此律"。
>
> 诸皇太子妃大功以上亲、应议者期以上亲及孙、若官爵五品以上，犯死罪者上请（请，谓条其所犯及应请之状，正其刑名，别奏请）；流罪以下，减一等。其犯十恶，反逆缘坐，杀人，监守内奸、盗、略人、受财枉法者，不用此律。
>
> ［疏］议曰：……条其所犯者，谓条录请人所犯应死之坐。……正其刑名者，谓录请人所犯，准律合绞、合斩。别奏者，不缘门下，别录奏请，听敕。流罪以下，减一等者，减讫各依本法。若犯十恶；反逆缘坐；及杀人者，谓故杀、斗杀、谋杀等杀讫，不问首从；其於监守内奸、盗、略人、受财枉法者：此等请人，死罪不合上请，流罪已下不合减罪，故云"不用此律"。其盗不得财及奸、略人未得，并从减法。[①]

以上为议章和请章，是唐律关于应入八议和应入请的犯罪之人优减条款和荫赎资格的规定。其中涉及流以上罪荫赎的处理程序，正是上文暂未讨论的内容。

律疏涉及的司法集议程序，见于《狱官令》："诸犯罪应入议请者，皆申刑部。应议者，诸司七品以上，并于都座议定。虽非八议，但本罪应奏、处断有疑及经断不伏者，亦众议，量定其罪。虽非此官司，令别敕参

---

① 《唐律疏议》卷二《名例律》，"八议者（议章）""皇太子妃（请章）"条，第32—34页。

议者，亦在集限。"①令文规定了对司法案件进行集议时的主司和集限，但未提及应入议、请的犯罪者在集议之后的处理程序。

相应程序见于前引律疏。对于应入议之人，犯死罪者，是由刑部司"条录所犯应死之坐及……应议之状，先奏请议"于尚书都省。议定之后，奏裁。② 在前引《唐六典》所载六种上行公文书中，恰有与此相关者——议："谓朝之疑事，下公卿议，理有异同，奏而裁之。"此外，还有状，③ 这就是《唐律疏议》所提到的"奏状"对应的两种公文书。

与奏抄经由门下省勘读省审不同，议、状等百司奏议文书，并不通过门下省，而是经由中书省上奏。与此直接相关的，就是中书舍人有预裁百司奏议的职权。④ 对于应入议者犯死罪，集议奏状之内"唯云'准犯依律合死'，不敢正言绞、斩"，这就是律文所谓的"称定刑之律而不正决之"。至于犯流以下罪者，由于"犯状既轻"，"所司减讫，自依常断"。按照规定"二死、三流，各同为一减"，⑤ 则流罪减讫为徒以下罪。也就是说，对于这类犯罪者，由所司（刑部司）依例减一等处分，听赎或官当，⑥ 并不

---

① 雷闻：《唐开元〈狱官令〉复原研究》，复原唐令第43条（据宋37条复原），《天一阁藏明钞本天圣令校证（附唐令复原研究）》，第628—629页。关于此条复原令文的再讨论，参见拙文《唐宋间疑狱集议制度的变革》，第142—144页；戴建国：《宋〈天圣令〉"因其旧文，参以新制定之"再探》，《史学集刊》2017年第5期，第30—42页。

② 需要指出的是，对于应入议的犯人的处理，由刑部司奏请于尚书省集议，但并非之后的集议奏状，仍一定由刑部司所上。史籍中常见的是由议主和附议之人共同奏上。如武则天时，汾州司马李思顺被告谋逆一案，在司刑（大理）寺断罪之时，由于司直与主簿意见不一，寺司便"具申秋官（刑部）请议"，议定之后，得右台中丞李嗣等二十一人与守府卿于思言等六十三人所上的两件奏议。录奏之后，奉敕："思顺志怀奸愿，妄说图谶，准其犯状，合实严刑。为其已死，特免籍没。"《宋本册府元龟》卷六一六《刑法部·议谳三》，第1933页。当然，此案是由于大理寺"处断有疑"，因而申于刑部司请求在尚书省集议的，与应入议者的情况不完全一样，但是对于了解奏状的上奏者身份还是有帮助的。

③ 《唐六典》卷一《尚书都省》："凡下之所以达上，其制亦有六，曰：表、状、笺、启、牒、辞（表上于天子，其近臣亦为状）。"第11页。关于"状"的讨论，参见刘后滨《唐代中书门下体制研究》，第150—155页；吴丽娱：《试论"状"在唐朝中央行政体系中的应用与传递》，《文史》2008年第2辑，第119—148页；《下情上达：两种"状"的应用与唐朝的信息传递》，杜文玉主编：《唐史论丛》第11辑，三秦出版社，2009年，第65—70页。

④ 《唐六典》卷九《中书省》："凡有司奏议，文武考课，（中书舍人）皆预裁焉（……六人分押，……连署而进奏）。"第276页。参见刘后滨《唐代中书门下体制研究》，第122—125页。

⑤ 《唐律疏议》卷六《名例律》，"称加减"条，第142页。

⑥ 《唐律疏议》卷二《名例律》，"应议请减（赎章）"："诸应议、请、减及九品以上之官，若官品得减者之祖父母、父母、妻、子孙，犯流罪以下，听赎；若应以官当者，自从官当法。"第34—35页。

需要奏请皇帝画闻或敕裁。

对于应入请之人，犯死罪者，亦由刑部司"条录请人所犯应死之坐"及"应请之状"，于尚书都省集议。与对应入议者"称定刑之律而不正决之"不同的是，此类案件议定之后，需别录"请人所犯，准律合绞、合斩"之状（即"正其刑名，别奏请"之意），奏请听敕。那么，这里别录奏请所适用的是何种公文书？请注意"别奏者，不缘门下"一句。既然别录奏请之文书不需要门下省，那么它肯定不是奏抄，同样应该是经由中书省预裁的议、状。

同时，唐律在议、请之外，还规定了一些需要奏请皇帝裁决的特例，包括所谓"律不定刑名，临时上请"，[①] 以及案情特殊如"据法当死而情可矜者"。与后者相关的唐律有多条，仅详引其一：

> 诸犯死罪非十恶，而祖父母、父母老疾应侍，家无期亲成丁者，上请。犯流罪者，权留养亲（谓非会赦犹流者），不在赦例（仍准同季流人未上道，限内会赦者，从赦原），课、调依旧。若家有进丁及亲终期年者，则从流。计程会赦者，依常例。
>
> ［疏］议曰：谓非"谋反"以下、"内乱"以上死罪，而祖父母、父母，通曾、高祖以来，年八十以上及笃疾，据令应侍，户内无期亲年二十一以上、五十九以下者，皆申刑部，具状上请，听敕处分。若敕许充侍，家有期亲进丁及亲终，更奏；如元奉进止者，不奏。家无期亲成丁者，律意属在老疾人期亲，其曾、高于曾、玄非期亲；纵有，亦合上请。若有曾、玄数人，其中有一人犯死罪，则不上请。犯流罪者，虽是五流及十恶，亦得权留养亲。会赦犹流者，不在权留之例。其权留者，省司判听，不须上请。权留养亲，动经多载，虽遇恩赦，不在赦限。依令："流人季别一遣。"同季流人，若未上道而会赦者，得从赦原。本为家无成丁，故许留侍，若家有期亲进丁及亲终已经期年者，并从流配之法。计程会赦者，一准流人常例。
>
> 问曰：死罪囚家无期亲，上请，敕许充侍。若逢恩赦，合免死以否？
>
> 答曰：权留养亲，不在赦例，既无"各"字，止为流人。但死罪

---

① 《唐律疏议》卷一〇《职制律》，"指斥乘舆及对捍制使"条，第207页。

上请，敕许留侍，经赦之后，理无杀法，况律无不免之制，即是会赦合原。又，断死之徒，例无输课，虽得留侍，课不合徵，免课霑恩，理用为允。

又问：死罪是重，流罪是轻。流罪养亲，逢赦不免；死罪留侍，却得会恩。则死刑何得从宽，流坐乃翻为急，轻重不类，义有惑焉。

答曰：死罪上请，唯听敕裁。流罪侍亲，准律合住。合住者，须依常例；敕裁者，已沐殊恩。岂将恩许之人，比同曹判之色？以此甄异，非为重轻。[①]

可见，对于犯死罪者，如果其"祖父母、父母老疾应侍，家无期亲成丁者"，[②] 而且所犯又非十恶重罪的，可以由所在官司"申刑部，具状上请，听敕处分"，即由大理寺或诸州通过刑部司具状奏请皇帝，皇帝再以敕决定犯罪者是否可以暂时留在家中侍养老人。

如果敕许之后，家人之中新增期亲成丁，或者是所侍之亲丧，那么原有死刑犯是否需要被执行死刑，尚书省仍无权作出决定，需要由刑部司重新奏请处分。只有在原敕已经对新增期亲丁或所侍老人身死的情况作出过规定的情况下，可以不用奏请，即"如元奉进止者，不奏"。

若所犯为流罪，犯人亦可权留养亲，至"家有进丁及亲终期年"时，则按常例从流。对于这种情况，并不需要奏请皇帝处分，只需省司判听，即刑部司依据御画奏抄，以尚书省符处分。

由于此类流以上罪犯的刑罚被暂缓执行，这就引出一个新的技术问题：对于犯流、死罪者因应侍而留家养亲期间，如遇到皇帝恩赦，是否可以免刑？根据前引律疏可知，若遇恩赦，上述死罪者可以免死，即"死罪上请，敕许留侍，经赦之后，理无杀法"，流罪者却无法免流，即"权留养亲，动经多载，虽遇恩赦，不在赦限"。对于这样的流罪犯人，只有在与其同季应遣的流人，未上道前或计算程期未到达流所前，限内会赦时，

---

① 《唐律疏议》卷三《名例律》，"犯死罪应侍家无期亲成丁"条，第69—71页。此外，有上请情形的律文，还见同书卷四《名例律》，"老小及疾有犯""犯时未老疾"条；卷七《卫禁律》，"阑入宫殿门及上阁""宫殿作罢不出"条，卷二三《斗讼律》，"诬告谋反大逆"条；卷二四《斗讼律》，"投匿名书告人罪"条，第82、86、151、156—157、428、440页。

② 李锦绣：《唐代的给侍制度——儒家学说的具体实现》，《唐代制度史略论稿》，第357—376页。

才可随例从赦免流（即"一准流入常例"）。

通过对前引应入议、入请者犯死罪，及犯死罪应上请等律条的分析可知，对于这些在律令格式所规定的常行政务外所出现的特殊情况，律令也预留了"临时上请"，最终由皇帝裁决的弹性处理机制，以保持自身的稳定性和权威性。据前文讨论可知，皇帝裁决上述特殊案件所用的公文书，正是敕，即"别录奏请，听敕"和"具状上请，听敕处分"。而律文针对流以上罪的立意，恰好可以与用来"处流已上罪"的发日敕对应起来。① 由此可知，《唐律疏议》所称之"敕"，应该是发日敕。也就是说，在唐代中央司法政务运行中，对于一些特殊身份的犯罪人，根据其情况，若需要宽贷，或案件属于案情特殊及属于"律不定刑名"者，便需要奏请皇帝以发日敕临时处分。② 在此过程中，中书省官员，尤其是中书舍人则可根据尚书省集议或刑部司上请的议、状等意见，商量稳妥之后，起草发日敕，待进画之后，降下执行。

相对于奏抄，发日敕的文书形态更难知晓。不仅开元《公式令》残卷中关于发日敕式的部分已经佚阙，而且现有敦煌吐鲁番文献等史料中也暂未能见到可以确定为发日敕的文书材料，目前只有中村裕一复原的发日敕式可资参考：

发日敕式
敕：云云。
　　年月御画日
　　　　中书令具官封臣姓名　　宣
　　　　中书侍郎具官封臣姓名　奉
　　　　中书舍人具官封臣姓名　行
奉
敕如右，牒到奉行。
　　年月日

① 本节根据《唐律疏议》议章、请章所作讨论，只涉及应议、应请犯死罪者适用发日敕的情形，这并不完全符合发日敕"处流已上罪"的适用范围。不过考虑到应议、应请犯死罪者经皇帝敕裁后可能减至流罪，以及其他临时上请案件中可能涉及的流罪，笔者还是认为律文是针对流以上罪而生文，因此是可以与"处流已上罪"的发日敕相对应。
② 当然不可排除皇帝以其他制敕文书处理相关类型案件的情况，但发日敕应是主要的适用文书形态。

侍中具官封名

门下侍郎具官封名

给事中具官封名①

综上所论，虽然都适用于唐代司法政务中流以上罪的裁决，但从文书功能与处理程序来看，发日敕和奏抄实际上是两种适用范围不同的公文书。两者并非一对相配合使用的上下行公文书，而是对应了唐前期司法政务运行中两种不同层次的处理机制，相辅相成，承担起国家司法政务中绝大多数案件的申报和裁决功能。

奏抄作为常行公文，它适用于律令格式已经做出明确规定的国家常行政务。由于已经具有法定裁决依据，所以官员（尤其是门下省官员）实际上就成为常行政务的最终裁决者。对于此类司法政务的处理，在唐朝人的制度理念下，最后由皇帝画"闻"，并不具有太多"终审"的意义。从某种意义上说，御画"闻"字更多地只是构成了为实现"程序正义"所必需的要件。

发日敕属于"王言"，它适用于基于身份制国家所带来的特殊问题，或特殊案情以及社会经济发展本身所带来的超出既有法典规定的新问题。为了解决成文法典与生俱来的滞后性，唐朝人在制定律令格式之时，就已经为这些问题预留了解决之道，即奏裁或听敕处分。这样，作为"王言之制"，发日敕就更多地体现出古代中国君主意志作为法的渊源之根本要素（动因性要素），② 以及皇帝所具有的"终审"之权。

奏抄和发日敕之间功能和法律效力的不同，唐朝人也有自己的认知。前引《唐律疏议》"犯死罪应侍家无期亲成丁"条中提出了一个"死罪是重，流罪是轻。流罪养亲，逢赦不免；死罪留侍，却得会恩。则死刑何得从宽，流坐乃翻为急，轻重不类，义有惑焉"的疑问。对这样一个看上去像悖论的问题，《唐律疏议》的解答可以让我们更好地理解奏抄和发日敕的上述不同。

---

① ［日］中村裕一：《唐代制敕研究》，第 392—394 页；《唐代公文书研究》，第 624—626 页；《隋唐王言の研究》，汲古书院，2003 年，第 94—95 页。该复原方案是在大庭脩教授报告身式复原案基础上增加"御画"而成。

② 法的渊源是由资源、进路和动因三项基本要素所构成的综合事物，其中动因性要素是法得以形成的根本要素。张文显主编：《法理学》（第 3 版），高等教育出版社，2007 年，第 89—92 页。

对于"犯死罪应侍家无期亲成丁"的犯人而言，是否可以留侍于家，需要刑部司奏请皇帝以敕裁决。故对于能够被敕许留侍的犯人而言，已经经过了"天威难测"的敕裁，沐浴到了浩荡皇恩。对于情况相同的流罪犯人，他们也可以权留养亲。不过，这只是根据律令格式的规定，由刑部司判听。在奏抄经皇帝御画闻之后，犯人即可依例合住。换言之，此类司法政务，只不过是国家常行政务，是有司所行之事。就法的渊源而言，这些犯人得以权留养亲，根源于已经通过进路性要素（如立法）所构成的正式的法，而不是根源于作为根本要素的君主意志。

所以，那些产生了"死罪是重""却得会恩"疑惑的人，实际上是将"恩许之人"等同于"曹判之色"，从而也就混淆了君臣分际之大别（差别也恰好体现在《唐六典》描述发日敕与奏抄功能时所选择的不同表述"处""断"之间）。这么来看，所谓"理与制书义同"的御画奏抄，主要还是针对其执行效力而言，但是究其所根本之权威渊源，还是与制敕存在着明显的差别，即"大事则承制敕，小事则由省司"。[①] 而这正是理解同为处理流以上罪的发日敕与奏抄差异的关键所在。[②]

---

① 《唐六典》卷一六《卫尉寺》，第 460 页。
② 最近，郭桂坤亦围绕奏抄、发日敕的异同有所论说，见氏著《唐代前期的奏抄与发日敕书》，《文史》2018 年第 1 辑，第 133—158 页。郭文引证繁富，且不仅就司法政务而论，故较诸笔者所论视野宏大。然其立论以《唐六典》卷八、卷九底本（南宋本）所载奏抄为"断流已下罪"（按："已下"当是"已上"之讹，此已经李锦绣等所论，且陈仲夫点校《唐六典》亦据以改"下"为"上"，故本节末及于此）、发日敕为"处流已上罪"为始，复引仿唐的日本令将奏抄与发日敕写于一处（即前引论奏式）的情况为证，并在《唐律疏议》《养老令》反映的唐制一般是永徽年间的情况，而《唐六典》反映的是开元年间尤其是开元初年的情况（特别注明者除外）的前提下，得出如下推论——唐初奏抄的行用范围，如《唐律疏议》中所反映的是"断流罪以上"。随着唐初奏抄行用范围的分化以及发日敕的成立（上述变化大致发生在麟德至仪凤年间。原因是武则天通过推动调整奏敕文书的结构体系，对太子监国权力加以分割），从而形成《唐六典》所载的奏抄用于"断流已下罪"和发日敕"处流已上罪"的文本。这与笔者结论差别较大，且颇难重撰本节以回应之，故仅就所见，对其论述中存在的问题略申述如下：（1）以唐代律令称"以上""以下"皆是含本数或本等级的文例，应不可能出现《唐六典》载奏抄"断流已下罪"和发日敕"处流已上罪"的矛盾表述。若有，也应如律所言"流以上从重，徒以下从轻"（《唐律疏议》卷二〇《贼盗律》，"知略和诱强窃盗受分"条疏，第 375 页）而作奏抄"断徒以下罪"、发日敕"处流以上罪"；（2）如本书前节所论，在唐代司法政务运行机制存在着"徒以下罪""流以上罪"的不同处理程序。通常而言，前者无需经皇帝处理，故而不可能使用奏抄"断流以下罪"；（3）过于信从《唐六典》底本及明正德本以下等对校版本，而忽视其他学者据他校所校改文字的合理性，且以日本令对唐令的继受为照搬，而忽视唐、日国家形态与律令构造的差异性（大津透 2009 年 11 月在中国社会科学院历史所作过题为《天圣令与日本律令制研究——士农工商、国境、军事》的讲座，其中谈及日、唐律令制构造的不同。可参见大津透《律令收取制度的特质——日唐赋役令的比較研究》，《东洋文化研究所纪要》第 110 册，1989 年，第 167—252 页；《日本律令制与古代东亚文化圈——以税制和户口掌握为中心》，《台大历史学报》（转下页）

二 奏弹与唐前期中央
司法政务运行

御史台是中国古代的监察机关，主要负责监督、弹劾官员。上述定位对唐代御史台，也是适用的。从监察制度的视角研究御史台，是中国古代制度史研究中的基本问题之一，也取得了丰富的成果，①加深了学界对御史台在国家政务中的地位与作用的认知。不过就现有研究而言，涉及唐代御史台的研究，仍多延续传统政治制度史的研究范式，主要通过对史志政书所载御史台及其官员的设置及职掌入手，参证以传统典籍中对御史台及御史活动的个案（或群体）研究，并在概括与统计中，对御史台监察机关的地位进行实证（或质性）研究。可以说，从公文形态切入的政务运行研究视角，作为制度史转型代表的新研究范式尚未真正波及御史台的研究。

首当其冲的原因，就是唐代文献的不足征。开元《公式令》残卷亦未能保存与唐前期御史台官员弹劾职能密切相关的奏弹式的原初面目，而偏处西陲的沙州与西州，又使得敦煌、吐鲁番文献中很难保存有与御史奏弹活动有关的官文书。这自然限制了唐代御史台研究走向"活"的制度史。

不过，在《令集解》中，保存有关于唐奏弹式的断章残句。仁井田陞已经据以对奏弹式作了初步辑佚。② 参照《养老令》奏弹式，刘后滨也曾指出唐奏弹式的文书形态，与奏抄有些类似，同样要由皇帝画"闻"。不同的是，奏弹并不需要经过门下省官员的读、省、审（即审署程序）。③ 不过因为研究旨趣的侧重，上述学者并未涉及奏弹式的复原。本节将借助

（接上页）第 30 期，2002 年，第 53—73 页；《日唐律令制的比较研究——学术史的概观和近年研究的介绍》，荣新江主编：《唐研究》第 14 卷，北京大学出版社，2008 年，第 121—138 页；彭丽华：《论唐代水利营缮中劳役征配的申报——以唐〈营缮令〉第 30 条的复原为中心》，《文史》2010 年第 3 辑，第 105—116 页），同时也缺乏在隋唐三省制成立的整体性上考虑奏抄（奏案）行用范围成立的制度性背景（参见吴宗国《三省的发展与三省体制的建立》、雷闻《隋与唐前期的尚书省》，吴宗国主编：《盛唐政治制度研究》，第 6—9、68—78 页。上述背景恰恰是日本令在继受唐令时所不曾遇到和无须考虑的情形），从而将唐代公文书的一个结构性问题置换成历时性问题而导致结论出现偏差。

① 相关成果综述，参见胡戟等主编《二十世纪唐研究·政治卷》第 2 章（杜文玉、宁欣执笔）"监察制度"一节，第 93—94 页。
② 《唐令拾遗》，《公式令》第 4 条，第 484—485 页。
③ 刘后滨：《唐代中书门下体制研究》，第 99—100 页。

《令集解》复原唐奏弹式的使用范围,进而参照日令奏弹式,尝试复原唐奏弹式,并围绕着御史台在中央司法政务运行中的作用加以探讨。

1. 唐奏弹式复原方案推测

先来了解一下《养老令》中的奏弹式,以建立起复原唐奏弹式的参照系。

> 奏弹式
>
> 弹正台谨奏:其司位姓名罪状事。
>
> 具官位姓名,贯属。
>
> 　右一人犯状,云云。
>
> 　劾上件甲乙事状如右,谨以上闻,谨奏。
>
> 　年月日　弹正尹位臣姓名奏[①]
>
> 闻御画
>
> 右,亲王及五位以上(太政大臣,不在此限),有犯应须纠劾而未审实者,并据状勘问,不须推拷。委知事由,事大者奏弹,讫,留台为案。非应奏及六位以下,并纠移所司推判。[②]

接下来,再将《令集解》中有关内容摘录出来。

> 释云:……《断狱律》云:应议、请、减者,并不合拷讯,皆据众证定罪者,令不推拷,谓此取本令文耳何?唐令云:<u>流内九品以上官有犯,应纠劾而未知审实者,并据状勘问,不须推拷者</u>。文云"九品以上",故劳推拷事耳。我令云:五位以上,即知推拷文徒然耳。
>
> 穴云:……问:奏弹之后何?答:亦送刑部耳,六位以下遂送刑部故。又本令云:<u>御注者留台为案,更写一通移送大理故</u>。
>
> 穴云:留台为案,未知写案送省哉?答:唐令云:<u>请付大理推科</u>者,其式云<u>更写一通移送</u>。今于此令不合然也,注以台移文送耳。
>
> 穴云:……问:纠移所司,未知何司?答:唐令云:<u>移送大理寺</u>,

---

① 《令义解》编纂者在此句后注曰:"谓,若无尹者,判官以上亦得奏也。"
② 《令义解》卷七《公式令》,"奏弹式"条,第236—237页。按,《令义解》将"事大者"释为"解官以上","非应奏"为"无品亲王犯杖罪以下,及五位以上不至解官"。

然则于此令云刑部耳。师云：依令释，移送刑部共（并）京职耳。问：纠移者移囚软，为当文书造移软？私答：本令云：更写一通移送大理。下云：非应奏者，并纠移所司推判者。案之，似纠移囚身耳。①

集解提及三种令，其中"唐令""我令"（《养老令》）比较明确。至于"本令"，仁井田陞等皆认为是唐令。②但这一说法尚需斟酌。《公式令》"任授官位"条集解引《穴记》：

穴云：《狱令》为"位案注'毁'字"生文，此条为"注除簿案"生文，两条其义各异。但案本令奏抄式，"刑部覆断讫，送都省。都省令以下、侍郎以上，及刑部尚书以下、侍郎以上，俱署申奏。奏报之日，刑部径报吏部，令进位案，注'毁'字，并造簿"，于行事无烦。今此令，申奏之日，无刑部卿俱署奏，太政官独奏。奏报之日，下符刑部。即刑部转报式部，令进位案，注"毁"字，此转回亦间，事涉不便。……又，依本《狱令》，"刑部申都省日，位记俱副进"耳。③

从上引《本令》中所反映出来的官制，如尚书都省有"令以下、侍郎以上"，以及位案（记）、《狱令》等专名来看，其官制不同于唐制，故此处所引《本令》绝非唐令，应该仍是日本令，修定年代应该早于《养老令》。④

不过，前引与奏弹式相关的本令中，既然含有"大理"这样的唐制专

---

① 《令集解》卷三二《公式令》，"奏弹式"条，第803—805页。下划线为笔者所加。
② 《唐令拾遗》，《公式令》第4条，仁井田陞所加按语，第485页。所以在某些情况下，《唐令拾遗》便直接继录本令断文作为复原的唐令，见该书《卫府职员令》第2条、《考课令》第35条，第43、251页。《唐令拾遗补》显然继承了上述看法。该书在修订前著时，对《卫府职员令》第2条，只是将误引之"精进"补订为"请进"。至于《考课令》第35条虽被删除，但删除的原因是该条令文应为《军防令》，而非《考课令》。见前书，第337、594、620—621页。坂上康俊亦有相同看法，见氏著《〈令集解〉に引用された唐の令について》，《九州史学》第85号，1986年，第44—45页；同氏著、何东译：《日本舶来唐令的年代推断》，韩昇主编：《古代中国：社会转型与多元文化》，上海人民出版社，2007年，第171—174页。
③ 《令集解》卷三六《公式令》，第907—908页。
④ 《令集解》所引"本令"（凡56例）语义指代对象多元，其中虽然大部分可视为唐令，但亦有"本令与唐令文字相同，但可能并非唐令"者及"与唐令文字不同"者。参见拙文《〈令集解〉所引"本令"初探》，2019年6月在台北大学第三届中国法律与历史国际学术研讨会宣读（代读）。

名，其所指应即唐令，因此可据前引《令集解》下划线部分，将唐奏弹式的适用范围复原如下：

> 流内九品以上官，有犯应纠劾，而未知审实者，并据状勘问，不须推拷。委知事由，事大者奏弹，讫，御注者留台为案，更写一通，移送大理。非应奏者，并纠移所司推判。

需要说明的是，其中加着重号一句，《令集解》未予引用，也不见于现存唐代文献。《唐六典》中虽有相近文字：

> 凡中外百僚之事应弹劾者，御史言于大夫，大事则方幅奏弹，小事则署名而已。
> 凡事非大夫、中丞所劾而合弹奏者，则具其事为状，大夫、中丞押奏。大事则冠法冠，衣朱衣、纁裳、白纱中单以弹之；小事，常服而已。[①]

但其中的"大事""小事"均指"应弹劾"或"合弹奏"事项，[②] 即属于奏弹式适用范围中"非应奏者"之外的"应纠劾"事项。且上述《唐六典》文本形成于开元年间（分析详后），与《养老令》所本之唐令文本恐不同。考虑到"御注者"应指奏弹经皇帝御画"闻"，承接《养老令》"委知事由，事大者奏弹，讫"一句文义无碍，且"留台为案"又为日令所继承，故该部分暂依日令复原。

至此，《令集解》所引唐令中除"请付大理推科"一句外，其余节文都得到了有效利用。对于不见于日令的文字，应该见于唐奏弹式本身。以唐代文献所载御史弹奏来看，显庆元年（656），侍御史王义方弹劾中书侍郎李义府，文末作"伏请付法推断，以申宪典"。[③] 所谓"付法"，即移送

---

① 《唐六典》卷一三《御史台》，第379、380页。
② 这一点类似于给事中职掌中的"大事则称扬德泽，褒美功业，覆奏而请施行；小事则署而颁之"，《唐六典》卷八，第244页。其中，"大事"（制书类）、"小事"（敕书类）均指应奏闻事项而言。不同之处在于，根据政务的重要性而产生文书形态上的差异。参见刘后滨《唐代国家政务中的"大事"与"小事"——兼论中国中古国家形态的演进》（未刊稿）。
③ 《宋本册府元龟》卷五二〇上《宪官部·弹劾三》，第1350页。参见《资治通鉴》卷二〇〇，显庆元年八月乙巳条后，第6298—6299页。

法寺（大理寺）。如上元二年（675），狄仁杰为侍御史，"左司郎中王本立恃宠用事，朝廷慑惧，仁杰奏之，请付法寺，高宗特原之"。① 因此上文中"付法推断""请付法寺"即相当于唐令中的"请付大理推科"，其位置一般在文末。参照日令，可推测其在唐令中的位置，应该在相当于日本令中"劾上件甲乙事状如右"之下，"谨以上闻"之前的地方。之后的"谨以上闻，谨奏"，则是奏弹的固定结句，类似于奏抄式中的"谨以申闻，谨奏"，故而史文从略。由此，可尝试再进一步对唐奏弹式作出完整复原方案：

奏弹式

御史台谨奏：某司某官姓名罪状事。

具官封姓名。贯属。

右一人犯状。云云。

劾上件甲乙事状如右，请付大理推科。谨以上闻，谨奏。

年月日 御史具官封臣姓名

御史中丞具官封姓名

御史大夫具官封姓名奏

闻御画

右，流内九品以上官，有犯应纠劾而未知审实者，并据状勘问，不须推拷。委知事由，事大者奏弹，讫，御注者留台为案，更写一通，移送大理。非应奏者，并纠移所司推判。

上述复原方案，仍存在一些难以解决的问题，诸如奏弹的署名（详见后文），且缺乏出土文书资料支撑（与前述发日敕式的复原类似）。之所以仍要提出这一方案，原因在于，这样做可以清楚地看出唐、日奏弹式的差异，从而可加深对御史台在唐代中央司法政务运行机制中作用的理解。

2. 并号"台省"：御史台在中央司法政务运行中地位抬升

与《养老令》中，弹正台与刑部省并未通过奏弹式建立直接联系不

---

① 《旧唐书》卷八九《狄仁杰传》，第2886页。陈子良《为奚御史弹尚书某人入朝不敬文》内末句即："请以某见事付大理治罪，谨言。"见《文苑英华》卷六四九《弹文》，第3340页。

同，① 唐代御史台与大理寺通过奏弹式，以"付大理推科""移送大理"的方式，在中央司法政务运行中被直接联系了起来。

其实，关于御史弹奏之后，付大理寺推断的情况，《唐六典》中也有体现："凡有制敕付台推者，则按其实状以奏；若寻常之狱，推讫，断于大理。"② 这一记载的前半段是关于付御史台推问的制狱案件。从"按其实状以奏"来看，很可能与一般弹劾的处理程序不同，即需要先上奏皇帝，故本节暂不涉及。至于后半段所记载的"寻常之狱"，应该就是指经御史弹奏所形成的狱案经大理审断的程序。但需要指出的是，《唐六典》反映的是御史台置狱之后的制度：在台推按之后才"断于大理"。御史台的作用已不再仅限于奏弹。

正如前引《唐六典》所载，隋令之中，已有奏弹，所以唐奏弹式应是对隋制的继承。《令集解》所引唐奏弹式反映的是，隋及初唐时，御史台对于所应纠劾之人，若犯状未实，只能"据状勘问，不须推拷"的情况。此时御史台尚未置狱，因而《唐六典》在前引"推讫，断于大理"一句下注曰："旧，台中无狱，未尝禁人；有须留问，寄禁大理。李乾祐为大夫，奏请于台置狱，虽则按问为便，而增鞫狱之弊。"③ 李乾祐奏请置狱，发生在贞观二十二年，"由是大夫而下，已各自禁人"。④ 虽然对于御史台置狱

---

① 日本律令制时代的弹正台在奏弹经天皇御画、"留台为案"后应如何处理，《养老令》无明确规定。虽然有注释家指出"亦送刑部耳"，但其所指为"六位以下遂送刑部"，至于针对五位以上官员的奏弹应如何处理，仍旧不知。故亦有注释家指出，"唐令云：请付大理推科者，……今于此令不合然也，注以台移文送耳"（皆见前引《穴记》）。相反，对于"非应奏及六位以下，并纠移所司判判"，尽管《令义解》编纂者给出了明确的意见，即依照"《狱令》，卫府纠捉罪人，非贯属京者，皆送刑部"，则知"贯于京者，送于京职"，所以"弹正纠移罪人，亦须准此，故云'纠移所司'"（《令义解》卷七《公式令》，"奏弹式"条，第 237 页），但当时弹正台例将此类事件移送刑部省，见嘉祥二年（唐大中三年，849）十二月十六日官符："右，得刑部省解称：……今案之，犯罪人须依彼本贯，京人送京职，外国人送刑部省。而弹正台所移送犯人不明其贯属，固称有台式。彼此执论，既致延引。望请蒙官裁，以为长例者。今案弹例云：弹官人及杂色人者，具录犯状移刑部省令断罪者。右大臣宣：京人之罪，依法移京职可断。然而弹正台元来移刑部省行来年久，何辄改梭？仍须仰下彼省据旧令断者。自今以后，记贯属移之。"［日］黑板胜美编：《类聚三代格》卷二〇《断罪赎铜事》，新订增补国史大系普及版，吉川弘文馆，1983 年，第 632 页。不过，即便经过了太政官努力，此前的"弹例"仍然为延喜《弹正台式》所保留（［日］长谷山彰：《律令制下の京职の裁判権について：律京兆府との比較を中心に》，《史学》1996 年第 1 号，第 4—5、20—22 页。参见谷月轩的译稿，网址：http://www.langya.org/forum.php? mod=viewthread&tid=66992，访问时间：2019 年 7 月 28 日）。对于日唐律令的这一差异，有待于进一步探讨。
② 《唐六典》卷一三《御史台》，第 380 页。
③ 《唐六典》卷一三《御史台》，都 380 页。
④ 《唐会要》卷六〇《御史台》，第 1226 页。

的原因,《唐六典》《唐会要》强调的是"寄禁大理"的不便,但是《通典》却提供了更多的信息:

> 旧制但闻风弹事,提纲而已(旧例,御史台不受诉讼。有通辞状者,立于台门,候御史,御史径往门外收采。知可弹者,略其姓名,皆云"风闻访知"。永徽中,崔义玄为大夫,始定受事御史,人知一日,劾状题告人姓名或诉讼之事)。其鞠案禁系,则委之大理。贞观末,御史中丞李乾祐以囚自大理来往,滋其奸故,又案事入法,多为大理所反,乃奏于台中置东西二狱,以自系劾。①

应该说,御史台"有须留问,寄禁大理"确实会造成一定的不便,但是李乾祐之所以奏请置台狱,更主要的原因是在御史弹劾案"付大理寺推断"的机制下,出现"案事入法,多为大理所反"的结果。

台中置东、西二狱的目的,就在于御史台希望案件经本司推按后,掌握更多的主动权,以避免被大理推翻的窘境。② 此后,侍御史知东、西推的制度也逐步形成(其后,更有四推之名)。③ 经过御史台推劾之后的狱案,仍要移送大理寺断案。仪凤二年(677)二月敕规定:"凡有弹纠,皆待大理断招后,录入功过。"④ 为了减少御史出于功利目的而肆意弹劾的情况,敕文要求必须待大理断定之后,才可以将弹劾功劳录入御史考状之中。如果大理寺断为无罪,则以过失录入御史考状。

---

① 《通典》卷二四《职官六·御史台》,第 660 页。按,定受事御史的时间,《宋本册府元龟》卷五一六《宪官部·振举一》作"永徽四年",第 1323 页,与《通典》相符。而《唐会要》卷六〇《御史台上·御史台》作"开元十四年",第 1226 页。未知孰是。王素主张开元说,见氏著《唐代的御史台狱》,《魏晋南北朝隋唐史资料》第 11 辑,武汉大学出版社,1991 年,第 138—145 页。胡宝华主张两说皆是,认为与武则天时期之后的若干变化有关,见氏著《唐代监察制度研究》,商务印书馆,2005 年,第 26—29 页。
② 毛健:《唐御史台狱考述》,《湖南社会科学》2007 年第 2 期,第 212—214 页;唐华全、王旭:《唐代御史台狱置废探析》,《河北师范大学学报》(哲学社会科学版)2013 年第 5 期,第 92—98 页。
③ 《宋本册府元龟》卷五一二《宪官部·总序》:"建中三年(782),又置推官二人,与本推御史同推覆。兴元元年(784),罢推官,以殿中第一同知东推,第二同知西推。其后遂有四推之名,曰台一推、台二推、殿一推、殿二推。""五代宪台之制,皆因其旧,而员多不备(其四推但以御史从上配之)。"第 1301 页。
④ 《唐会要》卷六一《弹劾》,第 1256 页。

正是御史台弹劾推按制度的出现与常态化，使得御史台狱在唐朝建立后没多久就出现，并且一直延续了下去。只有在开元十四年，崔隐甫为御史大夫时，一度奏请废去台狱。这也就是前引《唐六典》提及在京诸司狱时，未载御史台狱的原因。但是很快御史台便以"恐罪人于大理寺隔街来往，致有漏泄狱情"，重新"于台中诸院寄禁，至今不改"，① 恢复了旧制。

以下具体结合奏弹式来探讨唐代中央司法政务运行机制。虽然御史台纠劾包括了"流内九品以上官"有犯的情况，② 但并不是所有纠劾都最终落实在奏弹上。奏弹式只是对百官所犯"委知事由，事大"应奏者适用。至于不应奏者，则直接"纠移所司推判"。只是现在已不能明了"事大"和"不应奏"之间的区别了。③ 就现有情况可知，唐御史台在中央司法政务运行中的作用体现在如下三方面：

首先，对于御史台所纠劾的犯罪官员，"事大者"在通过奏弹、皇帝画闻之后，案件便被移送大理寺推断。断定之后，根据官员的身份及所犯罪行，大理寺再将相应案件申省覆审。汇总至刑部司后，流以上罪及除、免、官当的案件，可按照前节所讨论的程序，分别通过奏议或奏抄来取得皇帝的裁决。④ 之后，相应的发日敕和御画奏抄便经由刑部下达给所由司执行。可见，通过奏弹式、奏抄式和发日敕，御史台、大理寺、刑部司三者便在中央司法政务运行中形成一个完整的链条，而且构成了一套完善的文书运行程序。

①　《唐会要》卷六〇《御史台》，第 1226 页。

②　御史弹劾应该不仅限于流内官。如张鷟《龙筋凤髓判》载有涉及尚书都省官吏的判词中，其一为"令史王隆每受路州文书，皆纳贿钱，被御史弹，付法，计赃十五匹，断绞，不伏"（周绍良主编：《全唐文新编》卷一七二，第 1 部第 3 册，第 1995 页），便是御史奏弹令史之例。

③　《唐会要》卷六〇《御史台》，"故事：其百僚有奸诈隐伏，得乘推劾。若中书、门下五品以上，尚书省四品以上，诸司三品以上，则书而进之，并送中书门下"。第 1226 页。《唐六典》卷一三《御史台》亦有类似记载，第 378 页。据"送中书门下"可知，此故事为开元年间所形成，但或可对于理解唐代奏弹式中的"事大"和"不应奏"有所帮助。另，杜正伦《弹李子和将军文》："所伤尤大，若准常科，则免而无耻，请特加贬，以敦礼教，谨奏"（《文苑英华》卷六四九《弹文》，第 3340 页），强调的是在律令无法惩处的情况下，应由皇帝特加贬斥。

④　关于在弹奏付法之后，进入集议或以功免罪（入八议）例子，见贞观十七年唐临为御史中丞，劾奏尚书右仆射、赠司空封德彝及故尚书右仆射、赠司空杜如晦，诏并付议。龙朔二年（662），司宪大夫杨德裔奏劾铁勒道行军大总管郑仁泰、薛仁贵"及诸军故杀降人、饥杀兵士，并军中罪大失应须勘当，及改正者，并请付法推科，以申典宪"。"仁泰等以功赎罪，竟原之。"《宋本册府元龟》卷五二〇上《宪官部·弹劾三》，第 1349、1350—1351 页。

其次，隋唐之际所确立的以政务处理程序分工为特征的三省制，不仅使三省的架构得以明晰，而且使御史台的地位与职权得到明确。两者的标志正是奏抄式和奏弹式的产生。

从魏晋南北朝时期逐渐形成的奏案转变为隋唐之初的奏抄，^① 其背后是三省成为国家政务处理机关，尤其是尚书省成为全国政务的汇总机关和裁决机关。国家常行公务，根据律令格式的规定，由尚书省制为奏抄，再经门下省的审署，便完成了上奏于皇帝的所有审查程序。经由皇帝程序性地画"闻"之后，奏抄成了御画奏抄，具有与制敕相当的效力。尚书省之后便将带有皇帝亲书"闻"字的御画奏抄以旨符的形式下达于所属官司执行。

同样地，由台案转变而来的奏弹式，^② 使得御史台在弹劾官员方面获得了与尚书省奏抄类似的文书式和闻奏程序。或者说通过奏弹和"御画奏弹"，使得御史台在监督国家政务运行方面，在尚书省之外，取得了与其

① 刘后滨：《唐代中书门下体制研究》，第 82—86 页。
② 隋唐之初，由御史纠劾之后，付大理寺推断的制度，也是在魏晋北朝逐渐形成的。据应劭《官仪》载："廷尉案责上御史台"，说明汉制恰与隋唐之制相反。《通典》卷二四《职官六·御史台》引，第 659 页。然而清人所辑《汉官仪》亦据《通典》辑出相应部分，其文却作"廷尉责案上御史台"，见（汉）应劭撰、（清）孙星衍校集《汉官仪》卷上，收入（清）孙星衍等辑、周天游点校《汉官六种》，中华书局，1990 年，第 133 页。盖所据《通典》版本不同。到北魏后期，御史纠劾之后付廷尉治罪已较为常见，但亦有御史劾奏后，由皇帝御注"可"后，直付被劾人赐死者（《魏书》卷一五《昭成子孙·常山王遵传》附《元寿兴传》，中华书局，2017 年，第 437—438 页）。故永安二年（529）廷尉复置司直，"覆治御史检劾事"，以约束御史权力，并形成制度。《魏书》卷一一三《官氏志》，第 3264 页。《唐六典》卷一八《大理寺》作：永安三年置，"不署曹事，唯覆理御史检劾事劾之"，第 503 页。参见扈文佳《北魏廷尉寺考述》，硕士学位论文，吉林大学，2019 年，第 14—17 页。北齐宋世轨为廷尉，"南台（御史台）囚到廷尉，世轨多雪之"，《北齐书》卷四六《循吏·宋世良传》附《宋世轨传》，中华书局，1972 年，第 639 页。恰恰也是在北齐前期（550—564），进一步确立了廷尉寺署台案的制度（《隋书》卷二七《百官志中》载北齐官制有大理寺，当是河清三年颁令之制，第 842 页。故知寺署台案产生于北齐前期）。据同前书同卷《苏琼传》载其为廷尉正，时"毕义云为御史中丞，以猛暴任职，理官忌惮，莫敢有违。琼推察务在公平，得雪者甚众。寺署台案，始自于琼"，第 645 页。相反，南朝御史台与廷尉之间，并未形成相应的政务往来。如梁大同中（535—546），刘孝仪（刘潜）《弹贾执傅湛文》："长兼御史中丞刘孝仪稽首言：南康嗣王府行参军、知谱事贾执，与前中书舍人傅湛，在王座饮酒，……出悖慢言语，连及于上。……谨按：前兼通事舍人臣傅湛，……宜具徇乎东市，尸彼毂门。……臣等参议：请以见事依法免毅（按：指太子舍人、始兴王萧变）所居官，解执知谱事，请议贬黜，付之卿论，不得厕预官流。刺尚施行，辄不（下）禁止。"《文苑英华》卷六四九《弹文》，第 3339 页。参见童自樟《刘孝仪刘孝威集校注》，硕士学位论文，四川大学，2005 年，第 21—25 页。由此可见，南朝时由御史台所上弹劾文，无须至廷尉覆理，而是由御史中丞等官参议奏上。这与当时尚书省官以参议的方式形成比较成熟的意见，供皇帝最终决定是一致的。参见拙文《南北朝三公府在政务运行中的作用与汉唐间政治体制的转型》，第 68—70 页。

相类似的职权与地位。经过皇帝画"闻"的奏弹，"留台为案"，另外
"更写一通，移送大理"，则类似于尚书省以旨符的形式指挥公事。至于不
应奏者，御史台也可以直接"纠移所司"，令其推判。① 从这个意义上来
说，御史台取得了与尚书、门下、中书三省相当的职权与地位。垂拱元年
正月敕："御史纠获罪状，未经闻奏，不得辄便处分。州官府司，亦不得
承受。"② 其中的闻奏，应该就是通过奏弹式向皇帝进奏。敕文说明御史台
的奏弹经过闻奏皇帝之后，就可以行下处分，州县官司亦须承受。武则天
临朝称制时期的御史台还一度出现在取得"御画奏弹"之前就直接处分州
官府司的苗头。

上述变化，是隋唐御史台得以厕身于三省之列，并号"台省"的原
因。从此，"台省"成为隋唐以后政治体制中一个重要的政治概念。③ 比如
在唐代铨选制度中，就出现了"凡官，不历州县不拟台省"的原则。④ 同
时，上述产生于隋唐之际的公文运行模式，使得尚书刑部司、御史台、大
理寺在中央司法政务运行中密切地联系了起来。这是此后"三司推事"机
制得以形成的直接制度背景。

3. 奏弹式署名与御史关白大夫问题

如前所述，在复原唐奏弹式时，还有其署名问题尚需讨论。在《养老
令》中，奏弹是以"弹正尹位臣姓名"的署名方式上奏的，但这与唐代弹
文以个人名义保存在文集（或总集）中的情况不同。署名方式其实与御史
奏弹是否需要关白大夫的问题相关。《唐语林》载：

> 开元末，宰相以御史权重，遂制：弹奏者先谘中丞、大夫，皆通
> 许，又于中书门下通状先白，然后得奏。自是御史不得特奏，威权
> 大减。⑤

---

① 《唐六典》卷一三《御史台》："若京师忌斋，则（监察御史）与殿中侍御史分察寺、观。
七品已上清官皆预行香，不到，则牒送法司。"第382页。从"牒送法司"来看，似乎是
直牒而已，未经奏弹。

② 《唐会要》卷六二《杂录》，第1280页。

③ 意如：《唐代"台省"概念考释》，硕士学位论文，中国人民大学，2011年。

④ 《新唐书》卷四五《选举志下》，第1176页。参见王湛《"不历州县不拟台省"选官原则
在唐代的实施》，《江西社会科学》2006年第11期，第93—97页。

⑤ （宋）王谠撰、周勋初校证：《唐语林校证》卷八，中华书局，1987年，第693页。

所谓"弹奏者先谘中丞、大夫"就是关白之制。八重津洋平、[①] 胡宝华都认为关白之制出现于开元末。而在此之前，御史弹劾之前并不需要关白大夫、中丞。其依据的材料如下：

> 长安四年三月，监察御史萧至忠弹凤阁侍郎、同凤阁鸾台三品苏味道赃污，贬官。御史大夫李承嘉尝召诸御史，责之曰："近日弹事，不咨（谘）大夫，[②] 礼乎？"众不敢对。至忠进曰："故事，台中无长官。御史，人君耳目，比肩事主，得各自弹事，不相关白。若先白大夫而许弹事，如弹大夫，不知白谁也。"承嘉默然，惮其刚正。

> 又宪司故事，大夫已下至监察御史，竞为官政，略无承禀。（开元十四年，御史大夫崔）隐甫一切督责，事无大小，悉令谘决；稍有忤意者，便列上其罪，前后贬黜者殆半，群僚侧目。[③]

胡氏认为李承嘉的例子说明，长安四年已出现要求御史弹劾先关白大夫的意见，但尚未形成制度。因此当萧至忠反驳之后，李承嘉也只能默然。不过，这种限制御史自主弹劾的倾向在增加，到开元中后期便最终落实下来。[④]

据前节所引，日令奏弹式是以弹正尹名义签署的。从注释家对无弹正尹情况下该由何官签署的讨论来看，他们虽然对由次官或是判官上奏有所分歧，但对于奏弹式是以弹正台名义上奏的公文，应该由长官或代理长官签署的看法是一致的。[⑤]

那么，唐奏弹式究竟以个人名义，还是以官司名义（并由长官署名）上奏？从其"奏弹，讫，御注者留台为案"来看，日令所本之《永徽令》奏弹式，也应该是以御史台的名义上奏，并且应盖有"御

---

① ［日］八重津洋平：《唐代御史制度について（1）》，《法と政治》第 21 卷第 3 号，1970年，第 157—200 页；《唐代御史制度について（2）》，《法と政治》第 22 卷第 3 号，1971年，第 43—60 页。

② "谘"，据《宋本册府元龟》五一五《宪官部·刚正二》（第 1317 页）改。

③ 《通典》卷二四《职官六·监察御史》，第 675 页；《旧唐书》卷一八五下《良吏下·崔隐甫传》，第 4821 页。

④ 胡宝华：《唐代"进状""关白"考》，《中国史研究》2003 年第 1 期，收入《唐代监察制度研究》，第 31—40 页。

⑤ 《令集解》卷三二《公式令》，"奏弹式"条，第 802 页。

史台印"，① 故其上有御史大夫署位，也是可能的。② 当然，这并不意味着
弹奏职责只归大夫所掌。实际上，自大夫以下，至于监察御史，皆得弹
奏，这在唐代史籍中往往而见。③ 奏弹式上有御史大夫的署位，与御史各
司其职并不矛盾，也与奏弹文可以个人名义（包括为御史代笔的奏弹）留
存于世不冲突。因为在唐前期的四等官体制下，长官以下皆列署于本司公
文之上就应该是常制。而从敦煌、吐鲁番文书中也可知"谘"字本身就是
属官行判时表示向长官请示的习惯语。故而前节唐奏弹式复原方案中，在
署名部分，是参照奏抄式门下省官员署位方式处理的。

因此，对于李承嘉发问"近日弹事，不谘大夫"一事，笔者看法与前
揭学者有所不同。关键在于如何理解"故事"的产生时间。若真如萧至忠
所言，自唐初即存在"台中无长官。御史，人君耳目，比肩事主，得各自
弹事，不相关白"的故事，④ 则李承嘉发问甚为失据，御史应群起而攻之

---

① 《唐六典》卷一三《御史台》："主簿掌印及受事发辰、句检稽失。"第380页。可知唐代
御史台置印，由主簿掌管。此亦见于后唐长兴四年（933）五月，御史中丞龙敏奏："御
史台印一面，先准令式，即是主簿监临。近年已来，缘无主簿，遂至内弹御史权时主持，
又常随本官，出入不定。伏缘台中公事，不同诸司，动系事重难，常虞留滞，当申奏申堂
之际，及牒州府之时，事无轻重，并使此印。"（宋）王溥撰、方诗铭等点校：《五代会
要》卷一七《御史台》，上海古籍出版社，2006年，第285页。虽则"申奏申堂之际，
及牒州府之时，事无轻重，并使此印"是五代（或沿自晚唐）之制，但亦可推知唐前期
御史台印的行用情况。
② 鉴于《养老令》诏书式、论奏式与唐代公文体式存在一致性，中村裕一认为日唐间的奏
弹式，也应该存在相当的重合性。唐奏弹亦需长官签押。但他同时也指出，唐代文献
（元稹《弹奏剑南东川节度使状》）与此有相矛盾之处。参见氏著《唐代公文书研究》，第
34—35页。
③ 胡宝华：《唐代监察制度研究》，表2-1《弹劾一览表》，第46—55页。贞观二十年，许
敬宗作《代御史王师旦弹莒国公唐俭文》，曰："风闻唐俭往任尚书之日，付托前盐州刺
史张巨令（原注：《旧唐书》作'臣合'）遣录事参军张正表、元大节等，专令检校牧放
私羊，所判文书，自云检校约束剪毛之货易。州僚判署，潜立公文，市司勘估，一同官
案。并有放羊人康莫贺咄所署文牒，共称牧长。依问巡察使杨誉，状与新声秩（原注：一
作'所声秩'）同。……请皆付法，以清攸敬，无任嫉恶之至。谨奉白简以闻。"《文苑英
华》卷六四九《弹文》，第3340页。参见陈冠明、孙愫婷《许敬宗年谱（删略稿）》，李
寅生主编：《行止同探集：张志烈教授古稀纪念》，四川辞书出版社，2007年，第94页。
按，此文虽与前引《为奚御史弹尚书某人人朝不敬文》《弹李子和将军文》均被贯以
"弹文"之名，但其文体并不同于奏弹。从上引"无任嫉恶之至""谨奉白简以闻"来
看，许敬宗代笔此文，并未用印，故应是以王师旦个人名义上奏，并且是以表、状的形
式"上于天子"的。关于唐代表、状的文体、用语，见《文苑英华》卷五三至六二六
《表》、卷六二八至六四四《状》，第2824—3247、3252—3308页。
④ "台中无长官"，或与唐初大夫与御史"抗礼"有关。《旧唐书》卷八八《韦思谦传》：
"光宅元年（684），分置左、右肃政台，复以思谦为右肃政大夫。大夫旧与御史抗礼，思
谦独坐受其拜。或以为辞，思谦曰：'国家班列，自有差等，奈何以姑息为事耶？'"第
2862页。问题在于，"抗礼"即便在唐初存在，但是否会在文书形态上得到体现（如思
谦所言，抗礼本身就与"国家班列"，即朝参班序不相符），有待于进一步思考。

为宜。相反，如果说"不谘大夫"是近制的一种"违礼（法）"变化，那么，李承嘉之问，反证出御史弹事，依礼应该谘于大夫。所以，众御史才一片默然，"不敢对"。而萧至忠的反问，恰恰说明了"不谘大夫"这种变礼之举已经普遍化了。这一变化，应该与武则天时的政治风气有关，"故事"也由此形成。《资治通鉴》载开元五年九月：

> 贞观之制，中书、门下及三品官入奏事，必使谏官、史官随之，有失则匡正，美恶必记之；诸司皆于正牙奏事，御史弹百官，服豸冠，对仗读弹文；故大臣不得专君而小臣不得为谗慝。及许敬宗、李义府用事，政多私僻，奏事官多俟仗下，于御坐前屏左右密奏，监奏御史及待制官远立以俟其退；谏官、史官皆随仗出，仗下后事，不复预闻。武后以法制群下，谏官、御史得以风闻言事，自御史大夫至监察得互相弹奏，率以险诐相倾覆。及宋璟为相，欲复贞观之政，戊申，制："自今事非的须秘密者，皆令对仗奏闻，史官自依故事。"①

史文虽称"御史弹百官，服豸冠，对仗读弹文"是贞观之制，但不知其所本，或系受唐后期屡复朱衣豸冠及令御史得专弹举、不复关白中丞大夫影响而形成的"历史书写"。② 对《通鉴》所及御史对仗读弹文，胡三省作注时只提到一例，即显庆元年王义方弹李义府事，已在"许敬宗、李义府用事……奏事官多俟仗下"之后。③ 细审玄宗所下制，也只着重改变仗下奏事频繁的情况，可见前述"书写"即便来源于唐人旧史，其所强调的应

---

① 《资治通鉴》卷二一一，第6728—6729页。
② 乾元二年（759）诏："其御史台所欲弹事，不须更进状，仍服豸冠。所被弹劾有称雠嫌者，皆冀迁延，以求苟免；但所举当罪，则雠亦不嫌。如宪官不举所职，降资出台；傥涉阿容，仍重贬责。"《册府元龟》卷六四《帝王部·发号令三》，第715页。建中元年（780），"张著为监察御史，冠豸冠，弹京兆尹兼御史中丞严郢于紫宸殿，劾郢奉诏发人浚陵阳渠，匿诏不时行，故使奔蹙，以归怨于上。帝（德宗）即位之初，侍御史朱敖请复制置朱衣豸冠于内廊，有犯者，御史服以弹，帝许之。又令御史得专弹举，不复关白于中丞、大夫，至是，著首行之。乃削郢御史中丞，而著特赐绯鱼袋。自是，悬衣冠于宣政之左廊。然著承杨炎意弹郢，无何，御史张滂复以朋党私衅弹中丞元全柔，众议不直，乃诏御史不得专举"。《宋本册府元龟》卷五二二《宪官部·私曲》、卷五二〇下《宪官部·弹劾三》，第1363、1352—1353页。长庆四年（824），"侍御史知弹奏温造请复置朱衣豸冠于外廊，大臣沮而不行"。同前书，卷五一六《宪官部·振举》，第1325页。
③ 还可举出一例，侍御史靳恒与监察御史李尚隐对仗弹崔湜、郑愔，见《资治通鉴》第二〇九，景龙三年五月丙寅条，第6635页。

该是"对仗"奏弹，而非关白之制。

正是由于武则天时"自御史大夫至监察得互相弹奏"状况的出现，才形成了李承嘉口中的"近日弹事，不咨大夫"和萧至忠口中的"各自弹事，不相关白"的情况。同时，如果从开元初年恢复贞观之政的风气下，再去看崔隐甫"事无大小，悉令谘决"的做法，崔氏所为也同样可视为是对贞观或永徽初旧制的回归，而非一改唐初以来无关白之制的重大变化。如前所述，对于《旧唐书·崔隐甫传》中的"宪司故事"，与萧至忠口中的"故事"一样，切不可理解为自唐初以来的故事——那只不过是自武则天以来所形成的"新制"。

经过崔隐甫的努力，御史关白之制也就体现在随后修成的《唐六典》之中（引文见前）：所谓"大事则方幅奏弹"，应该是直接以御史大夫的名义奏弹。至于小事，也需要大夫连署才能奏弹（即"具其事为状，大夫、中丞押奏"）。这确实与日本奏弹式有些类似，符合前文所推测的奏弹式复原案，也体现了开元初年要求回归贞观政风的要求。

当然，不可否认的是，开元十四年，改变武则天以来御史"竞为官政，略无承禀"的做法，重新回归"事无大小，悉令谘决"体制，更与开元以来在新形势推动下，调整中枢机构，以求决策与施行一体化的制度改革理念是一致的。不过，这一理念最终却导致李林甫、杨国忠等"权相"局面的出现。因此，在经过安史之乱的冲击、权力结构重组之后，同样要求"所有弹奏，一依贞观故事"的唐肃宗，[①]却一再地要求取消御史弹奏先关白大夫的制度。《唐会要》载：

> 至德元年（756）九月十日，诏："御史弹事，自今以后，不须取大夫同署。"故事，凡中外百寮之事，应弹劾者，御史言于大夫，大

---

① 《册府元龟》卷八七《帝王部·赦宥八》，至德元年七月，肃宗即位赦，第1031页。按，强调回归对贞观之制，始于唐中宗即位赦（分见柳若讷及上疏及桓彦范奏对，文字略不同，前者曰："神龙元年三月五日制书，一事已上，并依贞观故事者。"后者曰："陛下自龙飞宝位遽下制云：军国政化，并依贞观故事。"见同前书卷四八〇《台省部·奸邪二》，第5725页；卷三二八《宰辅部·谏净第四》，第3875页。另参见《旧唐书》卷五〇《刑法志》："时既改易，制尽依贞观、永徽故事。"第2149页。但玄宗时人对中宗"依贞观故事"内容的解读侧重在"反正朔服色"。见开元五年十月，伊阙人孙平子上封事，《唐会要》卷一七《庙灾变》，第409页。然而将周正改回夏正的是武则天，见《旧唐书》卷六《则天皇后本纪》，久视元年十月甲寅条，第129页）而未果。玄宗、肃宗即位后，再次不约而同地强调回归贞观之制，但真正将御史奏弹不需关白大夫"书写"为贞观故事，却始于肃宗，反映出父子二人的侧重点不同。

事则方幅奏弹之，小事则署名。①

可见，此时肃宗所要求改变的"故事"，恰恰是在不久之前修成的《唐六典》中所记载的开元之制。不过，肃宗的这种努力，却一直没能真正实现。② 这当然也与肃宗、代宗朝长期存在权相执政有直接关系。

必须指出的是，开元时期，一改武则天以来御史"竞为官政，略无承禀"体制的背后，实际上有着更深层次的制度性因素。那就是随着中书门下体制的产生和建立，新体制下的宰相兼有决策权和行政权，并通过中书门下对行政事务的干预越来越强。因为宰相日益体现出来的政务官化，使得宰相往往不得不亲自处理政务，甚至是下行尚书六部之务。③ 在这种体制下，宰相又怎么能让御史奏弹之制出现失控的状况呢？④

三　奏状与推事使：中央司法政务运行机制变化之始

使职是唐代职官制度发展中产生的一个显著变化，而且是一种并未见诸前代的新变化。⑤ 使职从零星的出现，到系统化的发展、成熟，不仅深刻地改变了唐朝原有的制度，推动着其自身历史的进程，而且影响了中国古代后半段整个政治体制的变迁。⑥ 有关唐代使职的研究，学界成果繁富，

① 《唐会要》卷六一《弹劾》，第 1256 页（《册府元龟》卷六四《帝王部·发号令三》："唐肃宗至德元年十月癸未，车驾至彭原郡，诏：……开谏诤之路，依贞观故事，御史弹事不须大夫同署，谏官论事不须宰相先知。"第 713 页。按，癸未为十月三日，与《唐会要》所载时间不同。参见陈垣《二十史朔闰表》，第 97 页）。另见前引乾元二年诏。
② 胡宝华：《唐代监察制度研究》，第 40—45 页。
③ 《唐会要》卷五七《尚书省》："贞元二年正月，宰相崔造奏请尚书六职，令宰臣分判。乃以宰臣齐映判兵部、承旨及杂事，李勉判刑部，刘滋判吏部、礼部，崔造判户部、工部。"第 1157 页。中书门下体制下宰相职权的变化，参见刘后滨《唐代中书门下体制研究》，第 60—62 页。
④ 牟学林：《唐代御史台运行机制变迁研究》，博士学位论文，中国人民大学，2019 年，第 59—78 页。
⑤ 唐长孺：《魏晋南北朝隋唐史三论——中国封建社会的形成和前期的变化》，中华书局，2011 年，第 473 页。
⑥ 陈仲安：《唐代的使职差遣制》，《武汉大学学报》1963 年第 1 期，第 87—103 页；孟宪实：《唐代前期的使职问题研究》，吴宗国主编：《盛唐政治制度研究》，第 176—180 页；刘后滨：《唐代中书门下体制研究》，第 137—148 页。

其中既有宏观考察，又有微观考证，本节不一一枚举。① 就唐代司法政务运行而言，学者关注较多的是司法"三司使"及其前身的"三司推事"。《新唐书》载：

> 自永徽以后，武氏已得志，而刑滥矣。当时大狱，以尚书刑部、御史台、大理寺杂按，谓之"三司"，而法吏以惨酷为能，至不释枷而笞棰以死者，皆不禁。

又谓：

> 凡鞫大狱，以（刑部）尚书、侍郎与御史中丞、大理卿为三司使。②

由于《新唐书》的巨大影响力，③ 时至今日，一谈及唐朝法制，便常以此"三司"或"三司使"为其代表。然而，正如研究所指出的，唐初大案往往由皇帝临时诏派宰相等大臣会同审理。永徽以后，虽然见有以刑部、御史台、大理寺官员杂鞫的情况，但"三司推事"的制度尚未形成，仍多见以中书、门下两省官同鞫的情况。从玄宗朝起，三司推事才真正普遍化起来，并被载入《唐六典》。三司推事真正地制度化，即有了正式的使额，则要到肃宗在安史之乱中收复两京之后，为解决出现的大量受伪官的问题，而设置三司使。④ 当然这是后话。本节所要讨论的是学者们较少关注的、但在唐代司法政务运行中应具有更普遍意义的使职——推事使。

1. 推事使的出现及其官吏设置

"已有告言谓之推"，顾名思义，推事使就是犯罪事发之后，所遣推鞫

---

① 详见宁志新《隋唐使职制度研究》（农牧工商编），中华书局，2005 年，第 80—123 页。

② 《新唐书》卷五六《刑法志》、卷四六《百官志一》，第 1414、1199 页。

③ 《资治通鉴》卷二〇一，龙朔三年（663）四月乙丑，高宗"下（李）义府狱，遣司刑太常伯刘祥道与御史、详刑共鞫之，仍命司空李勣监焉"。胡三省注曰："司刑太常伯，即刑部尚书。详刑，大理也。唐自永徽以后，大狱以尚书刑部、御史台、大理寺官杂按，谓之三司。"第 6334—6335 页。胡注所本当即前引《新唐书·刑法志》。

④ 参见前揭李治安《唐代执法三司初探》、王宏治《唐代司法中的"三司"》、刘后滨《唐代司法"三司"考析》，以及胡沧泽《唐代御史台司法审判权的获得》，《厦门大学学报》（哲学社会科学版）1989 年第 3 期，第 98—104、119 页。

的使职。关于推事使的始置时间，目前已难考知。虽然《唐律疏议》中已经有关于"别制下推"的"遣使就问"的规定：

> 若别制下问、案、推（无罪名谓之问，未有告言谓之案，已有告言谓之推），报上不以实者，徒一年；其事关由所司，承以奏闻而不实者，罪亦如之。
>
> ［疏］议曰："若别制下问"，谓不缘曹司，特奉制敕，遣使就问。注云"无罪名谓之问"，谓问百姓疾苦，丰俭水旱之类。案者，谓风闻官人有罪，未有告言之状，而奉制案问。推者，谓事发遣推，已有告言之者。而乃报上不以实者，各徒一年。①

但在高宗朝尚属临时之事，未必已有此使名。垂拱四年（688），越王贞称兵事败，缘坐者众多，有"司刑使逼促行刑"。② 然而不能确知此司刑使为何，若其为司刑寺官员被遣使者，③ 则说明当时尚未有使名，故以其本司称之。或其为刑罚执行者之使名，则即别为一使职，可不论。

就目前所见，有关推事使的记载，绝大部分集中在武则天朝。这一使名的出现，应该与当时"任威刑以禁异议"的政策有关。推事使中最早的两例，便是号称酷吏之首的"来、索"：

> 光宅初（684），徐敬业起兵扬州，以匡复为名，则天震怒，又恐人心动摇，欲以威制天下。（索）元礼探其旨告事，召见，擢为游击将军，令于洛州牧院推案制狱。元礼性残忍，推一人，广令引数十百人，衣冠震惧，甚于狼虎。则天数召见赏赐，张其权势，凡为杀戮者数千人。于是周兴、来俊臣之徒，效之而起矣。时有诸州告密人，皆给公乘，州县护送至阙下，于宾馆以廪之，稍称旨，必授以爵赏以诱之，贵以威于远近。元礼寻以酷毒转甚，则天收人望而杀之。天下之人谓之"来、索"，言酷毒之极，又首按制狱也。④

---

① 《唐律疏议》卷二五《诈伪律》，"对制上书不以实"条，第459页。
② 《旧唐书》卷八九《狄仁杰传》，第2887页。
③ 《唐六典》卷一八《大理寺》："司直掌承制出使推覆，……评事掌出使推按。"第504页。
④ 《旧唐书》卷一八六上《酷吏上·索元礼传》，第4843页。

关于索元礼的身份，正史只记其所授散官。① 而据《朝野佥载》，他已具有推事使之衔。② 但可能是追书所记，并非当时已有使名。其后，武则天又命来俊臣别置推事院，这就是大名鼎鼎的"新开狱"，当时与洛阳牧院并称"秘狱"：③

> 载初元年（690）九月，来俊臣主制大狱。……其月，于都城丽景门内，别置推事院（谓之新开狱）。④

推事院即推事使院，⑤ 这应是推事使得名之始。推事使不仅有使名、使院，而且还置有判官：

> 垂拱后，（万国俊）与来俊臣同为《罗织经》，屠覆宗枝朝贵，以作威势。自司刑评事，俊臣同引为判官。天授二年（691），摄右台监察御史，常与俊臣同按制狱。
> （狄仁杰）为来俊臣诬构下狱。时一问即承者，例得减死。来俊臣逼胁仁杰，令一问承反。……判官王德寿谓仁杰曰："尚书必得减死。德寿意欲求少阶级，凭尚书牵杨执柔，可乎？"仁杰曰："若何牵之？"德寿曰："尚书为春官时，执柔任其司员外，引之可也。"仁杰……以头触柱，流血被面，德寿惧而谢焉。⑥

可以说，推事使已经成为一个组织完整的专门使职。那么，在当时的形势下，新设置的推事使，是如何在唐前期司法政务运行机制中发挥作用的呢？

---

① 参见《宋本册府元龟》卷五二一《宪官部·残酷》、卷六一九《刑法部·枉滥》，第1360、1959 页。
② 《朝野佥载》卷二《恶官》："周推事使索元礼，时人号为'索使'。"第 30 页。既然武则天随后别置推事院，或《朝野佥载》系追记之故。
③ 《通典》卷一六九《刑法七·守正》："时周唐革命，……告密之辈，推覈之徒，因相诬构，共行深刻。新开总监之内，洛州牧院之中，递成秘狱。"第 4382 页。
④ 《唐会要》卷四一《酷吏》，第 866 页。
⑤ 《旧唐书》卷五〇《刑法志》："时周兴、来俊臣等，相次受制，推究大狱。乃于都城丽景门内，别置推事使院，时人谓之'新开狱'。"第 2143—2144 页。
⑥ 《旧唐书》卷一八六上《酷吏上·万国俊传》、卷八九《狄仁杰传》，第 4845—4846、2888 页。

2. 推事使与周唐革命：中央司法政务运行机制的变与不变

如前所述，对于律令格式规定的国家常务，在唐前期通常是在三省制下，由尚书省以奏抄、省符等公文书进行处理的。表、状等文书，虽处理程序与前者不同，但并未超出既有政务运行机制，而且本身就是律令体制弹性结构中的组成部分。然而，使职系统的发展，使得以"状"这类文书的使用范围愈发扩大，产生了一套新的奏报处理机制。原来针对律令规定的特殊情况而制定的"不缘门下，别录奏请，听敕"处理程序的"状"（建议性文书），逐渐变成了为处理律令没有规定或无力解决的问题而纷纷出现的"不缘曹司（尚书省）"的使职奏报政务的主体文书形态——奏状（汇报性文书）。① 两者的链接点就在于，使职最初是以个人身份参与政务处理的，是"特奉制敕"的皇帝近臣，而近臣向皇帝汇报工作就是通过"状"。

当然，上述分析主要是围绕着使职与皇帝之间的政务奏报与裁决机制展开的。需要指出的是，使职毕竟是诞生于唐代既有政务运行机制的母体之中，因而，在一开始，必然存在一个新旧制度相互适应、共存、影响和改变的过程。司法政务运行机制也是如此。以下围绕武则天正式称帝前后的载初、天授年间（690—692），徐有功任司刑寺丞时参与的司法案件略加讨论，② 试图说明上述问题。《通典》载：

> 推事使、左台监察御史卢僎奏称："告事人问赵推之，③ 得款：
> '唐子产与推之手状，遣告长孙仲宣，实不知事由者。'依问唐子产，
> 得款：'与推之手状，令告仲宣宅中私置炉，拟打枪梢，谋反是实。'
> 其长孙仲宣是子产亲舅，为子产先与三舅庶几妾成蹊私通，仲宣既
> 知，即骂辱子产，为此诬告者。"曹断："准律：'诬告谋反大逆者，
> 斩；从者，绞。'又条云：'教令人告事虚，应反坐；得实，应赏。皆
> 以告者为首，教令为从。'推之为首，处斩；子产为从，处绞。"推之

---

① 刘后滨：《唐代中书门下体制研究》，第 149 页。
② 以下所引数案，杜佑系于徐有功延载初年（694）任司刑寺丞后，《通典》卷一六九《刑法七·守正》，第 4373 页。《资治通鉴》卷二○四系徐有功事迹于天授元年七月侯思止、王弘义等酷吏事迹后，且将徐有功为秋官郎中时，争道州刺史李行褒兄弟谋复李氏一案系于天授元年年末，第 6465、6469—6470 页。参见《旧唐书》卷八五《徐有功传》，第 2818 页。
③ 此句亦见于《宋本册府元龟》卷六一六《刑法部·议谳三》，第 1934 页。疑其文字当有脱误，或当为"问告事人赵推之"。

在禁告密，因得引见，遂诉枉屈。武太后曰："赵推之得唐子产手状，即告。于子产引虚，自是子产之罪，何得枉断杀推之。宜令停决，正断奏闻者。"有功重执曰："推之所告反由，元于子产处得。奉敕勘当，具状是诬，付法科绳，已断处斩。奏书临决，恩旨遣停。圣上为子产引虚，则将推之枉死。但教令告事，律著正文，告者为首，教者为从。若其事虚受责，推之合当重科；如其反实论功，子产才霑薄赏。律开此制，本防避罪争功；在于宪司，固当守文奉法。"奉敕："依奏。"①

赵推之受唐子产指示告长孙仲宣谋反一案，由左台监察御史卢偘推勘。在取得款辞之后，奏付司刑寺断案。其具体审断过程，今不详及。需要注意的是，卢偘所奏与司刑所断使用的文书式：在卢偘奏和司刑寺断之间，是否如前节所论，通过的是连接御史台和大理寺的奏弹式？"奏书临决"所隐含的大理寺与皇帝之间文书往来，是否为奏抄？可惜上述记载系史家损益之后的文本，正好省略了本节所关心的细节。因此，需要借助类似的案件处理程序来分析：

推事使顾仲琰奏称："韩纯孝受逆贼徐敬业伪官同反，其身先死，家口合缘坐。"奉敕："依。"曹断："家口籍没。"有功议："按《贼盗律》：'谋反者斩。'处斩在为身存，身亡即无斩法。缘坐元因处斩，无斩岂合相缘？缘者是缘罪人，因者为因他犯。犯非己犯，例是因缘。所缘之人先亡，所因之罪合减。合减止于徒坐，徒坐频会鸿恩。今日却断没官，未知据何条例。若情状难舍，敕遣戮尸，除非此途，理绝言象。伏惟逆人独孤敬同柳明肃之辈，身先殒没，不许推寻。未敢比附敕文，但欲见其成例。勘当尚犹不许，家口宁容没官？"申覆，依有功所议，断放。此后援例皆免没官者，三数百家。②

从"奉敕：'依'"来看，推事使所奏文书应是奏状。由此可知，卢偘虽然是监察御史，但其在赵推之案中，并非以御史身份奏弹，而是以推事使的身份，用奏状将案件实情先行奏报皇帝。在敕依之后，两个案件便

---

① 《通典》卷一六九《刑法七·守正》，第 4380—4381 页。
② 《通典》卷一六九《刑法七·守正》，第 4379 页。

都进入司刑寺审断的阶段。

在赵推之案中，推事使只是将所得案情奏闻皇帝，断案是由司刑寺完成的（"奉敕勘当，具状是诬，付法科绳，已断处斩"）。由断案所引发的争议，也是在司刑寺和皇帝之间发生和得到解决的。由此可知，在韩纯孝家口籍没案中，尽管推事使提出了"家口合缘坐"的建议，皇帝也已敕许，但从"曹断：'家口籍没'"来看，皇帝所依并非对"缘坐"的确认和裁决。从而徐有功之议，也只是发生在司刑寺审断过程的"参议"，[①] 并非针对皇帝诏敕。[②]

再从"申覆，依有功所议，断放"来看，符合前引《唐六典》所载："以元状断定，上刑部。刑部覆有异同者，下于寺，更详其情理以申，或改断焉。"可见，尽管是为推事使所推，并由敕下司刑审断的案件，如果款证分明、律有明文，对于司刑寺和秋官司来说，仍然会以常务的处理程序进行。所以，赵推之案中的"奏书临决"自然也就和前引唐律"奏报应决者，听三日乃行刑"联系了起来，是经由御画奏抄所断的死罪案件。此后，赵推之在临决之前通过告密获得武则天的引见，自然构成了前引《神龙散颁刑部格》"若死囚，旨符已到，有告密者，不须为受"规定出台的现实背景。

当然，既然有可依律文而断的案件，就会有超出律令之外的案情：

> 故左相苏良嗣亡后被告反，[③] 男践言、践忠、践义，推事使、金吾将军丘神勣奏称："请准法绞刑者。"奉敕："依。"顷又有敕："苏良嗣往者频被言告，指验非虚。朕以其年迫桑榆，情敦簪履，掩其恶迹，竟不发扬。洎乎归壤之辰，爰备饰终之礼。不谓因子重发逆踪，所司执法论科，请申毁柩之罚。朕念劳志切，惟旧情深，是于（矜）囚赦之科，特降非常之霈。式延恩于朽骼，俾流渥于幽魂。特免斫棺之刑，宽其籍没之典者。"少卿郭奉一等所奏："苏良嗣作逆先死，准敕免斫棺，矜其籍没，其男践言等缘坐，既在敕无文，请准法处绞刑。"奉〔敕〕："依者。"有功执奏曰："践言、践忠，良嗣之子，缘

---

① 《唐六典》卷一八《大理寺》："每一丞断事，五丞同押；若有异见，则各言不同之状也。""若寺有疑狱，则（司直）参议之。"第503、504页。

② 《新唐书》卷一一三《徐有功传》："有韩纪孝者，受徐敬业伪官，前已物故，推事使顾仲琰籍其家，诏已报可。有功追议，……诏从之，皆以更赦免，如此获宥者数十百姓。"第4189页。"纪孝"应误，《宋本册府元龟》卷六一六《刑法部·议谳三》亦作"韩纯孝"。第1933页。

③ 苏良嗣去世，见《资治通鉴》卷二〇四，天授元年三月丁亥条，第6463页。

其父逆，并合绞刑。但为敕称：'屈法申恩，特降非常之需。'又言：'念劳志切，惟旧情深，特免斫棺之刑，宽其籍没之典。'两节皆具'特'字，信知恩是非常。父免斫棺之刑，子无缘坐之死；既宽籍没之典，理绝收录其家。按《名例律》：'因罪人以致罪，若罪人遇恩原减，亦准罪人原减法。'又云：'即缘坐家口虽配没，罪人得免者，亦免。'斫棺为其父逆，因父致其绞刑，父既特遇殊恩，子便不拘恒律。① 践言等并即不合缘坐处尽。录奏者。"② 奉敕："践言等缘坐合死，朕好生恶杀，不忍加刑，宜特免死配流。"③

苏良嗣及子践言等谋反案，同样是经推事使、金吾将军丘神勣奏请将践言等"准法绞刑"，并为皇帝敕"依"。但其审断应仍与前述案件一样，须待司刑寺做出。然不同者有二：其一，在司刑寺断定之前，武则天又下敕"特免（良嗣）斫棺之刑，宽其籍没之典"。④ 其二，少卿郭奉一等所上为"奏"而非"断"。

对于前者，是皇帝恩典，可不论。至于后者，则与前述唐律"若敕许充侍，家有期亲进丁及亲终，更奏；如元奉进止者，不奏"所规定的情况相近，属于"元未奉进止者"，不得自行处分，也不能以奏抄进画。故司刑寺以敕文未该及践言等为由，奏请皇帝"准法处绞刑"。⑤ 在之后徐有功的执奏中，他也是围绕着"特"字做文章，因此为武则天所采纳。践言等得以"特免死配流"。⑥

如前节所论，唐代司法政务一般分为推、断、决三个环节。就中央层

---

① "恒"，《宋本册府元龟》作"常"，当是唐穆宗以后讳改之文。
② "者"，《宋本册府元龟》作"言"。
③ 《通典》卷一六九《刑法七·守正》，第4375—4376页；《宋本册府元龟》卷六一六《刑法部·议谳三》，第1932页。
④ 武则天此敕，针对的是"所司执法论科，请申毁椁之罚"。这应是司刑寺针对苏良嗣作出的判决，而本节所论围绕的是其子践言等所缘坐之案。
⑤ 虽然史无明言，但司刑寺的上奏，或许也是要经由尚书省、中书省转达于皇帝。
⑥ 《唐六典》卷六《尚书刑部》："凡律法之外有殊旨、别敕，则有死、流、徒、杖、除、免之差（谓有殊旨、别敕：宜杀却、宜处尽、宜处死、宜配远流、宜流却、配流若干里，及某处宜配流却遣、宜徒、宜配徒若干年，至到与一顿、与重杖一顿、与一顿痛杖、决杖若干，宜处流、依法配流、依法配流若干里，宜处徒、依法配徒、与徒罪，依法处徒若干年，与杖罪、与除名罪、与免官罪、与免所居官罪，皆刑部奉而行之）。"第188页。然而对于"殊旨、别敕"，与一般制敕所断罪之间的区别，在《刑部式》中有详细规定，如代宗宝应元年九月，刑部侍郎卢元裕奏："准式，制敕与一顿杖者，决四十，重杖一顿者，决六十，无文至死。式内自有杀却、处尽等文，即明重杖只合加数。京城先因处分决杀者多，一死不可复生，望准式文处分。或决痛杖一顿者，式文既不载，亦请准重杖六十例，不至死。"许之。《宋本册府元龟》卷六一二《刑法部·定律令四》，第1901页。其余难以知晓。

面而言，原本基本集中于大理寺的推、断、决，在贞观末御史台置狱逐渐取得推鞫之权，以及武则天置推事使后，其推鞫的权力逐步分散。但是可以看出的是，对于断、决之权而言，统治者还是想将其尽量控制在国家原有司法体制之内去处理。

然而在当时那样的"革命"年代，皇帝依靠酷吏大行威权。酷吏也得以将人性之恶发挥得淋漓尽致，如"来俊臣既便斩云弘嗣，亦手刃张虔勖。郭弘霸传李思徵之首，王弘义亦枭毛玄素之元。朝野屏气，道路以目"，① 便是其例。更遑论当时还存在"有敕勘当反逆，令使者得实便决杀"的规定。②

面对武则天以来，中央司法政务中推鞫之权的分散，中宗即位便下诏试图加以改变：

> 设官量才，固须称职。比来委任，稍亦乖方。遂使鞫狱推囚，不专法寺，……多差别使，又着判官。在于本司，便有旷位。并须循名责寔（实），不得越守侵官。③

然而中宗的命令并没有终结推事使的历史。天宝年间，由于李林甫与太子之间的矛盾，长安也一度别置推院，连岁起大狱。④

如何理解武则天以来推事使的出现和"侵官"局面的出现？确实，武周革命前后，由于政治形势的需要，刑法更加频繁地被作为政治打击的工具，必然导致狱案激增的情况。与之相适应的是武则天时期刑部侍郎员额的增加。⑤ 可即便如此，在当时"诸州告密人，皆给公乘，州县护送至阙下，于宾馆以廪之。稍称旨，必授以爵赏以诱之"（见前引）的环境中，由此积累下来的案件，决非大理寺、御史台所能及时处理的。对此，从来

---

① 《通典》卷一六九《刑法七·守正》，第4382页。
② 《册府元龟》卷五三二《谏诤部·规谏九》，如意元年（692）六月，万年主簿徐坚上疏，第6360页。天授二年正月，御史中丞、知大夫事李嗣真"以来俊臣等用法严酷"上疏，亦提及："比日狱官一单车使推讫，万事即定，法家随断，轻重不推，或有临时便决，不待闻奏。……九品之官，专命推覆，操杀生之柄，窃人主之威，按覆既不在秋官，省审复不由门下，事非可久，物情骇惧。"《通典》卷一七〇《刑法八·峻酷》，第4428页。
③ 《唐大诏令集》卷二《中宗即位赦》，第7页。
④ 《旧唐书》卷一〇六《杨国忠传》："时李林甫将不利于皇太子，掎摭阴事以倾之。……因深竟（韦）坚狱，……以树威权。于京城别置推院，自是连岁大狱，追捕挤陷，诛夷者数百家，皆国忠发之。"第3242页。
⑤ 刑部侍郎本一员，"垂拱四年四月十一日，加一员，以魏尚德为之。长安四年十二月四日，减一员"。《唐会要》卷五九《尚书省诸司下·刑部侍郎》，第1215页。设置二员刑部侍郎，基本与武则天执政的时期相始终。

俊臣"与侍御史侯思止、王弘义、郭霸、李仁敬,司刑评事康暐、卫遂忠等,同恶相济。招集无赖数百人,令其告事,共为罗织,千里响应"的规模,① 与两司官吏数相较,② 就不难得出。从这个意义上来说,推事使的出现是有其合理性的。推事使的"尽职"也并不是纯粹的"越守侵官",而主要是为了解决国家形势变化所带来的一系列体制问题。

一旦特殊的政治环境被扭转,前述"非正常"的制度探索,便在新时代展现出其自身的"技术合理性"。正如阎步克所指出的,这正是中国古代政治制度的各子系统都可能潜藏着尚未被揭示的"技术原理"。③

以推事使为例,玄宗以后,随着三司推事的制度化以及肃宗以后"三司使"的出现,前述武则天时期所置的推事使确实已消失于历史舞台。但"推事使"之名,还延续在当时的社会和制度中。如前引《唐开元廿四年岐州郿县县尉牒判集》中还有一道《朱本被诬牒上台使》的判词,其中"台使"就是"御史台推事使",是因百姓"至京诣台,讼朱本隐强取弱,并或乞敛乡村"一事,而为御史台所遣之使,④ 故应属前节所论御史推案之制。

至唐后期,以出使郎官、御史监察地方(外台)的情况越来越普遍。⑤ 对于其中的御史,亦有被称作推事使者,见于贞元年间戴叔伦《岁除日奉推事使牒追赴抚州辨对留别崔法曹陆大(太)祝处士上人同赋人字口号》(一题《岁除日追赴抚州辨对留别崔法曹》)及权德舆《同陆太祝鸿渐崔法曹载华见萧侍御留后说得卫抚州报推事使张侍御却回前刺史戴员外无事喜而有作三首》诸诗。⑥

---

① 《旧唐书》卷一八六上《酷吏上·来俊臣传》,第4837页。
② 据《唐六典》所载开元年间官吏员额,大理寺285人,御史台136人。若以武则天时并置左右台为计,则两司合计为557人,不可谓不多。然而毕竟两司各有常程公务,若想及时处理告密案件,恐难以支持。
③ 阎步克:《古代政治制度研究的一个可选项:揭示"技术原理"》,《河北学刊》2019年第1期,第59—64页
④ [日]池田温:《中国古代籍帐研究》,"录文与插图"部分,第230页。按,"推事使",潘春辉录作"推专使",恐误,见氏著《P.2979〈唐开元廿四年岐州郿县县尉牒判集〉研究》,第78页。
⑤ 《册府元龟》卷六四《帝王部·发号令三》,大历六年(771)六月诏,卷一五一《帝王部·慎罚》,长庆四年三月赦书,第717—718、1827页。
⑥ (唐)戴叔伦撰、蒋寅校注:《戴叔伦诗集校注》卷一,上海古籍出版社,2010年,第139—140页;(唐)权德舆撰、郭广伟校点:《权德舆诗文集》卷三,上海古籍出版社,2008年,第48页。参见陶敏《戴叔伦抚州推问诗的真伪问题及其他》,《邵阳师专学报》(社会科学版)1985年第2期,收入氏著《唐代文学与文献论集》,中华书局,2010年,第131—138页;赵昌平:《戴叔伦作品真伪及有关行事商榷》,《文史》第25辑,中华书局,1985年,第339—342页。

本 章 小 结

制度史研究依赖于史志政书的记载，但又须警惕文本的束缚。通过分析《唐六典》所载大理寺、刑部职掌可知，面对类似经过改写的文本（尽管是奉敕而撰），不能在跨越千载之后，忽视词汇、概念背后因时空转换造成的断裂——如大理卿"掌邦国折狱详刑之事"、刑部司"掌天下刑法"的表述中，"邦国"（实际只包含京师地区）并不能对应"天下（全国）"——而直接利用，必须再将其与唐代司法实践中具体制度规定相印证后，才能准确理解其内涵。

进一步地，即便是面对《职员令》文本"刑部掌律令，定刑名，按覆大理及诸州应奏之事"，也要在唐代司法政务的实际运行中去认知和解读。不能简单地因为上述概括来源于当时的律令，便忽视制度文本与实践之间可能存在的差异。之所以近现代学者将大理寺视为最高审判机关、刑部视为司法行政机关，就源于人们对上述问题缺乏警惕，在差异尚未被证实的前提下随意比附，从而混淆中国古代制度不同时期性格特征，造成认知偏差。

通过本章的讨论可知，在唐前期"诸州"与"在京"分而治之的司法政务运行机制中，诸州在处理司法政务时并不需要经过大理寺，而与大理寺一样申尚书省。所以，唐前期并不存在由大理寺负责审核、重审刑部转来的地方死刑案件。大理寺只是在京法司之一，主要负责部分在京徒以上罪案件的审理，绝非中央最高审判机关。

从在京"流以上若除、免、官当者"案件的断决权在刑部司，不在大理寺、两府来看，唐前期刑部司不仅负责按覆大理寺和地方司法案件（若按覆有疑，"在外者遣使就覆，在京者追就刑部"覆定），而且还拥有对某些案件（在京流以上罪及官员所犯除、免、官当之罪）的司法断决权。以上表明，唐前期"掌天下刑法"的尚书刑部（主要依托刑部司），应被视为司法政务最高裁决机关（或即最高审断机关）。这与此阶段尚书省作为全国政务的汇总和裁决机关的地位相适应。所以把唐代刑部看作是中央司法行政机关的观点也是不准确的。

司法政务的运行依赖于公文书的信息传递。奏抄、发日敕是唐前期尚书省和皇帝裁决司法政务的主体文书。虽然都适用于流以上罪的处断，但两者所依据的法律渊源、遵从的处理程序皆不相同，不宜将其混为一谈。奏弹不仅是御史监督百官的主要活动（对仗奏弹），也是御史台参与司法政务处理的重要文书载体（奏弹式）。与奏案（奏抄）形态的固定（门下三官的读省审），标志着隋唐之际三省制的确立一样，从台案（寺署台案）到奏弹（"御注者留台为案，更写一通，移送大理"）形态的改变，使得御史台在监督国家政务运行方面，取得了与尚书省类似的职权与地位（包括以"纠移所司"的形式指挥公事）。从而"台省"这样一个旧概念，在隋唐之际政治体制定型阶段被赋予了新内涵，并沿用至明清时期。①

　　使职的出现是唐代职官制度发展中产生的新变化，深刻改变了其原有制度及政务运行机制。以武周革命前后兴起的推事使为例，它的出现，虽然造成了中央司法政务运行机制的分散，但也是在特殊的政治环境中出现的"非正常"制度探索，因而使职内部依然包含着"技术合理性"。对此，下一章将会详加分析。还需要指出的是，在使职系统发端的唐前期，虽然使职被赋予专断之权，但在通常情况下，统治者并未让其完全脱离在原有司法政务运行体制之外。推事使掌"推"、大理寺掌"断"，并要经由尚书刑部司以奏抄或奏状来处理的机制，就是证明。

附论　不理状与唐前期
诉讼申诉与受理

　　为了解决司法政务运行中出现刑罚不公的弊端，唐代律令还有关于被枉断罪而抑屈不申者进行申诉的规定。如《唐律疏议》载：

　　　　被枉徒罪以上，抑屈不申及使人覆讫，不与理者，听于近关

---

①　明清时期，"台省"为给事中和都察院御史科道官的通称。如清代《钦定台规》卷首载有清圣祖《御制台省箴》（《钦定台规二种》，故宫博物院编《故宫珍本丛刊》第315—316册，海南出版社，2000年）。参见龚延明《中国历代职官别名大辞典》，"台省""台省科道"条，第259、263页。此外，明代张瀚撰《台省疏稿》八卷，载其在关中、漕运及两广等官任上的案牍及贺谢类文书。张瀚曾"都留院，晋工书，而践台鼎"（见万振孙《台省疏稿后序》，《续修四库全书》第478册，第182页），故其疏稿得以"台省"为名。

州、县具状申诉。所在官司即准状申尚书省，仍递送至京。若无徒以上罪而妄陈者，即以其罪罪之。官司抑而不送者，减所诉之罪二等。①

刘俊文认为律文规定了诉讼人在向尚书省上诉时，不得自行进京，而要在京城四面关附近的州县进行申诉。经近关州县勘实之后，上报尚书省，并递送至京。但此条律文既然是关于私度越度关津的规定，针对的就应该是行人来往无公文的情况，② 而不是只针对所有"被枉徒罪以上，抑屈不申及使人覆讫"的情况。另从律文可知，只有被枉者在获得不理状的情况下，才可以向近关官司申诉。所在官司"即准状申尚书省，仍递送至京"。由此可见，不理状与唐前期诉讼的申诉与受理关系密切。

关于不理状，见于仁井田陞复原唐《公式令》"辞诉皆从下始"条：

> 诸诸辞诉皆从下始，先由本司本贯，或路远而颠碍者，随近官司断决之。即不伏，当请给不理状，至尚书省，左右丞为申详之。又不伏，复给不理状，经三司陈诉。又不伏者，上表。受表者又不达，听挝登闻鼓。若茕独老幼不能自申者，乃立肺石之下（若身在禁系者，亲识代立焉。立于石者，左监门卫奏闻。挝于鼓者，右监门卫奏闻）。③

《杂令》"诉田宅婚姻债负"条：

> 诸诉田宅、婚姻、债负，起十月一日，至三月三十日检校，以外

---

① 《唐律疏议》卷八《卫禁律》，"私度及越度关"条，第173页。
② 《唐律疏议》卷八《卫禁律》，"私度及越度关"条疏，"水陆等关，两处各有门禁，行人来往皆有公文，谓驿使验符券，传送据递牒，军防、丁夫有总历，自余各请过所而度。若无公文，私从关门过，合徒一年。'越度者'，谓关不由门，津不由济而度者，徒一年半"，第172页。
③ 《唐令拾遗》，《公式令》第40条，原注："诸辞诉"，《日本令》作"诉讼"，第532页；《令义解》卷七《公式令》，"诉讼"条，第259—260页。参见《唐六典》卷六《尚书刑部》："凡有冤滞不申，欲诉理者，先由本司、本贯；或路远而颠碍者，随近官司断决之。即不伏，当请给不理状，至尚书省，左、右丞为申详之。又不伏，复给不理状，经三司陈诉。又不伏者，上表。受表者又不达，听挝登闻鼓。若惸、独、老、幼不能自申者，乃立肺石之下（若身在禁系者，亲、识代立焉。立于石者，左监门卫奏闻。挝于鼓者，右监门卫奏闻）。"第192页。

不合。若先有文案，交相侵夺者，不在此例。①

如绪言所述，不少日本学者受现代部门法体系影响，将唐《公式令》中关于诉讼的规定视为民事诉讼的程序法，并相应地把《狱官令》关于犯罪的规定称之为刑事诉讼的程序法。与之相反，有些中国学者则不加区分地混用《狱官令》和《公式令》的规定来分析唐代的司法制度。上述观点和做法都有值得商榷之处。日本学者在讨论唐代司法制度时，之所以把《公式令》和《杂令》的相关令文称之为民事诉讼（或称定季诉讼）的程序法，大概与《杂令》所指出的"诉田宅、婚姻、债负"案件的性质认定有关。② 如果仅仅从《杂令》所规定的"诉田宅、婚姻、债负"与《公式令》中的"辞诉"之间直接画等号，并套用现代部门法概念，当然自然地就会将《公式令》与《杂令》的规定理解为民事诉讼的程序法，并进而将诉讼的规定看作是对唐代司法制度的规定。关于从民、刑之分的角度来研究中国古代司法制度的弊端，前章业已论讫，此不具。本节着重辨析唐代"辞诉"所涵盖的内容。

就上引两条令文来看，《唐令拾遗》所复原的唐令并未使用日本令"诉讼"一词，也没采用《唐六典》的文本，而是依照《唐律疏议》及《宋刑统》所引，分别采用了"辞诉"和"诉"。但该书所复原唐令文本中确实出现有"诉讼"一词——与"辞诉"所指应相同——见于《公式令》"有事陈意见欲封进"条："诸有事陈意见，非为诉讼身事，欲封进者，并任封上。"③ 故为统一起见，本节皆称之为"诉讼"。

---

① 《唐令拾遗》，《杂令》第 15 条，第 788 页。参见《宋刑统》卷一三《户婚律》，"婚田入务"门引唐《杂令》及所附参详，第 207 页。《令义解》卷一〇《杂令》，"诉讼"条，第 336 页。按，文中"十月一日"，后周显德四年（957）七月甲辰诏引作"十一月一日"，见《册府元龟》卷六一《帝王部·立制度二》，第 688 页；《宋本册府元龟》六一三《刑法部·定律令五》，第 1911 页；《旧五代史》卷一一七《周书·世宗纪四》，第 1811 页。《唐令拾遗》据《宋刑统》并参照日令复原。天圣《杂令》第 22 条："诸诉田宅、婚姻、债负（于法合理者），起十月一日官司受理，至正月三十日住接词状，至三月三十日断毕。停滞者以状闻。若先有文案，及交相侵夺者，随时受理。"按，此条据《宋刑统》参详修定而成。黄正建认为虽然此条宋令与唐令内容有所差异，但也只能复原到《唐令拾遗》所复原的程度，此外无可补充。见氏著《天圣杂令复原唐令研究》，《天一阁藏明钞本天圣令校证（附唐令复原研究）》，第 741 页。
② 当然也受到日令《公式令》《杂令》所用词语皆为"诉讼"有关。
③ 《唐令拾遗》，《公式令》第 41 条，第 533 页。此条据《令集解》卷三六《公式令》"陈意见"条集解所引唐令复原，第 889 页。

据日本律令注释家的说法"诉讼","谓告冤曰诉,争财曰讼"。① 这应该是参照郑玄对《周礼》"狱讼"的解释而来的。② 但是仅凭这一解释,仍无从知晓唐人将"诸辞诉皆从下始,先由本司本贯"的规定放入《公式令》,而将"诸犯罪,皆从事发处州县推断"置诸《狱官令》的差别。

日本律令注释家认为《公式令》与《狱令》的差别在于诉讼之事中是否有侵损、急速的行为,"若有侵损及急速之类,自依《狱令》",即"犯罪皆于事发国郡推断"。③ 如果说两者的差别只在于诉讼之事中,是否有侵损、急速,也就是意味着,《公式令》《杂令》与《狱官令》(日令为《狱令》)所针对的对象是一致的,差别仅在于这些对象所实施的行为之中是否有侵损等特定要件而已。这些注释家的解释,是否是准确地解释了令文立意之所在? 唐令,以及以唐令为蓝本而来的日本令,为何要分别为"犯罪"与"诉讼"生文,分立令条于《狱官令》(《狱令》)与《公式令》《杂令》之中呢? 这是一个不容回避的问题。

养老《狱令》规定:"凡告言人罪,非谋叛以上者,皆令三审。……审讫。然后推断。若事有切害者,不在此例(切害,谓杀人、贼盗、逃亡,若强奸良人,及有急速之类)。"唐令亦有相应条文,且为宋令所继承。④ 尤其是令文关"切害"的注释,在唐、日、宋令中,是完全一致的。如果真如日本律令注释家所言,《狱令》所调整者就是"有侵损及急速之类"的诉讼之事,那么令文何必又自生注文以解释"切害"之意呢? 所以,上述注释者并未抓住《公式令》与《狱官令》(《狱令》)令文所调整对象的真正差别。

为了理解唐《公式令》与《狱官令》的差别,先来看唐代人所理解的"诉讼",都包括哪些内容呢? 它与《狱官令》所涉及的"犯罪"又有何差别呢?

---

① 《令义解》卷七《公式令》,"诉讼"条,第259页。
② 《周礼注疏》卷一〇,"凡万民之不服教,而有狱讼者",郑玄注:"争罪曰狱,争财曰讼。"贾公彦疏:"又云'争罪曰狱,争财曰讼'者,案《秋官·大司寇》云'以两造禁民讼,以两剂禁民狱'。狱讼相对,故狱为争罪,讼为争财。若狱讼不相对,则争财亦为狱,其义具在《秋官》释之。"第318、319页。所引《秋官·大司寇》,见同书卷三四,第1063—1064页。
③ 《令集解》卷三六《公式令》,"诉讼"条,第885页。
④ 《令义解》卷一〇《狱令》,"告言人罪"条,第321—322页;雷闻:《唐开元〈狱官令〉复原研究》,复原唐令第35条(据宋令29条复原),《天一阁藏明钞本天圣令校证(附唐令复原研究)》,第623—624页。

仪凤二年十一月《申理冤屈制》曰：

> 承平既久，区宇至广，州邑相望，众庶殷阜。事繁则诈起，法弊
> 则奸生。……比命申理，未副朕怀。百姓虽事披论，官司不能正断。
> 及于三司陈诉，不为究寻。向省告言，又却付州县。至有财物相侵，
> 婚田交争，或为判官受嘱，有理者不申；或以按主取钱，合得者被
> 夺；或积嫌累载，横诬非罪；或肆忿一朝，枉加杀害；或频经行阵，
> 竟无优赏；或不当矢石，便获勋庸，改换文簿，更相替夺；或于所
> 部，频倩织作，少付丝麻，多收绢布；或营造器物，耕事田畴，役即
> 伍功，雇无半直。又境内市买，无所畏惮，虚立贱价，抑取贵物。实
> 贪利以侵人，乃据估以防罪。或进退丁户等色，多有请求；或解补省
> 佐之流，专纳贿赂；或征科赋役，差点兵防，无钱则贫弱先充，行货
> 则富强获免。亦有乡邑豪强，容其造请。或酒食交往，或妻子去还。
> 假讬威恩，公行侵暴。凡如此事，固非一绪。经历台省，往来州县，
> 动淹年岁，曾无与夺。欲使元元，何所控告？见在京诉讼人，宜令朝
> 散大夫守御史中丞崔谧、朝散大夫守给事中刘景先、朝请郎守中书舍
> 人裴敬彝等，于南衙、门下外省共理冤屈。所有诉讼，随状为其勘
> 当。有理者速即奏闻，无理者示语发遣。其有虚相构架，浪扰官方，
> 若经处分，喧诉不绝者，宜即科决，使知惩励。仍限今年十二月内使
> 了。其在外州县，所有诉讼冤滞文案，见未断绝者，并令当处速为尽
> 理勘断。①

制书总结了唐代诉讼所包含的内容。其中既包括"财物相侵，婚田交争"
"肆忿一朝，枉加杀害"一类的民事、刑事纠纷，也包括勋庸优赏、征科
赋役不均等可视为行政诉讼的纠纷。同样，开元十年（722）闰五月，玄
宗诏曰：

> 六卿分设，诸郡咸理，在于下人，合免冤滞。如闻越局侵务，背
> 公向私，其伤则多，为政必紊。宜令天下州县，百司寮寀，俱守乃
> 曹，各勤所职。或有身名尚屈，刑罚不平，职役未均，征差无次，爰

---

① 《唐大诏令集》卷八二《刑法》，第 472 页。

及侵夺，亦兼违负，凡人所诉，大略如斯。若县不为申，州必须理；州不能理，省必为裁，上下相持，冤讼可息。自今已后，诉事人等先经县及州并尚书省披理。若所由延滞，不为断决，委御史采访奏闻，长官已下节级量贬。①

诏书也总结出唐人诉讼中最常见的几项内容："身名尚屈，刑罚不平，职役未均，征差无次，爱及侵夺，亦兼违负。"可见，其中与司法政务直接相关的，仅有"刑罚不平"一项。而"身名尚屈"指的是举、选人在参加科举、铨选、考课时遭受官司抑屈的情况。据前引《公式令》"辞诉皆从下始"条，在诉讼中不伏判决之后，对被枉人最重要的是应取得"不理状"，然后才可以向上级官府诉讼。神功元年（697）十月敕书规定：

> 选司抑塞者，不须请不理状，任经御史台论告，不得辄于选司喧诉。有凌突选司，非理喧悖者，注簿量殿；尤甚者，仍于省门集选人决三十，仍殿五六选。②

虽然敕书规定的是选人若觉得被选司抑塞，不用向本司请求出给不理状，便可直接向御史台论告。但是它却正好反映了在神功元年之前，选人欲向御史台（即上引复原唐令之中的三司之一）论告，需要先取得尚书省所给不理状才行。而从敕文中没有"自今已后""永为常式"等词来看，③ 也很难断言神功元年之后，选人欲向御史台皆"不须请不理状"。

很明显，选人不伏选司注拟而向御史台提出诉讼，只能适用于《公式令》有关"诉讼"的规定，而不适用《狱官令》有关"犯罪"的规定。同时，还要注意的是，神功元年敕文的后半段，是对选人"凌突选司"这

---

① 《册府元龟》卷六三《帝王部·发号令二》，第 709—710 页。陈登武注意到了仪凤二年《申理冤屈制》及前引开元十年敕关于诉讼人或诉事人的规定，也分析了其中所包含的诉讼内容。不过他依然采取了民、刑二分的视角，认为制敕中的诉讼人或诉事人不会是刑事犯罪者，其所欲审理者，也主要是和田宅、婚姻、债负有关的民事诉讼案件，而非刑事犯罪案件。并由此认为唐律"越诉"条是针对上述民事诉讼而生，至于刑事案件则无从越诉，所以"直诉"作为司法救济，即是为此而设。见氏著《从人世间到幽冥界——唐代的法制、社会与国家》，北京大学出版社，2007 年，第 29—31 页。
② 《唐会要》卷七五《杂处置》，第 1610 页。
③ 《唐会要》卷五四《中书省》，景龙三年八月敕："其制敕不言'自今已后'及'永为常式'者，不得攀引为例"，第 1087 页。

一"犯罪"行为的决罚规定。对于喧诉尤其严重的,则要在尚书省门前决杖三十,这正符合在京诸司"杖以下罪,当司断之"的规定。因而也再一次证明了前章对京畿地区司法政务运行机制特点的分析。至于开元十年诏书所提到其他"职役未均""征差无次""侵夺违负"等情况,也应作如是观。

综上可知,对司法政务中出现的"刑罚不平"的申诉,只是唐代的"诉讼"内容的一项。尽管"刑罚不平"是诉讼中重要的一项,但是在研究唐代司法制度时,并不应该混淆《公式令》中的诉讼规定与《狱官令》中有关犯罪推断规定的差别。换言之,关于诉讼的规定,是针对唐代各级、各类官府在政务运行中所出现的抑屈、不平、不均等,使得当事人觉得有冤屈、需要申诉时,以及在田宅、婚姻、债负上有争议的双方向官府申诉时的程序规定,① 因而被置于涵盖面更广的《公式令》中。②

以下来分析《公式令》《杂令》中"诉讼"的受理程序与《狱官令》中"犯罪"的受理程序的不同。《唐律》中对越诉行为有如下规定:

> 诸越诉及受者,各笞四十。若应合为受,推抑而不受者笞五十,三条加一等,十条杖九十。
>
> [疏]议曰:凡诸辞诉,皆从下始。从下至上,令有明文。谓应经县而越向州、府、省之类,其越诉及官司受者,各笞四十。若有司不受,即诉者亦无罪。"若应合为受",谓非越诉,依令听理者,即为受。推抑而不受者,笞五十。……若越过州诉,受词官人判付县勘当者,不坐。请状上诉,不给状,科"违令",笞五十。③

那么,对于唐代的官员,该如何判断所接到的诉辞是否属于越诉呢?

---

① 陈登武对唐代诉讼程序的讨论中,将诉讼分为两种情况加以论述:一、针对犯罪行为人的审理(审判管辖权),二、以词状告人的诉讼审理权。其中前者即是围绕《狱官令》的讨论,而后者是针对《公式令》的讨论。他注意到了以词状诉讼的司法程序中并没有提到大理寺,因而认为从诉讼的角度看,大理寺并不是一个受理诉状的单位。这不是唐令"诸词诉"条的疏忽,而是具体反映了唐代司法程序的现状。见氏著《从人世间到幽冥界——唐代的法制、社会与国家》,第16—17页。应该说作者注意到了《狱官令》和《公式令》规定的不同,但仍是从司法程序的角度对《公式令》有关诉讼的规定进行解读。

② 仍以日本律令注释家的说法为参照:《公式令》"谓公文式样也。此令亦有驿铃传符等事,而止以'公式'为名,举其大者耳。"《令集解》卷三一,第773页。

③ 《唐律疏议》卷二四《斗讼律》,"越诉"条,第447—448页。

回答这个问题，有助于理解《公式令》《杂令》与《狱官令》之间的差异。有学者认为《狱官令》只是明确规定了县级司法权的上限，对州一级以及更高层的使级和中央机构的司法权下限却都也没有界定，这就导致很多普通的民事案件一审时并未经县而直接到了州、使甚至中央的司法机构那里。由于这个原因，何为"应经县"，并不能明确地区分。所以造成越诉现象在整个唐代一直处于非常严重的状况。① 如前所论，这种看法混淆了《公式令》(《杂令》)与《狱官令》条文所针对的对象。

其实，根据唐代诉讼的规定，如何判断当事人的申诉是否属于越诉，是比较明确的。《公式令》规定，诉讼人在经断不伏之后，向判案官司请求发给不理状，以为凭证，再向上级官府提出申诉。也即，判断申诉是否越诉的要点有二：一、是经断不伏的；② 二、需要持有不理状。

关于如何请、给不理状，现存唐代文献中并没有具体的记载，仍以日本律令注释家的看法为参照。不过，他们的看法并不一致，有人认为是"判文之外，更与不理状，听诉人之上陈"，有人则认为是"判断之案，写而给与，即以此上申"，还有人认为是"判书内注明可见可与，③ 更烦不可别书"。④ 不过有一点是清楚的，那就是给予不理状必须在官司判案之后。再来看《唐六典》的记载：

> 凡有犯，(大理寺丞) 皆据其本状以正刑名。徒巳上，各呼囚与其家属，告以罪名，问其状款；不伏，则听其自理 (无理者，便以元状断定，上刑部。刑部覆有异同者，下于寺，更详其情理以申，或改断焉)。⑤

这是编修者根据唐律如下规定改写的，并非仅适用于大理寺：

---

① 张建彬：《唐代县级政权的司法权限》，第88—89页。
② 贞元九年 (793) 二月，御史台奏："今后府县诸司公事，有推问未毕，辄挝鼓进状者，请却付本司推问。断讫，犹称抑屈，便任诣台司案覈。若实抑屈，所由官录奏推典，量罪决责。如告事人所诉不实，亦准法处分。"《宋本册府元龟》卷五一六《宪官部·振举一》，第1323页。这虽然是唐后期的材料，但是对于理解诉讼人必须经下级官府判案之后才可以向上级官府或皇帝申诉的程序还是有帮助的。
③ "可与"之"可"，原注：宫本无。
④ 《令集解》卷三六《公式令》，"诉讼"条，第886页。
⑤ 《唐六典》卷一八《大理寺》，第503页。

诸狱结竟，徒以上，各呼囚及其家属，具告罪名，仍取囚服辩。
若不服者，听其自理，更为审详。违者，笞五十；死罪，杖一百。

[疏]　议曰："狱结竟"，谓徒以上刑名，长官同断案已判讫。徒、
流及死罪，各呼囚及其家属，具告所断之罪名，仍取囚服辩。其家
人、亲属，唯止告示罪名，不须问其服否。囚若不服，听其自理，依
不服之状，更为审详。若不告家属罪名，或不取囚服辩及不为审详，
流、徒罪并笞五十，死罪杖一百。①

所谓"狱结竟"就是在唐前期的四等官体制下，官司量刑定罪之后，狱案
已经经过三官通押的签署。结竟之后，杖以下罪便可施行决罚。而徒以上
罪，官司要先当面向囚犯及其家属告知所断之罪名，在取得囚犯服辩之
后，才可以"元状断定"，申于上司，以待覆报。如果囚徒不服，不书服
辩，则听其自理。官司重新"依不服之状，更为审详"，取得服辩之后，
才能申上待报。可见，在申上待报之前所出现的囚犯自理，并不属于诉讼
的程序，而仍处在前一阶段的司法政务审断程序中，所以只能由犯人自
理，而不能由家人、亲属代理。在官司断决之后，如果诉讼人决定向上申
诉，这才开始进入《公式令》所规定的诉讼程序。此时，已获徒以上罪的
囚犯，可由其家人代理申诉，包括申诉者"若身在禁系者，亲识代立"于
肺石之下。②

总之，《公式令》《杂令》《唐律疏议》有关诉讼和越诉的规定，其所
调整的对象，与《狱官令》有关犯罪条文所针对的对象并不一致。前述那
种认为是由于《狱官令》没有对州、使一级，甚至中央机构的司法权作出
规定，导致了有唐一代越诉现象严重——这种看法笔者并不认同。因为根
据《狱官令》有关犯罪的条文来看，它规定的是由承告官司推断，并不要
求"皆从下始"。当然，至于唐代越诉现象是否严重，以及越诉情况屡禁
不止的原因，与本节主旨并无直接关系，兹不论。

本节之所以要强调《公式令》（《杂令》）与《狱官令》所调整对象的

---

① 《唐律疏议》卷三〇《断狱律》，"狱结竟取服辩"条，第568页。
② 陈登武认为根据这条律文的规定，刑事犯罪行为人虽可自理供状，但仍要还押，在原官
府受审。所以其若有冤屈需要上诉，并不能亲自依循司法程序上诉，而要由亲属代为直
诉。见氏著《从人世间到幽冥界——唐代的法制、社会与国家》，第28—29、31页。但
律文中犯人不服而自理，属于司法案件审断的程序还没有最终完成，因而囚犯自理并不
属于《公式令》所规定的诉讼程序。

不同，处理程序也不同，同时又着重辨析了唐代"诉讼"所涵盖的内容，是为了说明，"诉讼"是为了减少官府在日常政务出现的抑屈、不平的情况，而允许诉讼人向上一级官府要求申理的制度。虽然由于中国古代行政与司法的合一，使得这种诉讼中包含着对司法政务中的刑罚不平进行申诉，但不宜将参与诉讼的唐代官司无差别地等同于司法机构。以尚书省为例，开元二年（714）四月敕："在京有诉冤者，并于尚书省陈牒，所由司为理。若稽延致有屈滞者，委左右丞及御史台访察闻奏。如未经尚书省，不得辄入于三司越诉。"① 也就是说在地方上未得到申理的诉讼案件，在诉讼人向尚书省陈牒之后，案件便根据政务的分类，由都省分付至所由司（二十四司）为之申理，并最终经由尚书都省（左右丞）申详。这也就是前引复原唐令中的"至尚书省，左右丞为申详之"。很明显，并不能因为尚书省二十四司皆有受理诉讼的责任，便将它们全部视为司法机构。

根据诉讼的程序，如果对尚书省的裁判仍不服，在取得尚书省不理状后，诉讼人便可向三司陈诉。在尚书省和三司陈诉都没有得到申理的诉讼人，还可以继续向皇帝上表。上表由三司受理，即三司受事。《唐六典》载：

> 凡天下冤滞未申及官吏刻害者，必听其讼，（按：给事中）与御史及中书舍人同计其事宜而申理之（每日令御史一人其给事中、中书舍人受辞讼。若告言官人事害政者及抑屈者，奏闻；自外依常法）。
>
> ……凡三司理事，则（按：御史）与给事中、中书舍人更直于朝堂受表（三司更直，每日一司正受，两司副押，更递如此。其鞠听亦同）。②

由给事中、中书舍人、侍御史所组成的受事（表）机构，实际上成为一个以朝堂办公地点的常设机构。它不仅可以代皇帝接纳上表，而且要对表文进行梳理，"若告言官人事害政者及抑屈者，奏闻"，其他的则由给事中、中书舍人、侍御史会同鞠问，以申理诉讼。或者可以说三司受事成了一个没有使名的使职机构，与武则天在朝堂置匦后所设知匦使、理

---

① 《唐会要》卷五七《尚书省》，第 1155 页。
② 以上分见《唐六典》卷八《门下省》、卷一三《御史台》，第 245、380 页。

甌使情况类似。① 万岁通天元年（696），左台殿中侍御史徐有功奏论天官、秋官，及朝堂三司、理甌使愆失："陛下令朝堂受表，设甌投状，空有其名，竟无其实。并不能正直，各自防闲，延引岁时，拖拽来去。……其三司受表，及理甌申冤使，不速与夺，致令拥滞，有理不为申者，亦望准前弹奏，贬考夺禄。"制从之。② 正是由于职掌的相似、设置地点的相同，使得徐有功在谈论起三司受表与理甌申冤使时归为一类来说明。

对于唐代司法中的"三司"与"三司使"，学界已经取得了一些研究成果（参见本书绪言）。但相关讨论主要是围绕着司法制度展开的，所以对于以三司陈诉和三司受事为代表的诉讼受理机构的性质，研究者往往放大其中所包含的对于司法政务中出现冤讼的处理，并在机构定位上将其视为司法机构。这一看法虽不为错，但是并不全面。

由于本书所定义的司法政务是指涉及五刑事务的申报与裁决，而诉讼是更广义上的包括对各类政务裁决不公的申诉。与以往学术界普遍将辞讼视为单纯的司法诉讼程序、将辞讼受理机构视为专门司法机构不同，本节附论的主旨是想申明诉讼不能完全等同于司法政务，而是针对各类政务裁决不公的申诉。

---

① 《唐六典》卷九《中书省》："甌使院，知甌使一人（垂拱元年置，常以谏议大夫及补阙、拾遗一人为使，专知受状，以达其事。事或要者，当时处分；余出付中书及理甌使据状申奏。理甌使常以御史中丞及侍御史一人为之）。"第 282 页。
② 《宋本册府元龟》卷五一六《宪官部·振举一》，第 1323 页。

第四章　分化与整合：中唐以降司法政务运行机制演变

随着内藤湖南"唐宋变革期"学说的提出，[①] 以及陈寅恪对唐代历史地位的精辟概括，[②] 学界对唐代历史的研究不再局限于一家一姓的王朝史或断代史的视野，而往往从魏晋南北朝隋唐（3 至 9 世纪）或唐宋（7 至 12 世纪）这样的长时段去探讨唐代在中国历史上的作用与地位。本书虽未对魏晋南北朝隋唐之际司法政务运行机制的发展脉络进行全面梳理，但通过前面三章的讨论，也可知无论从地方司法体制的形成，还是从奏案—奏抄、台案—奏弹等与中央司法政务相关的公文演变而言，唐代前期在三省制框架下确立的以尚书刑部（尤其是刑部司）为中心的司法政务运行机制，确实标志着"南北朝相承之旧局面"的结束。

众所周知，唐代前后期，或者说在由唐向宋的发展过程中，确实出现了许多变化，其中有些变化还带有指向性，规定着宋以后中国社会的发展道路。进一步地研究更揭示出，这些变化并非偶然地集中出现于开元、天宝年间。[③] 安史之乱虽然是唐代历史上一个非常重要的转捩点，但就唐代前后期的制度变迁而言，它并不是变革的起因，只是加速了在开、天之世业已出现的新变化的发展和成熟。[④] 正是在这样的视角下，对唐代史前后

---

① ［日］内藤湖南著、黄约瑟译：《概括的唐宋时代观》，《历史与地理》第 9 卷第 5 号，1910 年，收入刘俊文主编《日本学者研究中国史论著选译》第 1 卷，中华书局，1992 年，第 10—18 页。

② 陈寅恪《论韩愈》："综括言之，唐代之史可分为前后两期，前期结束南北朝相承之旧局面，后期开启赵宋以降之新局面。关于政治、社会、经济者如此，关于文化、学术者亦莫不如此"，《历史研究》1954 年第 2 期，收入氏著《金明馆丛稿初编》，生活·读书·新知三联书店，2001 年，第 332 页。

③ 黄正建：《中晚唐社会与政治研究·前言》，第 2 页。

④ 刘后滨：《安史之乱与唐代政治体制的演进》，《中国史研究》1999 年第 2 期，第 93—102 页；《唐后期使职行政体制的确立及其在唐宋制度变迁中的意义》，《中国人民大学学报》2005 年第 6 期，第 35—41 页。

期的划分，不再仅仅是时间性的划分，也不会是基于某一特殊时间点（或事件）的一刀切式的划分，而被赋予了更加丰富的制度变迁意义上的内涵。

大体说来，本书对唐代司法政务运行机制的探讨，也立足于上述视角和分期。前面三章讨论，基本上是以开、天年间为下限进行的。本章欲考察唐后期司法政务运行机制的转变，同样也是要以开、天年间为上限的。这种处理，在时间上来看确实有所重叠，但是就制度变迁而言，它应该是合适的。

综括学术界已有研究，从大的方面来看，"开启赵宋以降之新局面"的唐后期，在政务运行机制上的转变可归结为三个方面：

一、以政务处理程序分工为特征的三省制转变为决策行政合一的中书门下体制，宰相通过中书门下对行政事务的干预越来越强，朝着掌管具体政务的方向发展。君相在国家政务的处理程序和权力运作上更加一体化，使得皇帝在不断强化最高决策权的同时，逐渐走向了处理国家政务的前台。这就成为宋以后出现以宰相职能的分离和职权分化为核心的中书门下与枢密院对掌文武的二府制，乃至明以后能够不置宰相，以六部尚书上承皇帝之命而施政的一个重要的制度前提。[①]

二、在中书门下体制中，随着使职系统的制度化以及尚书六部和寺监系统使职化的发展，严耕望所强调的省司与寺监的政务机关、事务机关的区分被打破，[②] 使职及六部二十四司都逐渐成为中书门下体制之下的政务执行机关（或即事务机关）；并在此前提下，原先按照政务不同环节分工的运作体制被打通，形成了按照政务的性质区分为不同体系，实现贯通处分的使职差遣运作机制。[③]

三、与政务分层和程序分工运行机制相适应的，是唐代前期官府普遍存在的以长官、通判官、判官、主典同署案历，三官通押，缺一不可的政务运作模式。至开、天年间出现了在长官（使职）之下由专知官直接司掌政务执行的新的高效化运作模式。新出现的制度萌芽，在安史之乱后新的

---

① 吴宗国：《隋唐五代简史》，福建人民出版社，2006 年，第 114—115、167—170 页；刘后滨：《唐代中书门下体制研究》，第 56—62 页；李全德：《唐宋变革期枢密院研究》，国家图书馆出版社，2009 年，第 1—11 页。

② 严耕望：《论唐代尚书省之职权与地位》，《中研院历史语言研究所集刊》第 24 本，1953 年，收入《唐史研究丛稿》，第 3—4 页。

③ 刘后滨：《唐代中书门下体制研究》，第 217 页。

国家形势下迅速发展，彻底取代了原来讲求互相牵制的三官通押旧模式。在使职统领下置判官、巡官、巡检、专知官一类的事务官，弥补了唐前期四等官制的缺陷，促进了唐后期以至于宋朝官职分离的新趋势。①

应该说，作为唐代国家政务组成部分的司法政务，其运行机制在唐代后期的发展也大体遵循着上述转变，或受其影响。目前学界对唐后期法制的关注，侧重于刑法体系和刑制的发展，对于司法政务运行机制关注较少。故本章重点考察唐后期司法政务运行机制的转变。同时，从制度变迁角度看，由于唐后期在政务运行机制上与五代、北宋前期构成了相对完整的发展阶段，②所以本章虽然着眼于唐后期，但是时间的下限却放宽至北宋，以期更加完整地揭示唐后期司法政务运行机制变迁的意义。

一 唐后期使职独立审断权的行使
——以财政三司为中心

既有研究业已指出，唐高宗和武则天以后国家社会经济形势和边疆局势的发展，产生了越来越多亟待解决的新问题。这些问题主要包括，随着社会生产力的发展，个体农户经济形态逐渐成熟，租佃制也开始成为更有效率的土地经营方式，推动着商品经济、货币经济不断恢复，并走向繁荣。同时自耕农受制于自身不稳定性，在产出波动和市场风险的压力下逐渐破产逃亡，非门阀的一般地主经济迅速发展所带来的土地兼并的加剧，以及边疆形势恶化所导致的行军总管体制向军镇屯戍体制的转变。③

由此引发的经济和军事问题，往往超出处理国家常行政务运行时所依据的律令格式。解决的办法之一，自然就是不断地修订国家的法典。据统计，在唐前期的一百三十余年内，重大的、涉及律令格式整个体系的具有

---

① 李锦绣：《唐后期的官制：行政模式与行政手段的变革》，第28—49页。亦参刘后滨《唐后期使职行政体制的确立及其在唐宋制度变迁中的意义》，第40页。

② 邓小南：《祖宗之法——北宋前期政治述略》，生活·读书·新知三联书店，2006年，第78页；刘后滨：《政治制度史视野下的唐宋变革》，《河南师范大学学报》2006年第2期，第6—8页。

③ 吴宗国：《隋唐五代简史》，第133—148、167—167页；刘后滨：《论唐高宗武则天至玄宗时期政治体制的变化》，荣新江主编：《唐研究》第3卷，北京大学出版社，1997年，第216—217页；拙文《新古典经济学租佃模型视野下的唐宋变革》。

立法性质的法令修订活动就达十八次之多。① 但任何法典在其完成修订之时往往就已滞后于政治、经济、军事和社会形势的变化。而当变化愈发频繁和剧烈时，仅靠着大约十年一次的修订律令格式的立法活动，就更难及时、有效地解决上述问题。更何况，律令格式的实施效果，还要依赖于在尚书省领导下的寺监与州县官员的执行。

进一步地，当唐帝国所面临的这些问题，都起源于或归结为财政问题时，它从隋朝所继承下来的地方体制的弊端就暴露无遗了。国家政令的传达是自上而下式的，而政令赖以成立的信息却是自下而上式的。决策与信息渠道的不平衡（不对称），往往体现为中央与地方的矛盾。为了解决这样的矛盾，使职便应运而生。从这个意义上来说，使职的出现和发展，是唐代制度自身发展的内在要求，相对于旧有地方体制而言，是一种进步。可以说唐代所出现的使职差遣体制，其中所包含的中央集权方面的进步因素，是秦汉郡县制取代分封制以后最显著的制度进步。②

不过，由于唐后期多如牛毛的使职层出不穷，深刻地影响了当时政务运行机制的方方面面。在司法政务方面，表现为唐后期使职获得了独立行使审断权，③ 冲击了旧的司法政务运行机制。使职"从权""不经"的色彩与定位，也使得唐后期司法政务运行中更多地显示出无序和混乱的状态。通常情况下，这些就成为人们理解唐后期司法秩序混乱以致于政权灭亡的有力证据。④ 这种更多地是从负面来考察使职的地位与作用的看法，实际上是延续了唐后期人们在反思国家形势剧变时的批判性思考，也是继承了传统政治史视角下过多地从权力消长模式出发的习惯性结论。

而在新制度史视野下，研究者更多地继承了杜佑"设官以经之，置使

① 刘俊文：《唐代法制研究》，第249—252页。频繁立法，是法律适应社会变化的方式，同时也反映出唐朝政府在一开始仍试图在原有律令体制内应付新形势所引发的问题。除此之外，不断派出御史"巡按郡县"，括户时要求逃户返回原籍，也都是要在旧体制内解决新问题。孟宪实：《唐代前期的使职问题研究》，吴宗国主编：《盛唐政治制度研究》，第217—218、226—230页。
② 孟宪实：《唐代前期的使职问题研究》，吴宗国主编：《盛唐政治制度研究》，第218—219页。
③ "独立行使审断权"，指涉及使职的徒以上罪狱案审断完成之后，相关政务文书在本使系统内上报，并自行申奏于中书门下、皇帝。
④ 典型的论述，如藩镇专权、宦官擅权和军司、使司分权，造成了唐后期法出多门、司法失控、执法混乱的局面，破坏了唐初确立的集中统一的司法秩序，加剧了法令的废弛和刑罚的酷滥。随着唐王朝的覆亡，这种局面却延续了下来，终使五代成为中国法制史上最混乱、最黑暗的时期之一。刘俊文：《论唐后期法制的变化》，《北京大学学报》（哲学社会科学版）1986年第2期，收入《唐代法制研究》，第271—277页。

以纬之"的看法,① 较多注意到前文所提及的"新形势""新问题"与使职产生之间的关系。也就是说,使职系统的出现,面对和试图去解决的是国家政务中新出现的问题和新形势下亟待解决的事务。与其一味指责唐后期司法政务运行机制的混乱,不如去发现其中所体现出的在旧体制(制度存量)内长出新体制(制度增量),通过新旧协作,达致制度变迁与机制重建的最终实现(尽管并非一开始便有此顶层设计)。②

本节立足于唐至北宋司法政务运行机制变迁的视角进行考察时,也试图同样从积极方面去解读和评价唐后期使职系统在司法政务运行中的职能与作用。

1. 财政三司与地方府州: 使职独立审断权的行使

如前所论,唐代司法政务是指涉及五刑申报与裁决的、由各级各系统官僚机构参与处理的国家政务。财政系统的各级机构,无疑是参与司法政务处理的重要部门之一。以下主要围绕着财政三司,来探讨使职系统在唐后期司法政务运行中行使独立审断权的情况。

财政三司是指唐后期以度支、盐铁转运、户部三使司构成的财政使职。三司是三使司的省称,三者各自独立,自成系统。虽然三使司之间也会有协作,但各自独立是唐后期财政三司体制的基本特征。宋代三司使所具有的一体化财政体制,是从唐末、五代才启动的三司演变的另一阶段。关于唐代财政三司的形成与运作模式,学界研究繁富。③ 在此基础上,李锦绣的论述更为充分,④ 兹从略。

从宪宗元和(805—820)初年开始,财政三司体制进入了一个稳定平和的发展期。原因就在于,经过安史之乱的冲击和之后的持续调整,财政使职从其最初作为集决策与行政于一身的财务领导机构,演变为中书门下体制下从属于宰相的财政执行机构。财政三司之所以具有司法政

---

① 《通典》卷一九《职官一·历代官制总序》,第 473 页。又,从消极和积极两个价值取向对唐代使职研究加以评述,详见孟宪实《唐代前期的使职问题研究》,吴宗国主编:《盛唐政治制度研究》,第 178—180 页。
② 刘后滨:《唐宋间三省在政务运行中角色与地位的演变》,《中国人民大学学报》2011 年第 1 期,第 9—14 页。
③ 陈明光:《隋唐五代财政史研究概要》,叶振鹏主编:《20 世纪中国财政史研究概要》,湖南人民出版社,2005 年,第 187—191 页。
④ 李锦绣:《唐代财政史稿》下卷第一分册,北京大学出版社,2001 年,第 3—238 页。

务的处置权，是出于使职体制中贯穿的工作目标专一化和管理垂直化特点的需要。① 三使司首先对所辖官典具有司法审断权。文宗大和五年（831）十月，度支奏：

> 据屯田郎中唐扶〔状〕、邓州内乡行市、黄润（洞）两场仓督邓琬等，先主掌贞元二年湖南、江南（西）运到糙米，至浙川，于荒野中权造囤盛贮，差邓琬等交领，除支用外，六千九百四十五石，多年衰烂，已成灰尘。准度支牒，征元主掌所由从贞元二十年已后，所由邓琬父子、兄弟至玄孙，相丞（承）禁系，② 经今二十八年。前后禁死九人，追孙及玄孙等四人见枷禁。
>
> 奉敕："如闻盐铁、度支两使此类至多。其邓琬四人资产，全已卖纳，系禁动经三代，死于狱中，实伤和气。其邓晟等四人勒责保放出。仍委两使都勘天下州府监院，更有此类，但禁经三年已上者，一切与疏理，各具事由闻奏。"③

仓督邓琬是度支使下的胥吏，是负责邓州内乡县（治今河南西峡）境内行市、黄润两场的场官。④ 李希烈叛乱期间，"江、淮路绝，朝贡皆自宣、饶、荆、襄趋武关（在今陕西丹凤东武关河北岸，唐属商州）"，⑤ 朝廷只能依靠江汉线的襄州—邓州（内乡）—商州—长安水路运输支线。⑥ 如德宗贞元元年（785）正月改元赦书"令度支取江西、湖南见运到襄州米一十五万石，设法搬赴上都，以救荒馑"。⑦ 邓琬案即缘此发生。

自贞元二年起，先主掌将储藏在浙川（浙水）荒野临时粮囤之中的从湖南、江西运到的糙米交由邓琬等掌领。至贞元二十年（804），除支用以

---

① 孟宪实：《唐代前期的使职问题研究》，吴宗国主编《盛唐政治制度研究》，第253页。
② "黄润""江南"，《旧唐书》卷一九〇下《文苑下·唐次传》附《唐扶传》（第5062页）、（宋）李昉等撰：《太平御览》卷二一八《职官部十六·屯田郎中屯田员外郎》（中华书局，1960年，第1039页）作"黄洞""江西"，应是。此外，"状"据唐代文书程式而补，"丞"据《旧唐书·唐扶传》应为"承"。
③ 《宋本册府元龟》卷四九一《邦计部·蠲复三》，第1220—1221页。
④ 关于三使司下所设监、场等财务机构的置官、主掌情况，见李锦绣《唐代财政史稿》下卷第一分册，第424—426页。
⑤ 《资治通鉴》卷二二九，建中四年（783）十一月癸巳条后，第7379页。
⑥ 陈朝云：《唐代河南的仓储体系与粮食运输》，《郑州大学学报》（哲学社会科学版）2001年第6期，第120页。
⑦ 《册府元龟》卷八九《帝王部·赦宥八》，第1061页。

外，内有 6 945 石米因保存不当，腐烂成灰。度支使下牒要求元主掌、所由官典填陪亏损。这一追征就是 28 年，至大和五年，邓家自邓琬父子兄弟至玄孙，前后禁死狱中的就有九人，另外还有四人仍在禁。此案是屯田郎中唐扶充任山南道宣抚使时，在邓州发现并奏闻皇帝的。① 经过度支使的核实和奏报，文宗下敕将邓晟等四人责保放出，并要求对于此类主掌所由人等需要填陪欠物的案件，"禁经三年已上者，一切与疏理"，不要一直禁系狱中，致伤和气。财政三司所拥有的司法审断权限，由此可见一斑。

三使司不仅对其属下有司法处置权，对拖欠本司钱物的普通百姓，也同样有权禁系。大和八年（834）二月，诏：

> 应度支、户部、盐铁积久欠钱物，或囚系多年，资产已尽，或本身沦殁，展转摊征。簿书之中，虚有名数。图圄之下，常积滞冤。……其度支、户部、盐铁应有悬欠，委本司具可征放数，条流闻奏，不得容有奸滥。②

与其所具有的司法政务处置权相一致，三使司之下设有推官等职。《册府元龟·幕府部》载："盐铁、度支及场院使，亦置判官、推巡之职。"③ "推巡之职"即推官与巡官。其中，推官就是直接负责推鞫狱讼的使职属官。三使司之中，只有度支使和盐铁转运使下设有推官，户部使下则无。但由于盐铁、转运分置推官，故三使司推官总计仍三人。④ 另外，不仅财政三司置有推官，即便从属于三司的下级使职，也会在必要时设置推官。《唐会要》载：

> 安邑、解县两池，置榷盐使一员，推官一员，巡官六员。安邑院官一员，解县院官一员，胥吏若干人，防池官健及池户若干人。
>
> 乌池，在盐州。置榷税使一员，推官一员，巡官两员，胥吏一百

---

① 《旧唐书》卷一九〇下《唐次传》附《唐扶传》，第 5062 页。
② 《宋本册府元龟》卷四九一《邦计部·蠲复三》，第 1221 页。
③ 《册府元龟》卷七一六《幕府部·总序》，第 8517 页。
④ 度支、盐运、户部三司属官，基本是由副使、判官、推官、巡官构成。其中副使两人（度支、盐运各一，户部副使唐末始见，不计），判案郎官十五人（三司各五人），巡官六人（三司各两人），推官三人。详见李锦绣《唐代财政史稿》下卷第一分册，第 239—265 页。

三十人，防池官健及池户四百四十人。

温池，置榷税使一员，推官两员，巡官两员，胥吏三十九人，防池官健及池户百六十五户。①

唐后期由于榷盐、税茶法的实施，使得查缉盐、茶走私成为三使司及地方官府的重要职责，因而榷盐、榷税使下设置推官成为一种必要。又如盐监之下有负责生产的亭户（又称"灶户""池户"或"畦户"），还有负责销售的盐商，他们都"不属州县属天子"，② 更准确地说是隶属于盐铁转运使下的巡院或使职，如《新唐书·食货志》所载："两池盐利，岁收百五十余万缗。四方豪商猾贾，杂处解县，主以郎官，其佐贰皆御史。盐民田园籍于县，而令不得以县民治之。"③ 这样，与盐民、盐商相关的司法案件，自然由盐运使官员负责。杜牧在《上盐铁裴侍郎书》中提道：

盖以江淮自废留后已来，凡有冤人，无处告诉。每州皆有土豪百姓，情愿把盐，每年纳利，名曰"土盐商"。如此之流，两税之外，州县不敢差役。自罢江淮留后已来，破散将尽，以监院多是诛求，一年之中，追呼无已，至有身行不在，须得父母妻儿锢身驱将，得钱即放，不二年内，尽恐逃亡。今譬于常州百姓，有屈身在苏州，归家未得，便可以苏州下状论理披诉。至如睦州百姓，食临平监盐，其土盐商被临平监追呼求取，直是睦州刺史，亦与作主不得，非裹四千里粮直入城役使，即须破散奔走，更无他图。其间搜求胥徒，针抽缕取，千计百校，唯恐不多，除非吞声，别无赴诉。今有明长吏在上，旁县百里，尚敢公为不法，况诸监院皆是以货得之，恣为奸欺。……比初停罢留后，众皆以为除烦去冗，不知其弊，及于疲羸。……今若蒙侍郎改革前非，于南省郎吏中择一清慎，依前使为江淮留后，减其胥吏，不必一如向前多置人数。即自岭南至于汴宋，凡有冤人，有可控告，奸赃之辈，动而有畏，数十州土盐商，免至破灭。……若问于盐铁吏，即不欲江淮别有留后。若有留后，其间百事，自能申状谘呈，

① 《唐会要》卷八八《盐铁使》，第1910页。
② （唐）白居易著，朱金城笺注：《白居易集笺校》卷四《新乐府·盐商妇》，上海古籍出版社，1988年，第241页。
③ 《新唐书》卷五四《食货四》，第1379页。

安得货财，表里计会，分其权力？言之可知。①

"江淮留后"即盐铁转运扬子留后院（在扬州扬子县，治今江苏邗江南扬
子桥附近），级别高于一般巡院，留后可代表盐铁转运使管理一方事务。
江淮留后置于德宗贞元八年（792）恢复度支、盐铁转运二使东西分掌财
赋体制确立之后，② 应是在贞元五年（789）扬子院的基础上改制而
来。③ 宣宗大中初年曾一度被废，但具体时间不详，推测应在大中四年
（850）。④ 次年，杜牧上书盐铁转运使裴休，指出停废江淮留后，盐商被盐

---

① （唐）杜牧著、陈允吉点校：《樊川文集》卷十三，上海古籍出版社，1978 年，第 196—
197 页。
② 自此以后，度支使掌东·西两部两税的收支和西部盐利、盐铁转运使掌东部盐利及转运
事务的东西分掌制最终确定和固定下来，成为唐后期国家正常运转的基础制度之一。李
锦绣：《唐代财政史稿》下卷第一分册，第 117—120 页。
③ 李锦绣：《唐代的巡院名称及所在地》，《唐代财政史稿》下卷第一分册，第 407 页。按，
《新唐书》卷一二六《韩休传》附《韩洄传》载"乾元中，授（洄）睦州别驾，刘晏表
为屯田员外郎，知扬子留后"，第 4439 页。何汝泉据此认为扬子留后为刘晏所置，见氏
著《唐代转运使成为固定职官考》，《西南师范学院学报》1982 年第 1 期，收入何汝泉
《唐代转运使初探》，西南师范大学出版社，1987 年，第 35 页。但李锦绣指出，刘晏主政
的大历年间，盐运使置于长安，而诸道均设置有留后院负责本道财政事务，它们与在江
淮以北交通干线所置 13 处巡院（负责因河运输，及变官销为商销后的巡缉私盐）是不同
的，两者各司其职。至德宗初年，原有留后院与巡院合二为一，这才形成唐后期的巡院
系统（包括留后级巡院、一般巡院和分巡院三类）。见氏著《唐代财政史稿》下卷第一
分册，第 90—102、110、414 页。
④ 学者多注意到杜牧《上盐铁裴侍郎书》中废江淮留后的记载，但未考辨其具体时间。首
先，李锦绣《唐代巡院官吏辑考》列出了大中初年的扬子留后李歆［《唐代财政史稿》
下卷第一分册，第 431 页。李歆，又见（清）劳格、赵钺著，徐敏霞、王桂珍点校《唐
尚书省郎官石柱题名考》卷四《吏部员外郎》，中华书局，1992 年，第 243—244 页。
"歆"，两《唐书》作"款"，见《旧唐书》卷一七一《李甘传》附《李款传》，第 4452
页；《新唐书》卷一一八《李中敏传》附《李款传》，第 4290 页。参见胡可先《新、旧
〈唐书〉稽疑》，《徐州师范学院学报》（哲学社会科学版）1984 年第 1 期，第 107 页］。
李歆，《樊川文集》误作"李凝"，见杜牧《上宰相求湖州第一启》："若以例言，贞元初
故相国卢公迈由吏部员外郎出为滁州，近者澧王博李凝为盐铁使江淮留后，岂曰无例"
（《樊川文集》卷一六，第 243 页。按，"凝"原作"疑"，点校者据《文苑英华》卷六六
〇改）。杜牧《上宰相求湖州三启》作于大中四年春夏之间（《第二启》"今春耳聋，积
四十日，四月复落一牙"，"当盛暑时，敢以私事及政事堂启干丞相"），七月初秋（《第
三启》"今年七月，湖州月满"。又，《樊川文集》卷三有诗，叙及其"初秋暑退，出守
吴兴"，第 52 页）便已赴湖州上任。缪钺：《杜牧年谱》，河北教育出版社，1999 年，第
191 页。又，上述三启的撰写顺序恰与文集所列次序相反，正确顺序应是《第三启》—
《第二启》—《第一启》（凌文生：《杜牧〈上宰相求湖州三启〉之次第》，《文献》1996
年第 4 期，第 28 页）。据此可知《上宰相求湖州第一启》当作于大中四年六月，则李歆
为江淮留后应在此之前不久。其次，裴休大中五年二月，以户部侍郎充盐铁转运使，稍
后又改兵部侍郎，仍充使。至大中六年正月或稍后，复改礼部尚书，依前充使（严耕望：
《唐仆尚丞郎表》，中华书局，1986 年，第 659—660 页）。杜牧大中五年八月十二日湖州
刺史任满得替，稍后即赴京任考功郎中、知制诰，故《上盐铁裴侍郎书》当作于大中五
年九月至六年正月或稍后裴休改礼部尚书前（参缪钺《杜牧年谱》，第 197— （转下页）

监官吏横加诛求，以致破产，却无处诉冤的情况。据此可知，普通百姓，若有冤屈，虽贯属常州，身在苏州，也可就近于苏州申诉。然而若是盐商，虽然贯属睦州（治今浙江建德东北），因为其所属盐监——临平监（在今浙江余杭，唐代杭州境内）"追呼求取"，即便是本州刺史都"作主不得"。所以杜牧希望裴休能恢复江淮留后，以约束盐铁吏，使"自岭南至于汴宋"的"数十州土盐商，免至破灭"。由此可见，财政三司在司法政务的处理上不需要经过府州，[1]而是自成系统。

另外，户部使下虽然没有推官，并不意味着它不参与唐后期司法政务的处理。《册府元龟》载：

> 殷侑，开成（836—840）初为刑部尚书，上言："度支、盐铁、转运、户部等使下职事及监察场栅官，悉得以公私罪人于州县狱寄禁，或自致房收系，州县官吏不得闻知。动经岁时，数盈千百。自今请令州县纠举，据所禁人事状申本道观察使，具单名及所犯闻奏。"许之。[2]

殷侑的上言，反映出不独度支、盐运使，包括户部使在内的财政三司，不仅可以在自己的使司机构内置房收禁公私罪人，还可以将罪犯寄禁

---

① （接上页）199 页；吴在庆：《杜牧诗文选评》，上海古籍出版社，2002 年，第 221 页）。最后，从"改革前非""自罢江淮留后已来，……不二年内，尽恐逃亡"来看，罢江淮留后当是裴休前任所为，目的是节省经费（如杜牧所言"减其胥吏，不必一如向前多置人数"），且据杜佑上书时不及两年时间。在裴休之前先后出任盐运使的是崔璪（大中二年二月起，三年四月稍后罢）和敬晦（大中四年或三年末起，四年年中或五年二月罢），见严耕望《唐仆尚丞郎表》，第 805—806 页。从时间上看，敬晦时废江淮留后更加符合前述分析。加之《新唐书》卷一七七《敬晦传》载其"大中中，历御史中丞、刑部侍郎、诸道盐铁转运使、浙西观察使。时南方连馑，有诏弛榷酒茗，官用告要，晦处身俭勤，赀力遂充"（第 5289 页），一则"南方连馑""官用告要"能与罢留后以节省经费的目的相符，二则"处身俭勤，赀力遂充"又可与杜牧所言"监院多是诛求""得钱即放"相吻，因此可基本推定废江淮留后，在大中四年敬晦任盐运使之时。宣宗初年，因神策军侵夺榷酒之利而造成的财政困局，参见黄楼《唐宣宗大中政局研究》，天津古籍出版社，2012 年，第 109—111、167—168 页。

① 财政三司所掌司法政务不需经过府州，源于使职"不缘曹司，特奉制敕"的特点（参见刘后滨《唐代中书门下体制研究》，第 138 页）。但随着唐后期诸州成为节度、观察使下"支州""支郡"，无论"道"是否应被视为一级行政区划，府州已经成为使职系统的一部分（制度增量），只是其司法政务仍依照前期体制，需经尚书刑部司覆审（制度存量）。也就是说，在唐后期财政三司所掌司法政务不需经过府州，其实根源于它们分属于不同的使职。同时，尽管分属不同使职，但同属使职系统的事实，又为日后在新的使职差遣体制下重归一途提供了可能。

② 《册府元龟》卷四七六《台省部·举职》，第 5561 页。参见《新唐书》卷一六四《殷侑传》："初，盐铁度支诸属官悉得以罪人系在所狱，或私置牢院，而州县不闻知，岁千百数，不时决。侑奏许州县纠列所系，申本道观察使，并具狱上闻。许之。"第 5054 页。

于所在州县狱之中，而州县官吏却不得闻知。这也是上引大和五年敕中要求度支、盐运"两使都勘天下州府监院"系囚的原因。所谓"州府"，就是两使寄禁在地方府、州、县狱内的犯罪之人，而"监院"，就是在两使所属监、院自置房中禁系的罪人。可以说"州县官吏不得闻知"，完全体现了唐后期财政三司在地方司法政务中所拥有的"治外法权"。①

关于三司推官的职掌，《册府元龟》载：

> （韦）温为尚书右丞，开成四年（839），以盐铁推官、简较（检校）礼部员外姚勖为盐铁推官。② 河阴院有黠吏诈欺，久系狴牢，莫得其情。至勖鞫问得实，故有是命。温上疏，以郎官朝廷之清选，不可以赏能吏。翼日，命中人就温私第宣令，许姚勖于本司上，温又坚执前议，勖竟改授简较（检校）礼部郎中，依前盐铁推官。③

《旧唐书·韦温传》载：

> 盐铁判官姚勖知河阴院，尝雪冤狱，盐铁使崔珙奏加酬奖，乃令权知职方员外郎。制出，令勖上省。温执奏曰："国朝已来，郎官最为清选，不可以赏能吏。"上令中使宣谕，言勖能官，且放入省。温坚执不奉诏，乃改勖检校礼部郎中。翌日，帝谓杨嗣复曰：④"韦温不放姚勖入省，有故事否？"嗣复对曰："韦温志在铨择清流。然姚勖士行无玷，梁公元崇之孙，自殿中判盐铁案，陛下奖之，宜也。若人有吏能，不入清流，孰为陛下当烦剧者？此衰晋之风也。"上素重温，亦不夺其操。⑤

关于姚勖的身份，《新唐书》《资治通鉴》皆作"盐铁推官"，⑥ 与《册府

---

① 李锦绣：《唐代财政史稿》下卷第一分册，第170、264页。
② 按，此句文字当有脱误，可参引《旧唐书·韦温传》相关记载。
③ 《册府元龟》卷四六九《台省部·封驳》，第5592页。
④ 杨嗣复是崔珙之前的盐铁转运使，任期是开成二年（837）十月至三年七月。严耕望：《唐仆尚丞郎表》，第803页。
⑤ 《旧唐书》卷一六八《韦温传》，第4379页。
⑥ 《新唐书》卷一六九《韦贯之传》附《韦温传》，第5159页。《资治通鉴》卷二四六，开成四年六月丁丑条，"上以盐铁推官、检校礼部员外郎姚勖能鞫疑狱，命权知职方员外郎，右丞韦温不听，上奏称：'郎官朝廷清选，不宜以赏能吏。'上乃以勖检校礼部郎中，依前盐铁推官"。第7939页。

元龟》同，唯《旧唐书》作"盐铁判官"。以此而论，应以"推官"为是。李锦绣也是将姚勖视为盐铁推官来分析的。[1]

不过，《旧唐书》虽然有误"推官"为"判官"的可能性，但从其后所载杨嗣复言姚勖"自殿中判盐铁案"来看，说明姚勖在迁为检校礼部员外郎之前，是以殿中侍御史的身份"判盐铁案"。鉴于其文本内部逻辑的自洽，笔者认为《旧唐书》中误"推官"为"判盐铁案"可能性，相比于《资治通鉴》等书在简写史料时误"判官"为"推官"的可能性，反而会小很多。其次，在盐铁使下，判官的资序高于推官，[2] 姚勖似不应官自殿中侍御史升为检校郎官，而职由判官降为推官。最后，退一步讲，即便确实《旧唐书》所载为误，推官姚勖在推勘冤狱时，还有另外一个身份，即：知河阴院。也就是说，姚勖是以盐铁推官的身份担任盐铁河阴院的知院官。所以与其认为姚勖为河阴院"黠吏"雪冤狱是由于其推官的身份，不如说是以本院长官的身份。基于传统典籍的讨论只能到此为止。

幸运的是，姚勖自撰墓志已于 2008 年出土于河南伊川。[3] 结合墓志资料，[4] 可将开成四年时姚勖的身份确定为盐铁判官。由此可知，他之所以能推鞫得实，虽然看起来很符合"推官"之名，但恐怕更多是体现了盐铁巡院知院官的身份。[5] 推官虽然是专职推鞫之官，但在三使司体制内，并非其他官员就不能负责推鞫之事。如王棨被淮南节度使、诸道盐铁转运使

① 李锦绣：《唐代财政史稿》下卷第一分册，第 263—264 页。
② 李锦绣：《唐代财政史稿》下卷第一分册，第 254 页。
③ 张应桥：《唐名相姚崇五世孙姚勖自撰墓志简释》，《河南科技大学学报》（社会科学版）2010 年第 5 期，第 10—13 页。
④ 姚勖先后担任盐铁推官、判官，见其自撰《唐故通议大夫守夔王傅分司东都上柱国赐紫金鱼袋吴兴姚府君墓志》"叙入仕"部分："勖长庆元年（821）进士出身，后选授右司御率府仓曹参军事，忠武军辟为掌书记，授试太常寺协律郎，改试大理评事，充武宁军节度判官，又守本官，充忠武军节度判官。罢累月，授监察御史里行，充浙江西道观察支使。入台为监察御史，转殿中侍御史。改检校礼部员外郎，赐绯鱼袋，充盐铁转运官，迁尚书职方员外郎，又改检校礼部郎中，充盐铁转运判官，迁尚书水部郎中，又迁尚书都官郎中、兼御史中丞、赐紫金鱼袋、知盐铁江淮留后，摄盐铁副使。入迁尚书右司郎中，加朝散大夫。改守湖州刺史，加朝议大夫。迁尚书吏部郎中，又迁右谏议大夫。改常州刺史，加通议大夫，大中四年受替，遂权居润州别业。"姚勖去世后，其子姚瓘（"瓘"，张应桥前揭文误释为"环"，今据拓片更正）续记曰："府君以大中七年（853）三月改夔王傅，分司东都。其年八月廿三日辛巳启手足于道化里，享年六十九。"据此可知，姚勖自叙的"尚书职方员外郎"，应为权知职方员外郎，因制书已出，故自叙及之。但因韦温阻拦，未"上省"（上任）便改官检校礼部郎中。改官而未改职（《新唐书》《通鉴》虽然误"判官"为"推官"，但均有"依前"二字，是亦为证），故其在河阴院雪冤时，担任的是判官而非推官。
⑤ 有关三使司巡院知院官的情况，参见李锦绣《唐代财政史稿》下卷第一分册，第 412—417 页。

高骈署"摄盐铁出使巡官,句勘当司钱物"。[1] 作为三使司勾检官的王棨,还曾任"知(盐铁、转运)两使句务"。僖宗光启年间(885—888),知扬州院、兼榷粜使吴尧卿"盗用盐铁钱六十万缗"。王棨就是以"知两使句务"的身份,"下尧卿狱,将穷其事,为诸葛殷所保持获全"。[2] 由此可知,财政三司的勾检官与巡院知院官,皆可参与本系统内司法政务的处理。它们与普遍设置于三使司及其下属使职的推、巡官一起,保证和维持着本系统内独立审判权的有序运行。

2. 财政三司与尚书刑部司:以刑部侍郎(尚书)判盐运为切入点

既然财政三司所行司法政务不必经过府州,那么财政三司与尚书省及刑部司在唐后期司法政务运行中又是怎么样的关系呢?李锦绣注意到,元和时期三使司体制的确立,以及三司成为中书门下之下的财政执行机构后,三使司的长官人选,在当时基本呈现出以户部侍郎(尚书)判度支、刑部侍郎(尚书)判盐运、户部侍郎判户部的格局。盐运使由刑部侍郎(尚书)掌判,最明显的个案就是元和六年至十二年(811—818)在任的王播。《旧唐书·王播传》载:

> (元和)六年三月,转刑部侍郎,充诸道盐铁转运使。
>
> 播长于吏术,虽案牍鞅掌,剖析如流,黠吏诋欺,无不彰败。时天下多故,法寺议谳,科条繁杂。播备举前后格条,置之座右,凡有详决,疾速如神。当时属僚,叹服不暇。
>
> 十年四月,改礼部尚书,领使如故。……及皇甫镈用事,恐播大用,乃请以使务命程异领之,播守本官而已。[3]

元和财政三司新格局中最具影响的变化,正是刑部侍郎(尚书)判盐铁转运使体制的确立。其转折点即元和四年(809)李鄘以刑部尚

---

[1] (新罗)崔致远著、党银平校注:《桂苑笔耕集校注》卷一三《右司马王棨端公摄盐铁出使巡官》,中华书局,2007年,第419—420页。

[2] (宋)李昉等编:《太平广记》卷二五二,"吴尧卿"条,出《妖乱志》,中华书局,1961年,第1962—1963页。

[3] 《旧唐书》卷一六四《王播传》,第4276页。程异代王播为盐运使,事在元和十二年六月,参见严耕望《唐仆尚丞郎表》,第801页。

书领盐运使，① 由此固定了元和使职格局。因为尚书刑部是国家法制机
构，盐铁转运使由刑部侍郎（尚书）掌判，含有融合盐铁转运使职官与国
家法官于一的意思，赋予了盐铁转运官员监督、审计财务行政职权之意。
自此，三使司巡院，尤其是盐运使系统官吏和巡院具有了对地方两税以及
两税之外不法之事的监察权。同时还含有限制盐铁转运使官吏自乾元以来
所发展出来的种种特权，使盐法与国法协调合一的目的。② 如《旧唐书·
穆质传》载：

> 元和初，掌赋使院多擅禁系户人，而有笞掠至死者。（给事中穆）
> 质乃论奏盐铁转运司应决私盐系囚，须与州府长吏监决。自是刑名
> 画一。③

这是在刑罚执行程序上，要求使院与州县长吏一同监决。④《册府元龟》载
元和十五年（820）闰正月，盐铁使柳公绰奏：

> "当使诸监院场官及专知给纳并吏人等，有负犯合结罪者，比来
> 推问闻奏，只罪本犯所由，其监临主守，都无科处。伏请从今举《名
> 例律》，每有官吏犯赃，监临主守同罪。及不能觉察者，并请准条科

---

① 《旧唐书》卷一四《宪宗纪上》，元和四年五月辛酉，刑部尚书郑元卒。丁卯，盐铁使、
吏部尚书李巽卒。六月丁丑，以河东节度使李鄘为刑部尚书以充诸道盐铁转运使。第 427
页。参见何汝泉《唐代转运使初探》，第 81—82 页。
② 李锦绣：《唐代财政史稿》上卷第一分册，第 167—172 页。按，元和中以刑部侍郎（尚
书）兼盐铁使的现象，首先为王怡辰《唐代后期盐务组织及其崩坏》（淡江大学中文系
主编：《晚唐的社会与文化》，学生书局，1990 年，第 273—327 页）所揭示。
③ 《旧唐书》卷一五五《穆宁传》附《穆质传》，第 4116 页。参《唐会要》卷八八《盐
铁》："元和二年九月，给事中穆质请诸州府盐铁巡院应决私盐死囚，请州县同监，免有冤
滥。从之。"第 1902 页。按，据《宋本册府元龟》卷一五一《帝王部·慎罚》、卷四七四
《台省部·奏议第五》（第 272、1177 页），穆质奏事在元和三年九月。
④ 参见《狱官令》："诸决大辟罪，官爵五品以上，在京者，大理正监决；在外者，上佐监
决；余并判官监决。……在京决死囚，皆令御史、金吾监决。若囚有冤枉灼然者，停决
奏闻。"雷闻《唐开元〈狱官令〉复原研究》，复原唐令第 10 条（据宋令第 7、8 条复
原），《天一阁藏明钞本天圣令校证（附唐令复原研究）》，第 613 页。唐后期的御史监
决，见大中四年九月御史台奏："准旧例，京兆府准敕科决囚徒，合差监察御史一人到府
门监决。御史未至，其囚已引至科决处，纵有冤屈，披诉不及。今后请许令御史先到
〔府粗精〕引问，如囚不称冤，然后行决。其河南府准此。诸州府有死囚，仍委长史差官
监决，并先引问。"从之。《宋本册府元龟》卷五一六《宪官部·振举》，第 1327 页。
"府粗精"，据《册府元龟》卷一五一《帝王部·慎罚》（第 1828 页）补入（"精"，《宋
本册府元龟》卷一五一作"将"，第 273 页）。

处。所冀刑章具举，贪吏革心。"从之。①

这是在量刑时，要求盐铁官吏与国家官员同样依律一例惩处，而不能"只罪本犯所由，其监临主守，都无科处"。而大体同时，柳公绰还奏请要求三使司官员及所由等犯入己赃，依内外官员例处罪。《册府元龟》载会昌元年（应为元和十五年或长庆元年）正月诏曰：②

"内外文武官犯入己赃绢三十匹，尽处极法。唯盐铁、度支、户部等司官吏，破使物数虽多，只遣填纳。盗使之罪，一切不论。……自今已后，度支、盐铁、户部等司官吏，及行纲脚家等，如隐使官钱，计赃至三十匹，并处极法。除估纳家产外，并不使征纳。其取受赃，亦准此一条。"从盐铁使柳公绰所奏也。③

李锦绣特别强调此条诏敕的意义，认为三使司官员犯赃至三十匹，一依《唐律》惩处，④标志着从元和初三使司体制确立以来，财政三司向国家机构转变的最后完成。当然这种统一的努力，并非一蹴而就，从前引开成初刑部尚书殷侑的上言可知，元和年间的种种举措尚未得到最终落实。但盐铁司系囚之弊，由刑部尚书上奏，体现了刑部掌天下刑狱，包括盐铁狱之职。这也正是对元和时刑部领盐运使原因的一个证明。⑤对于上述结论，尤其是元和中刑部领盐运使促成盐法、国法统一的观点，笔者基本赞成，但认为有关刑部掌天下刑狱是包括盐铁狱之职的看法，⑥应重新予以审视。

---

① 《宋本册府元龟》卷六一二《刑法部·定律令四》，第1902页。
② 李锦绣已据柳公绰任盐铁使的时间（元和十四年五月至长庆元年五月间，参见严耕望《唐仆尚丞郎表》，第801页）指出，"会昌元年"应是元和十五年或长庆元年之误。
③ 《宋本册府元龟》卷六一三《刑法部·定律令五》，第1905页。
④ 《唐律疏议》卷一九《贼盗律》，"监临主守自盗"条："诸监临主守自盗及盗所监临财物者，加凡盗二等，三十匹绞。"卷二九《断狱律》，"主守导令囚翻异"条："诸主守受囚财物，导令翻异；及与通传言语，有所增减者：以枉法论，十五匹加役流，三十匹绞"，第358、548页。
⑤ 李锦绣：《唐代财政史稿》下卷第一分册，第169—172页。
⑥ 如前所论，在唐前期，六部的独立性不强，尚书省的政务分工，仍着眼于二十四司的体制下，不宜笼统而言"刑部掌天下刑狱"。以刑部尚书"掌天下刑法及徒隶、句覆、关禁之政令"（见前引《唐六典》）而言，实则是对刑部四司职掌的汇总，"掌天下刑法"的是尚书刑部司。而在唐后期"天下刑狱，须大理正断，刑部详覆"的新机制下，同样是指尚书刑部司而论（参见下节）。

刑部侍郎（尚书）判盐铁转运使格局的背后，① 其实更多体现了财政三司所掌司法政务与刑部司所掌州县地方司法政务并行的体制。将三使司官吏所由犯赃，与天下文武官犯赃一例处分，确实有着财政三司向国家机构转型的意味，但是需要注意的是唐后期国家机构自身，及其所承载的政务运行机制也已经发生了不同于唐前期的变化。

如前所述，财政三司向着中书门下体制下宰相执行机构的转型，与尚书省从唐前期全国日常政务的汇总和裁决机关转而成为中书门下之下的执行机构是一致的。正如刘后滨所指出的，在唐后期的中书门下体制下，形成了中书门下与使职、中书门下与尚书部司和寺监、中书门下与节度观察使等使、中书门下与州府等垂直管理的新型政务运行机制。这些方面关系的调整，是唐代四等官制向宋代使职差遣体制过渡的历史运动的内在要求，是中国古代官僚政治制度演进过程中的一个重要环节。② 唐后期的司法政务运行也同样体现了使职与尚书省（刑部司）并行的机制。《册府元龟》载：

> 罗立言，敬宗时，为盐铁河阴留后检校主客员外郎，兼殿中侍御史。宝历二年（826）七月，坐和籴米价不实，计入己赃一万九千三百余贯。制削兼侍御史（立言赃状狼藉，不死为幸。而所责止于削去冗秩。执事者侮易典法，亦云甚矣）。③

此事又见于《旧唐书·罗立言传》：

> 宝历初，（立言）检校主客员外郎，为盐铁河阴院官。二年，坐籴米不实，计赃一万九千贯，盐铁使惜其吏能，定罪止削所兼侍御史。④

---

① 需要指出的是，虽然盐铁转运使由刑部侍郎（尚书）掌判，含有融合盐铁转运使职官与国家法官于一的意思，但这种体制只见于元和一朝。李锦绣等学者指出，自穆宗以后，至于唐末，财政三司由宰相判使和仆射、三公等重臣领使的格局相继出现。尤其是懿宗以后，兵部侍郎（尚书）判三司的局面，更体现了时局的鲜明特征。详见李锦绣《唐代财政史稿》下卷第一分册，第177—217页。
② 刘后滨：《唐代中书门下体制研究》，第243页。
③ 《宋本册府元龟》卷五一一《邦计部·贪污》，第1299页。
④ 《旧唐书》卷一六九《罗立言传》，第4410页。

罗立言一案,《旧唐书》称"盐铁使惜其吏能,定罪"云云,反映了对于作为盐铁属官的罗立言,审问、结罪都是由盐铁使奏请于皇帝的。此时兼任盐铁使的是淮南节度副大使、知节度事王播。王播于敬宗即位之初被免去诸道盐铁转运使一职,但他通过"厚赂贵要"(神策中尉王守澄),很快得以复职。①《册府元龟》则指明案件最后是以皇帝制书的方式处理的,而附注史臣之论,又将"侮易典法"的责任归咎于"执事者"。据当时情势而言,执事者所指不仅是王播,亦应包括处在中书门下的宰相李逢吉。他同样是因为结交王守澄而获大用,并与王播素有旧谊。② 这样,大体可知罗立言一案,是经由盐铁使奏闻皇帝,进而出付中书门下商量,最后由皇帝下制削去所兼宪衔的完整过程。在这个过程中,尚书刑部司皆未参与其中。当然,上述司法政务运行过程的推断,确实带有一定的主观猜测色彩。而且未见刑部司的踪影,也不排除是史笔损益的结果。但是就财政三司所申奏司法政务并不需要经过刑部司而言,还可以用其他材料佐证。《唐会要》载:

> 开成元年(836)闰五月七日,盐铁使奏:"应犯盐人,准贞元十九年、大和四年已前敕条,一石已上者,止于决脊杖二十,征纳罚钱足。于大和四年八月二十已后,前盐铁使奏,二石以上者,所犯人处死。其居停并将舡容载受故担盐等人,并准犯盐条问处分。近日决杀人转多,榷课不加旧。今请却依贞元旧条,其犯盐一石以上至二石者,请决脊杖二十,补充当据捉盐所由,待捉得犯盐人日放。如犯三石已上者,即是囊橐奸人,背违法禁,请决讫待疮损,锢身牒送西北边诸州府效力,仍每季多具人数及所配去处申奏。挟持军器,与所由捍敌,方就擒者,即请准旧条,同光火贼例处分。"从之。③

从盐铁使所奏对犯盐三石已上人的处分来看,并不需要经尚书省或刑部

---

① 王播自宝历元年正月以淮南节度使兼盐运使,至文宗大和元年六月拜相,依前充使。参见《旧唐书》卷一七上《敬宗纪·文宗纪上》,长庆四年十二月癸未、宝历元年正月乙卯、大和元年五月甲申、六月癸巳条,卷一六四《王播传》,第513、526、4277页。

② 《旧唐书》卷一六七《李逢吉传》载,逢吉元和十一年"二月,权知礼部贡举。……(四月,拜相)其贡院事,仍委礼部尚书王播署榜"。待其穆宗朝重新为相后,"翼城人郑注以医药得幸于中尉王守澄,逢吉令其从子仲言赂注,求结于守澄。仲言辩谲多端,守澄见之甚悦。自是,逢吉有助,事无违者"。敬宗即位之初,王守澄又为言"陛下得为太子,逢吉之力也",第4365—4366页。

③ 《唐会要》卷八八《盐铁》,第1905—1906页。

司，便可直接由本使锢身牒送西北边诸州府效力。所配人数与去处，亦由盐铁使每季一申奏。这与唐前期《狱官令》规定的流以上罪及配流犯人需要经由尚书省及刑部司处理的机制明显不同。①

需配沿边府州效力的犯盐者不用经过刑部，就可以由盐铁使"锢身牒送"至所配府州。不仅如此，即便是因犯盐至死罪者，也是由盐铁使准敕处分，故上述奏文中有"近日决杀人转多"之语。而此类司法政务的处理，同样毋庸经过尚书刑部司。《册府元龟》载宣宗大中元年（847）闰三月，据两池榷盐使状，盐铁奏应旧盐法敕条内事节未该及准去年赦文合再论理事件，内有两节：

> 一曰：应捉获越界私盐，并刮鹻盗两池盐贼，与劫夺犯盐囚徒头首、关连人等，推勘是合抵死刑者，承前并各准元敕极法处分者。伏以本制盐法，束勒甚严，近年以来，稍加宽令。又准会昌六年五月五日赦文，灵武、振武、天德三城封部之内，皆有良田，缘无居人，遂绝耕种。自今已后，天下囚徒，各处死刑，情非巨蠹者，特许全生，并家口配流。强盗盐贼踪入界，各许本县界一月内捉贼送使，如过限不到，即是私存慢易，搜索未精。其元敕内所罚县令课料，便请准敕文牒本州府，当日据数征克送使。
>
> 一曰：诸州府应捉搦贩卖私盐，及刮鹻煎贼等，伏准前后敕节文，本界县令如一周年内十度同捉获私盐五斗已上者，本县令减一选。如每年如此，即与累减者。伏以私盐厚利，煎窃者多，巡院弓射力微，州县人烟辽夐，若非本界县令同力隄防，煎贩之徒，无由止绝。其县令本界漏网私盐，据石斗各有元敕，并请依旧条处分。②

从盐铁使的上奏来看，对于捉获的"越界私盐并刮鹻，盗两池盐贼，与劫夺犯盐囚徒头首关连人等"，原本刑罚极严，如果推勘之后合处死刑者，便可准盐法敕条处以极刑。当然，上述罪犯也可由地方州县捉获送使

---

① 《狱官令》："诸州断流以上罪，若除、免、官当者，皆连写案状申省。""诸流移人，州断讫，应申请配者，皆令专使送省司。令量配讫还附使报州，符至，季别一遣。"雷闻：《唐开元〈狱官令〉复原研究》，复原唐令第4、15条（附唐令第1、5条），《天一阁藏明钞本天圣令校证（附唐令复原研究）》，第610—611、615—616页。
② 《宋本册府元龟》卷四九四《邦计部·山泽二》，第1239—1240页。

（"强盗盐贼踪入界，各许本县界一月内捉贼送使"）。若是过限不到，盐铁使便可"准敕文牒本州府"，要求将所罚县令课料"据数征克送使"。由此可见，盐铁使巡院及其下属使职，与地方州县是平行关系。① 对于入界强盗盐贼，本界县令要督促属吏在一月之内捉获送使，那么相关司法政务自然是由盐铁使准敕处分。唐代传奇小说中，也保存有盐运使巡院执行死刑的情形。如《阴德传》载：

> 唐博陵崔应任扶沟令，亭午独坐，有老人请见……曰："某通于灵祇也。今者冥司韦判官来拜谒，幸望厚礼以待之。……"应依命，老人即出迎之。及庭，隐隐然不见其形，自通名衔，称思穆，② 叙拜俟俟。应亦答拜，……冥使曰："……爱子文卿，……职居郑滑院，近经十载，交替院务之日，不明簿书，欠折数万贯足，实非已用。欲冒严明，俯为存庇。"应俯然曰："噫，某扶沟令也，焉知郑滑院。"使者曰："不然，……数月后，当与郑滑院交职，倘不负今日之言，某于冥司，当竭微分。……"应曰："某虽鄙陋，敢不惟命是听。"冥使感泣，于是叙别而去。应闻淮南杜相惊方求政理，偶具书启，兼录为县课绩，驰使扬州。……时相国都督维扬，兼判盐铁，奏应知郑滑院事。及交割帐籍钱帛，欠折数万贯足，收录家资填偿外，尚欠三四万无所出。初应在扶沟，受思穆寄托，事实丁宁。比及郑滑，遂违前约，……乃拘繫文卿而白于使。文卿自度必死，乃预怀毒于衣带之间，比及囚繫，数欲服之，辄失其药，搜求不获。及文卿以死论，是日，思穆见于文卿前而告曰："……吾为汝上告于帝，帝许我夺崔应之录，然吾之族亦灭矣。"文卿匍匐拜哭，忽失其父，乃得所怀之药，仰而死焉。于是应与巡官李擅、滑纠朱程、戎曹贾均就非所，将刑之。文卿既已死，应方悔悟，乃礼葬文卿，身衣缟素而躬送之。③

杜惊以淮南节度使领盐铁转运使，事在会昌四年（844）七月拜相前。④ 盐

---

① 黄纯艳：《唐宋政治经济史论稿》，甘肃人民出版社，2009 年，第 67 页。
② 原注："许本、黄本'唧'作'衔'，'稱'作'称'。"今据改。
③ 《太平广记》卷一二三，"韦判官"条，第 867—868 页。按，《阴德传》佚文所载为长庆、会昌中事，故该书当作于会昌、大中之际。李剑国：《唐五代志怪传奇叙录》，南开大学出版社，1993 年，第 757—758 页。
④ 严耕望：《唐仆尚丞郎表》，第 804 页。

铁郑滑院在滑州，地处义成军节度使管内。许州（属忠武军节度使）扶沟令崔应在冥司判官韦思穆指点下，通过向杜悰自荐被任命为郑滑院知院官，与思穆之子韦文卿交割籍帐钱帛。结果文卿欠折数万贯匹钱物，填纳之外，还有三四万贯匹无从所出。崔应不顾与韦思穆的约定，坚持对文卿欠折之物计赃科罪。从案件处理来看，是由崔应申报于盐铁使而"以死论"，并无经尚书省及刑部司的程序。另外，从崔应"与巡官李擅、滑纠（录事参军）朱程、戎曹（兵曹参军）贾均就非所，将刑之"来看，前引穆质的建议"盐铁转运司……须与州府长吏监决"确实得到了执行。

这样，再回过头去看殷侑的上奏，"度支、盐铁转运、户部等使下……悉得以公私罪人于州县狱寄禁，或自致房收系，州县官吏不得闻知。……令州县纠举，据所禁人事状申本道观察使，具单名及所犯闻奏"，只是要求地方州县，经过本道观察使将三使司禁系囚犯"具单名及所犯闻奏"皇帝。这仅仅是对禁系囚帐的节录上奏，本身并不涉及对罪犯的审问、判决和事后的申奏。对于上述司法政务的申报与裁决，应该是由财政三司独立所掌，不需要经过尚书省及刑部司向宰相、皇帝申奏。

综上所述，唐后期财政三司与尚书省并列成为中央主要政务部门，均直接对中书门下宰相机构负责，地位相当，因而在司法政务运行上，三使司在案件结罪之后，或是径牒府州配役，或是申奏于中书门下和皇帝裁决，并不需要通过尚书省及刑部司。

在尚书省及刑部司之外，财政三司拥有独立的司法审断权，这种体制一直维持到了五代。后唐明宗长兴四年五月，诸道盐铁转运使奏所定夺诸道州府盐法条流，[①] 奏文最后提及：

---

① 《宋本册府元龟》卷四九四《邦计部·山泽二》，第1241—1242页。参《五代会要》卷二六《盐铁杂条上》，第422—425页。然两者文本多有不同，陈尚君辑纂《旧五代史新辑会证》第12册（复旦大学出版社，2005年，第4494—4497页）已相互比勘，可参看（但比勘时亦有偶误者，或系手民之失。若"徒一年"，所引《册府元龟》一处作"决脊杖十三放"，另一处则为"决脊杖十六放"，经笔者核实，均应为"决脊杖十三放"）。其中，《五代会要》中"杖六十""杖七十""杖八十""徒一年""徒一年半""徒二年"，在《册府元龟》中分别作"决臀杖十三放""决脊杖十五放""决脊杖十三放""决脊杖十三放""决脊杖十五放""决脊杖十七放"。显然，《册府元龟》所引盐法条流系折杖法出现后，被改动的文本。同时，上述文本所反映出的五刑折杖对应关系与宋代折杖法并不完全一致（《宋刑统》卷一《名例律》，"杖八十决臀杖十七放"，第4页），且不完整，因此它们反映的应是宋代折杖法定型之前的折杖措施。有关宋代折杖法的制定时间、行用情况（如沿用前代折杖法）等，参见戴建国《宋折杖法的再探讨》，《宋代法制初探》，黑龙江人民出版社，2000年，第173—179页。

"前项所定夺到盐法条流，其应属州府捉获抵犯之人，便委本州府检条流科断讫申奏，别报省司。其属省院捉到犯盐之人，干死刑者，即勘情罪申上，候省司指挥；不至极刑者，便委务司准条流决放讫申报。"奉敕："宜依。"

其中"应属州府捉获抵犯之人"当与盐法条流前款"其犯盐人经过处地分门司、厢界巡检、节级所由，并诸色关连人等，不专觉察，即据所犯盐数，委本州临时科断讫报省"相关，因上述人并非犯盐人，故由所在州府捉获并依据盐法条流加以审断，申奏之后还要别报省司（即盐铁转运使）。① 而被巡院所捉获的犯盐之人，未至死刑者，便由各级务司断决即放，然后申报本使。如干死刑，则"勘情罪申上"，候本使指挥决断，而无须经过大理、刑部。府州与使职之间的司法审断权仍然各自独立，并行不悖。

3. 参与司法政务的其他使职

以上围绕着财政三司，尤其是以盐铁转运使为例，集中讨论了唐后期司法政务运行机制中使职不必经过州县、尚书省（刑部司）而独立行使司法审断权的情形。当然，参与到唐后期司法政务运行之中的绝非仅有财政三司，如元稹在其文稿《自叙》中所提到，元和中他以监察御史"分莅东都台。天子久不在都，都下多不法者。百司皆牢狱，有裁接吏械人逾岁而台府不得而知之者"。② "百司皆牢狱"正是在京（两京）诸司参与唐后期司法政务的生动写照。百司之中，不仅有尚书诸司和寺监，也包括唐后期的各类各级使职。其中的"裁接吏"就是属于内诸司使之一的裁接使。③

随着使职普遍参与到司法政务运行中，在唐后期关于疏决禁囚的诏敕中，便新增了诸使的身影。大历五年（770）三月，制曰："……其京兆府

---

① "省司"，在唐代本是尚书省的简称（源于尚书省政务分工以二十四司为中心），但五代以来，又成为三司的别称（源于财政三司判官基本是从尚书省二十四郎官中选任，李锦绣：《唐代财政史稿》下卷第一分册，第 243 页）。至宋代，三司又与开封府并称"省府"。龚延明：《中国历代职官别名大辞典》，"省司"条，第 511 页；《宋代官制辞典》（增补本），"三司"条，中华书局，2018 年，第 125 页。

② 《旧唐书》卷一六六《元稹传》，第 4337 页。

③ 唐长孺：《唐代的内诸司使及其演变》，《山居存稿》，中华书局，2011 年，第 264—265 页。

及三辅并京城内诸司诸使见禁囚，犯死罪已下，特宜释放。"① 大和七年正月，诏曰："……应在城诸司诸使，应有囚徒，限七月内处分讫奏闻。河南府八州府，敕到准此处分。"②

唐代官府利用公廨本钱等放贷收息，以供本司办公经费之缺，充宴设享乐、进奉交通之用，是常见现象。③ 所以在上述禁囚之中，有不少是因为拖欠官府本钱利息而被诸司诸使禁系起来的。如《册府元龟》所载：

> （元和六年）五月，御史中丞柳公绰奏请："诸司诸使应有捉利钱户，其本司本使给户人牒身，称'准敕放免杂差遣夫役等，如有过犯，请牒送本司本使科责，府县不得擅有决罚，仍永为常式'者。臣昨因奉进止，追勘闲厩使下利钱户割耳进状刘嘉和诉被所由分外科配等事由，因勘责刘嘉和所执牒身，所引敕文，检敕不获。牒闲厩使勘敕下年月日，又称远年文案失落。今据闲厩使利钱案，一使之下，已有利钱户八百余人。访闻诸司诸使并同此例，户免失（夫）役者，通计数千家。况犯罪之人，又常侥幸，所称捉利钱户，先亦不得本钱，百姓利其牒身，情愿虚立保契。文牒一定，子孙相承。至如刘嘉和情愿充利钱户事由，缘与人欧（殴）斗，打人头破，其时便于闲厩使情愿纳利钱得牒身，免府县科决，实亦不得本钱，已具推问奏闻讫。伏奉进止，令臣具条流奏闻者。今请诸司诸使所管官钱户，并依台省举本纳利人例，诸司诸使更不得妄有准敕给牒身免差遣夫役，及有过犯不许府县处分。如官典有违，请必科处，使及长官奏听进止。其先给牒者，并仰本司本使收毁。如后在人户处，收毁不尽，其官典必有科责。其捉钱户元不得本钱者，亦任便不纳利。庶得州府不失丁夫，奸人免有侥幸。"敕旨："宜依。如已经处分，后更有执此文牒求免差遣夫役者，便委京兆府据罪科责，仍具本司本使名衔闻奏。"④

一部分百姓之所以乐于成为诸司诸使的捉利钱户，很重要的一个原因是可

---

① 《册府元龟》卷八八《帝王部·赦宥七》，第1053页。
② 《宋本册府元龟》卷一四五《帝王部·弭灾三》，第228页。
③ 详见李锦绣《唐代财政史稿》下卷第二分册，第1161—1166页。
④ 《宋本册府元龟》卷五〇七《邦计部·俸禄三》，第1272页。参《册府元龟》卷六四《帝王部·发号三》，元和六年五月，御史台奏："诸司诸使应有捉利钱户，请准台省例，如有过犯差遣，并任府县处置。"从之。第720页。

以凭借诸司使给予的牒身，获得"放免杂差遣夫役"的待遇，还可以逃脱府县官司的责罚。^① 甚至有人不惜"虚立保契"，以不得本钱的方式来获得牒身。而从"通计数千家"来看，仅在京诸司使所影占的捉利钱户一项就数量可观。然而柳公绰此奏，源于闲厩使牒身所引敕文检勘不获，所以才请"诸司诸使更不得妄有准敕给牒身免差遣夫役，及有过犯，不许府县处分"。对于诸司诸使而言，只需不再妄引敕文即可，其所影占人户，在此之后仍然可以"虽系两税，并无差役""或由违犯条法，州县不敢追呼"。^②

最后，再以五坊使为例，来看唐后期使职的司法权限。《唐会要》载：

> 其年（元和十三年）十月，杖杀五坊使杨朝汶。初，有贾人张陟负五坊息利钱，征理经时不获。杨朝汶遂取张陟私家簿记，有姓名者，虽已偿讫，悉囚捕，重令偿之。其间或不伏者，即列拷捶之具于庭。平民恐惧，遂称实负陟钱，互相牵引，系囚至数十百人。中书门下、御史台皆为追捕。又于陟家得卢载初负钱文记，云是卢大夫书迹，遂追故东川节度使卢坦家僮，促期使纳。坦男不敢申理，尽以偿讫，征其手记，乃郑滑节度使卢群笔也。群，字载初。既而坦男理其事，五坊使曰："此钱已上进，不可得矣。"于是御史中丞萧俛泪谏官，累上疏陈其暴蠹之状。宰臣裴度、崔群因对又极言之。上曰："且欲与卿等商量用军，此小事我自处置。"裴度进曰："用兵小事也，五坊使追捕平人大事也。兵事不理，只忧山东；五坊使横暴，恐乱辇毂。"上不悦。及对罢，上乃大悟，召五坊使数之曰："向者为尔，使吾羞见宰臣！"遂杖杀之，即日原免坐系者。^③

五坊小儿暴横，起于德宗晚年，降及元和末年，积弊依旧未除。张陟应该是五坊使下的捉利钱户，却无力偿还息钱。杨朝汶便取其私家簿记，向曾

---

① 除了这上述情形外，还有一种情况是"商贩富人，投身要司，依托官本，广求私利，可征索者，自充家产，或逋欠者，证是官钱"（元和十一年八月敕，《宋本册府元龟》卷五〇七《邦计部·俸禄三》，第1274页）。

② 《文苑英华》卷四二九《会昌五年正月三日南郊赦文》、卷四二三《会昌二年四月二十三日上尊号赦文》，第2175、2144页。有关唐代两税法施行后的色役问题，参见唐长孺《唐代色役管见》，《山居存稿》，第180—185页。

③ 《唐会要》卷五二《忠谏》，第1066—1067页。

经从张陟处借贷者追征欠息，甚至中书门下、御史台也出面协助五坊使追捕相关人员，一时之间系囚多达"数十百人"。就中书门下为其追捕借贷人来看，符合唐后期中书门下垂直领导使职系统的一般情况。因五坊使在此时虽然例由宦官出任，但其所掌之事不限于宫禁之中，故其使名全称为"内外五坊使"。而宪宗之所以最终决意杖杀杨朝汶以平民愤舆情，更多地也是由于宰相裴度、崔群等人的坚持。在这其中，同样看不到尚书省及刑部司的参与。长庆之初，五坊使被罢，或许亦与此案相关。但旋即复置五坊使，① 又说明了使职系统在唐后期政务运行机制中的不可或缺。

二 从在京法司到"掌断天下奏狱"：
唐宋大理寺审断职能的扩展

使职系统的发展推动了中书门下体制的形成。此后，奏状取代奏抄成为政务处理的主体文书，是撬动唐宋之间尚书省与寺监关系转型的制度因素。但学者较少关注此时段两者关系的调整发展。

尚书省（台）与寺监（九卿）的关系是汉唐之际三公制向三省制过渡阶段的重要内容之一，引起学者注意，也不乏重要论著涉及此问题。整个两晋南北朝时期，尚书机构还不具备完全取代三公府以统领九卿的职权和地位，所以当时基本是采取既减省尚书、又省并卿监的调和办法，并未能在理顺二者关系方面跨出关键性的一步。② 甚至到中唐时期，杜佑还在强调隋唐尚书六部与寺监之间的职事冲突：

> 后周依《周礼》置六官，而年代短促，人情相习已久，不能革其（按：指尚书省）视听，故隋氏复废六官，多依北齐之制。官职重设，庶务烦滞，加六尚书似周之六卿，又更别立寺、监，则户部与太府分地官司徒职事，礼部与太常分春官宗伯职事，刑部与大理分秋官司寇

① 五坊使的设置沿革，见唐长孺《唐代的内诸司使及其演变》，《山居存稿》，第263—264页。

② 刘后滨：《从三省体制到中书门下体制——隋唐五代》，吴宗国主编：《中国古代官僚政治制度研究》，北京大学出版社，2004年，第137—138页；陈仲安、王素：《汉唐职官制度研究》，中华书局，1993年，第65—66页。

职事，工部与将作分冬官司空职事。①

    针对杜佑的看法及所造成的影响，严耕望撰《论唐代尚书省之职权与地位》，借助近代行政学概念，来说明尚书六部与九寺诸监职权地位之不同，以及两类机关的关系。② 对于严耕望而言，唐前期六部、寺监关系是中古行政体制转型的终点，安史之乱后尚书省职权旁失，地位坠落，使得三省制这样"一种颇有理想的结构，不能应付当时的情势而渐趋紊乱"，六部与寺监关系再度回归至隋唐之前那种"官职重设，庶务烦滞"的困局之中。③

    局限于安史之乱前后来分析唐代六部、寺监关系的变化，这反映出在传统制度史研究范式中，打破朝代区隔的努力尚未延伸至唐宋之间而建立

---

① 《通典》卷二五《职官七·总论诸卿》，第 691 页。

② 严耕望：《论唐代尚书省之职权与地位》，《唐史研究丛稿》，第 3 页。严氏此文，以政务、事务机关来区分尚书六部与九寺诸监职权地位之不同，并以之来解读唐前期行政体制，确有独到之处，因而成为唐代政治制度史研究中的典范之作。然而，对于隋唐尚书六部与寺监的关系，岑仲勉有不同看法。他指出"寻绎九寺所掌，多属于中央或皇室之繁琐事项，故特分官以专责成，未得全目为事务重复，议者无非惑于《周礼》六官，以为可包罗一切而已"。而"近人论九寺系统，以为宗正隶吏部，司农、太府隶户部，太常、鸿胪隶礼部，太仆、卫尉隶兵部，大理隶刑部，各承其部而执行"。然而所提及者仅有八寺，其中独缺光禄寺不言所承［按：楼劲已将寺监与六部一一对应起来，见氏著《唐代的尚书省——寺监体制及其行政机制》，《兰州大学学报》（社会科学版）1988 年第 2 期，第 65—70 页］，且"检《六典》及《旧书·职官志》所记九寺职掌，都无上承某部之规定"，因而认为所谓"九寺各承其部而执行"的结论不确。他主张应参照会办制度来理解六部与寺监之间关系："唐制如大理注拟官吏，上之刑部，太仆受监牧羊马所通籍帐，上之驾部以议其官吏考课等等，则犹诸近世两机关会办之制度，与隶属显有分别。"见氏著《隋唐史》（初版 1952 年），河北教育出版社，2000 年，第 521 页。虽然唐代文献中并没有寺监上承某部之规定，但确有反映其下行上承之关系的表述，严耕望已有充分引述。可以说，岑氏的批评实不足以冲击严氏论断，且其借用会办制度来说明六部与寺监关系，也不能给人以清楚明确的印象。其结论影响不如严文，应与此相关。不过，岑氏的看法对重新认识尚书六部与寺监关系有一定帮助作用，参见前章对唐代大理卿"掌邦国折狱详刑之事"中"邦国"一词含义的解读。另据陈佳臻指出，由于元代刑部和大宗正府（前身为蒙古国时期的也可札鲁忽赤）分掌司法，加之诸色户计制的存在，为解决不同身份、族属的民户发生的法律纠纷，从而形成以"中书省——六部"和"行省——各级管民官"为轴心的约会制（其更早的制度渊源则是蒙古习惯法下的集体审判制）。最高级别的约会，即五府官审囚，一般指中书省、御史台、枢密院、大宗正府和刑部的联合司法审判。这直接成为明清时期三司会审制的渊源。见氏著《"官法同构"视域下的元朝五府官》，《内蒙古社会科学》2020 年第 3 期，第 95—101 页。参见吕思勉《中国通史》（初版 1923 年），上海古籍出版社，2009 年，第 167 页；吕志兴：《元代"约会"审判制度与多民族国家的治理》，《西南政法大学学报》2011 年第 4 期，第 3—8 页。可见，元代约会制才是岑仲勉提及的"近世两机关会办之制度"直接渊源，并影响了明清三法司体制的形成。

③ 严耕望：《治史经验谈》，《治史三书》（增订版），上海人民出版社，2016 年，第 9—10、40—41 页。

起更为宏观的长时段观察坐标。① 故在本节中，需要进一步展开的是，围绕唐宋之间大理寺审断职能的扩展，继续分析此阶段尚书六部与寺监的关系是如何发展的，并在此基础上重新审视严氏的结论。

如前所论，在唐前期"诸州"与"在京"分而治之的司法政务运行机制中，诸州在处理司法政务时并不需要经过大理寺，而与大理寺一样申尚书省（刑部司）处理。从前期三省制到中后期的中书门下体制，政治体制的这种变化也逐步影响了唐代原有的司法政务运行机制。

有关中书门下体制建立后，政务文书主体由奏抄转变为奏状的情况，刘后滨《唐代中书门下体制研究》一书已有详尽论证，并被学界所接受。② 本节则要进一步解决的是，奏状的行用给唐后期的司法政务运行机制带来了哪些变化，又是如何推动着刑部、大理寺的职权与地位发生变化。

1. 政治体制变迁对唐前期司法政务运行机制的冲击

如前章所论，在唐前期以奏抄为主的政务处理程序中，真正需要皇帝以敕旨或制敕亲自处理的司法案件并不多，只包括大案、要案，和那些应入议、请之人犯死罪需赎、减、免者，以及律无明文规定的案件。此外绝大部分的案件，是通过旨符、省符和州、县符等公文书来处理的。司法审断权实际归各级官员行使。即便是皇帝命御史或推事使推勘的制狱，总的来看，也还是纳入到了原有的司法政务运行机制中。

随着使职系统的发展，中书门下体制的建立，以奏状为主的政务处理程序得以确立。一般情况下，奏状上于皇帝之后，出付中书门下商量。根据商量状等提出的初步意见，皇帝再以敕旨进行裁决。这实际上就把更多的司法政务送达皇帝面前要求其处理。《朝野佥载》载：

> 周来俊臣罗织人罪，皆先进状，敕依奏，即籍没。徐有功出死囚，亦先进状，某人罪合免，敕依，然后断雪。有功好出罪，皆先奉进止，非是自专。张汤探人主之情，盖为此也。③

① 包伟民、刘后滨主编：《唐宋历史评论》第 1 辑，发刊词，社会科学文献出版社，2015年，第 1 页。
② 吴丽娱：《唐代信息研究的特色与展望》，第 176—177 页。
③ 《朝野佥载》卷二，第 31 页。

这反映出在特殊政治环境下，无论是酷吏，还是良吏，官员为表示不敢自专而事事"皆先进状"，以"奉进止"的情况。但这一偶然因素也促使皇帝迈出了从禁中走向政务处理前台的第一步，制度演进往往就是在这样"非常态"的情势下积累着新的增量。虽然对于奏状取代奏抄成为政务处理主体文书的详细过程，目前研究还不充分，但到唐后期，司法政务主要通过奏状来处理，是可以确定的，如贞元七年（791）三月，户部奏：

> "其犯除名以上罪，有实封，准法合除。比来因循，兼不申举。自今以后，应实封人，或缘罪犯，其堂（尚书）省及本军本使本贯奏状，请令并标食（实）封户数、本犯（配）州名同奏。敕下户部，以为凭据。其犯徒罪，三分望夺一分，流罪夺一半，除名以上罪，即准法悉除。并以本犯条论，不在减赎之限。其奉特敕贬谪，验制词内所犯无正条者，伏请准流罪夺一半。"敕旨："依奏。"①

"其堂（尚书）省及本军本使本贯奏状"一句，正反映出唐后期奏状已成为处理司法政务的主要文书载体。

通过奏状处理司法政务的程序确立后，使得由皇帝裁决的司法案件不断增多。这种变化带来的压力，很快便在乾元元年（758）十二月刑部奏请补充修改唐律中有关"狱成"的规定中反映了出来。《唐会要》载：

> 刑部奏："准《名例律》，法（注）云：'狱成，谓赃状露验，及尚书省断讫未奏。'疏曰：'赃，谓所犯之赃，见获本物。状，谓杀人之类，得状为验。虽在州县，并为狱成。若尚书省断讫未奏，即刑部覆讫未奏，亦为狱成。'今法官商量，若款自承伏，已经闻奏，及有敕付法，刑名更无可移者，谓同狱成。臣今与法官审加详议，将为稳便，如天恩允许，仍永为常式。"敕旨："依。"②

根据《名例律》"诸犯十恶、故杀人、反逆缘坐，狱成者，虽会赦，犹除名"的规定，犯十恶以下诸罪的官员，在案件处理过程中，遇到大赦，如

---

① 《宋本册府元龟》卷五〇六《邦计部·俸禄二》，第1270页。"堂""食""犯"，《唐会要》卷九〇《缘封杂记》分作"尚书""实""配"。第1954页。
② 《唐会要》卷三九《议刑轻重》，第830页。

果审理已经到了"狱成"的阶段，虽可免除罪罚，但依然要除名为民。如果未到"狱成"的阶段，则可根据赦文予以赦免。① 这就是"狱成"之文存在的意义。

根据注文及律疏，唐前期狱成有以下两种情况：（1）赃状已经露验，则不论案件审理进行到哪个阶段，皆为狱成；（2）赃状虽未露验，但官司已经将案卷上报至尚书省，若经尚书省断讫（即在京"流以上若除、免、官当"案件），或经刑部司按覆完毕（含在京及诸州徒以上罪，以及在京官员杖以下罪案件），即便还没有上奏，亦为狱成。唐律的规定，与唐前期尚书省（刑部司）在全国司法政务运行机制中的地位和作用是一致的。

至乾元元年，刑部与大理寺官员商量之后，又增加了两种情况，为"同狱成"：（a）"款自承伏，已经闻奏"；（b）"有敕付法，刑名更无可移者"。其中，（b）款是皇帝敕付法司定罪的案件。只要是"刑名更无可移者"，付法即为狱成。那么（a）款反映的是什么问题呢？前文已提到，在唐代，只有"狱结竟"之后，案件才能被送至上级官司覆审。而"狱结竟"的前提是官员判案之后，还必须取得犯人的伏辩。所以，虽然增加"狱成"新例的上奏是由刑部所为，但就此认为（a）款所涉及的是刑部奏闻皇帝的案件，是不对的。因为汇总至刑部的案件，肯定是已经取得伏辩的结竟之案。而律文已规定此类案件只要刑部覆审结束，便为狱成，根本不用到奏闻以后才为狱成。考虑到前节对唐后期使职系统发展起来之后具有独立的审断权，即知（a）款正是针对使职以奏状所上报给皇帝的那部分案件而产生。

总之，无论是"已经奏闻"的奏状，还是"有敕付法"的案件，都说明它们是需要皇帝以制敕裁决的司法案件。因而，乾元元年出现的需要对唐律"狱成"的规定作出补充，这本身就反映出开元、天宝以来，需要皇帝裁决的司法案件有了很大程度的增加。

如此众多的案件需要皇帝直接处理，但皇帝不可能仅凭一己之力就予以裁决。所以需要相应机构协助皇帝处理此类司法案件，而调整唐前期司法政务运行机制也成为必然。

2. 玄宗至穆宗朝司法政务运行机制的调整

开元年间，首先被用来协助皇帝处理司法案件的机构，是新成立的中

---

① 《唐律疏议》卷二《名例律》，"除名"条，第47—48页。

书门下。《唐六典》载:

> 凡决死刑皆于中书门下详覆(旧制皆于刑部详覆,然后奏决。开
> 元二十五年,敕以为庶狱既简,且无死刑,自今已后,有犯死刑,除
> 十恶死罪、造伪头首、劫杀、故杀、谋杀外,宜令中书门下与法官等
> 详所犯轻重,具状闻奏)。①

根据上述敕文,原来按照唐令规定,无论是外州,还是两府与大理寺,死
刑案件都是申于刑部司,理尽之后,或以奏抄,或以议、状,奏于皇帝裁
决的程序被改变了。原来只需经刑部司详覆就可以奏决的死刑案件,现在
被分为两类。② 其中,杂犯死罪案件,③ 由于社会危害性相对较小,便不须
经刑部详覆,直接由中书门下与法官(法直官)详覆,根据所犯情状轻
重,拟定意见具状闻奏皇帝。而重恶死罪案件,则仍须经刑部详覆,以防
过误。

中书门下详覆杂犯死罪的出现,是中书门下建立之后,宰相开始政务
官化的一个表现。而且中书门下对司法政务的参与,不仅仅体现在对司法
案件的详覆之上,它还承担起律令格式等法典的具体修订。李林甫主持修
定开元二十五年《律》《律疏》《令》《新格》《式》,以及编修《格式律
令事类》等书,④ 都是中书门下直接参与法典具体修订的例子。所以,至
德宗即位之初,又一度出现以宰相充任删定格式使的制度。大历十四年
(779)六月,德宗即位诏:

> 律令格式条目有未折衷者,委中书门下简择理识通明官共删
> 定。自至德已来制敕,或因人奏请,或临事颁行,差互不同,使
> 人疑惑。中书门下与删定官详决,取堪久长行用者,编入条格
> (初,以中书门下为删定格式使,至建中二年,罢之。其格令委刑
> 部删定)。⑤

---

① 《唐六典》卷六《尚书刑部》,第 188 页。
② 《唐六典》正文"决死刑皆于中书门下详覆"的表述,明显与注文中开元二十五年敕的
　规定不同。这也反映出唐人在对本朝制度进行概述时,确实存在着不准确的地方。
③ 《唐律疏议》卷二《名例律》,"除名"条,第 50 页。
④ 《宋本册府元龟》卷六一二《刑法部·定律令四》,第 1900 页。
⑤ 《宋本册府元龟》卷六一二《刑法部·定律令四》,第 1901 页。

不仅删定官要由中书门下拣择合适人选充任，而且还要以中书门下为删定格式使，由宰相直接领导删定官详决制敕，编入条格。首次担任删定格式使及副使的，应该是门下侍郎同平章事杨炎和刑部侍郎蒋沇，见于《唐会要》：

> 建中元年（780）四月一日，门下侍郎杨炎充删定格式使。五月，刑部侍郎蒋况（沇）充副使。二年七月，中书侍郎张镒与卢杞同充格式使。其月二十三日旨，令刑部长官兼知，其使停。[①]

不过，很快便不再以宰相充使，而改由刑部长官兼知删定格式，不置使名。[②]

中书门下详覆杂犯死罪与直接负责删定制敕的新制，会使宰相过多地参与到司法政务的事务性工作中去，从而影响其协助皇帝处理国家大政的能力和效率。因而，上述情况只能是中书门下设置之初，自身还未成熟和稳定之时的权宜之计，唐后期的司法政务运行机制还需要继续调整。

随着中书门下体制的日益成熟和稳定，在建立起对使职、省司、寺监、府州的垂直领导之后，中书门下参与政务运行的程序也比较固定了。就司法政务来看，中书门下过度参与司法政务中事务性内容的情况需要加以改变。删定格式使的废除，正源于此。此外更值得关注的新变化，出现于代宗广德元年（763）改元诏书中：

> 天下刑狱，须大理正断，刑部详覆，不得中书门下即便处分。[③]

---

① 《唐会要》卷七八《诸使杂录上》，第 1703 页。"况"，据《旧唐书》卷一八五下《良吏下·蒋沇传》改，第 4827 页。
② 此后，唐代又出现删定格式与删定礼仪不分的情况，参见吴丽娱《从唐代礼书的修订方式看礼的型制变迁》，汤勤福主编：《中国礼制变迁及其现代价值研究》（东北卷），上海三联书店，2016 年，第 160—169 页。
③ 《册府元龟》卷八八《帝王部·赦宥七》，第 1049 页。该条诏书节文是一条反映唐代司法政务运行机制从前期向后期转型的重要史料。此前研究者在探讨唐代司法体制时，也曾对此记载有所解读（刘陆民：《唐代司法组织系统考》，《法学月刊》第 3 卷第 4 期，1947 年，收入《法律文化研究》第 5 辑，中国人民大学出版社，2009 年，第 600 页）。但解读中存在着对不同时期体制不加区分、一概而论的不足。因为既有研究大多只将制度看作是静态的、孤立的现象，未能从唐代司法体制前期与后期的区别和联系中，挖掘出制度自身的演变理路。

所谓"不得中书门下即便处分",就是"下中书门下处分"。^① 据此可知,从广德元年起,案件都必须先经大理正断,刑部详覆之后,再以奏状向皇帝报告,最后由皇帝将案件及大理寺、刑部的详断意见出付中书门下商量处分。对新制度的强调,就反证了自开元二十五年敕规定中书门下可以对杂犯死罪进行详覆后具状闻奏以来,宰相在司法政务处理方面取得了越来越大的权力。甚至在不少司法案件的处理中,出现了由中书门下取代大理、刑部等专职机关而"即便处分"司法政务的情况。这就使得中书门下不得不增设法官(见前引开元二十五年敕),以协助宰相处理司法政务。^②

广德诏书在司法政务领域,为进一步调整和完善中书门下体制指明了方向(由此形成的敕节文亦为《宋刑统》所保存),^③ 也反映出当时将中书门下自身所承担的过多事务性工作剥离出去,已经成为趋势。所以到了大历十三年(778),代宗下敕:"中书门下先置法官两人,宜停。"^④ 所停置法官,应即前引开元二十五年敕中的法官。

虽然唐代史料中对中书门下所置法官没有过多的记载,但这种法官,并不是真正的职事官(如刑部或大理寺官员),而是李锦绣所谓的"有官的吏",^⑤ 其身份应该是直官(法直官)。法直官是唐后期司法政务中新出现的一种吏职。^⑥ 它广泛地存在于刑部、大理寺、御史台和府州之中,职能类似于四等官制下的主典,负责"据所覆犯由,录出科条",便于判官

① 《唐会要》卷四一《杂记》,第 874 页。
② 作为独立于三省之外的专门的宰相府署,中书门下有常设机构和人员来具体协助宰相施政。《新唐书》所谓"分曹以主众务"的中书门下,置有吏、枢机、兵、户、刑礼等五房。见该书卷四六《百官志一》,第 1183 页。但是《新唐书》的记载毕竟是宋代人的说法,也可能只是反映了中书门下堂后分房某一阶段的情况。刘后滨虽然对中书门下内部的建制有所讨论,但也不得不承认限于目前的材料,还不足以反映唐代中书门下机构的全貌,见氏著《唐代中书门下体制研究》,第 182—197 页。可以推测的是,协助宰相处理司法政务的法官,应该就设置于刑礼房。
③ 《宋刑统》卷三〇《断狱律》,"断罪引律令格式"门引广德元年七月十一日敕节文,第 485 页。
④ 《唐会要》卷五四《中书省》,第 1089 页。
⑤ 由于唐后期职事官的虚衔化,胥吏所依靠的新等级不再局限于流外品,而是拥有各种各样流内品,享有原来只有流内官才能享有的某些待遇,但是其职掌仍为吏职,这就是有官的吏。详见李锦绣《唐后期的官制:行政模式与行政手段的变革》,第 95—96 页。
⑥ 《宋刑统》卷三〇《断狱律》,"断罪引律令格式"门,建中二年十一月十三日敕节文:"刑部法直,应覆大理及诸州府狱案,据《狱令》,长官以外,皆为佐职。法直官是佐职以下官,但合据所覆犯由,录出科条。至于引条判断,合在曹官。法直仍开擅有与夺,因循自久,殊乖典礼。自今以后,不得更然。其诸司及外州府并宜准此",第 485 页。参见陈登武《唐宋审判制度中的"检法"官》,高明士主编:《唐律与国家社会研究》,五南图书出版公司,1999 年,第 437—472 页。该文根据建中二年敕,认为唐代刑部法直,至迟也是在唐中叶出现的,并未注意到法直官与唐前期明法直官之间的联系。

"引条判断"。① 法直官应该是由唐前期中书、门下省、刑部司、大理寺所置明法直官演变而来的。②

北京图书馆（今国家图书馆）藏敦煌文献河字 17 号（新编号：BD006417 号背）《开元律疏》残卷，卷末具列开元二十五年负责刊定《律疏》的官员名衔，其中就有"刊定法官"：

> （前略）
>
> 142 《律疏》卷第二名例
>
> 143 　　开元廿五年六月廿七日知刊定中散大夫御史中丞臣王敬从上
>
> 144 　　刊定法官宣义郎行滑州酸枣县尉明法直刑部武骑尉臣俞元祀
>
> 145 　　刊定法官通直郎行卫州司户参军事明法直中书省护军臣陈承信
>
> 146 　　刊定法官承议郎前行左武卫胄曹参军事飞骑尉臣霍晃
>
> 147 　　银青光禄大夫守工部尚书同中书门下三品上柱国陇西郡开国公知门下
> 　　　　省事臣牛仙客
>
> 148 　　兵部尚书兼中书令集贤院学士修国史上柱国成纪县开国男臣李林甫
>
> ——
>
> （后余白）③

《册府元龟》亦记载：

> 户部尚书李林甫受诏改修格令。林甫寻迁中书令，乃与侍中牛仙

---

① 《狱官令》："诸司断事，悉依律令格式正文。主典检事，唯得检出事状，不得辄言与夺。"又："诸公坐相连，应合得罪者，诸司尚书同判长官（若无，其主判正官亦准此）。以外皆为佐职，流外官以下行署文案者，皆为主典，即品官勘署文案者，亦同主典之坐。"雷闻：《唐开元〈狱官令〉复原研究》，复原唐令第 44、28 条（据宋令 38、21 条复原，其中复原第 28 条文字同宋令第 21 条），《天一阁藏明钞本天圣令校证（附唐令复原研究）》，第 629—630、621 页。可见，不得"擅有与夺"的法直官，与"不得辄言与夺"的主典，从职能来说是相当的。而"同主典之坐"的负责勘署文案的品官，应该指的就是诸司直官。职能与地位相近的明法直官与法直官，很难让人不认为他们有内在的联系。

② 《唐六典》卷二《尚书吏部》："凡诸司置直，皆有定制。"其中"诸司诸色有品直"中，包括门下省明法一人，刑部司明法一人，中书省明法一人，大理寺明法二人。关于有品直的待遇为"外官直考者，选同京官。其前官及常选人，每年任选。若散官、三卫、勋官直诸司者，每年与折一番"，第 35 页。李锦绣认为《唐六典》所载直官之制，应该反映的是开元十三至十四年之间的框架，但是也包含有开元十九年（731）改动过后的内容。见氏著《唐代直官制》，《唐代制度史略论稿》，第 1—3 页。

③ 录文见刘俊文《敦煌吐鲁番唐代法制文书考释》，第 132-133 页。

客、御史中丞王敬从，与明法官前左武卫胄曹参军霍晃，卫州司户参军、直中书陈承信，酸枣尉、直刑部俞元祀等，共加删缉旧格式律令及敕。①

对于俞元祀等人的身份，《册府元龟》称之为"明法官"，当是就其明法直官的身份而言，河字 17 号文书与大历十三年敕中的"法官"则是就其中书门下职名而言。两者并不矛盾。由于开元中刊定律令格式的需要，故置知刊定一人，刊定法官三人。此外，由于直接参与司法政务裁决的需要，中书门下亦固定地置法官二人。②

总之，代宗、德宗之际对中书门下处分司法政务的限制，以及法官和删定格式使的停废，标志着自广德元年起，经过近二十年的努力，代宗试图扭转中书门下过多参与司法政务中事务性工作的目标得以初步实现。这种情况不能被简单理解为皇权对相权的侵夺，而应被看作是在中书门下体制发展过程中出现的适当而必要的调整。减少中书门下在对政务运行中事务性工作的过多参与，可以使中书门下更好地在涉及国家大政方针领域，有效地实现决策与施行的合一。

不过，制度调整总是在曲折中实现的。开元、天宝以来，中书门下对司法政务中事务性工作的过多参与，并非轻易便能被彻底扭转的。元和十三年（818），宪宗仍在重申刑狱必须先经法司详断的规定。敕文曰：

> 旧制，刑宪皆大理寺、刑部详断闻奏，然后至中书裁量。近多不至两司，中书使（便）自处置。今后先付法司，具轻重闻奏，下中书，令舍人等参酌，然后据事例裁断。③

---

① 《宋本册府元龟》卷六一二《刑法部·定律令四》，第 1900 页。"霍晃"，《册府元龟》同卷作"霍霍"（第 7348 页）、《唐会要》卷三九《定格令》作"崔晃"（第 822 页）、《旧唐书》卷五〇《刑法志》作"崔见"（第 2150 页）。李锦绣认为当作"崔晃"，恐误。见氏著《唐代直官制》，第 12 页。刘俊文《敦煌吐鲁番唐代法制文书考释》（第 134 页）认为当从开元《律疏》残卷作"霍晃"，可从。

② 李锦绣认为唐后期的法直官，就是唐前期的明法直，并认为所置中书门下法官两人，就是中书、门下省的法直。见氏著《唐代直官制》，第 18 页。此说恐有微瑕。据河字 17 号文书中刊定法官系衔可知，中书、门下省明法直（如陈承信，也包括明法直刑部俞元祀）属于直省官，与属于中书门下的法官（法直官，如霍晃）应有所区别。当然，中书门下堂后官中仍见有直省官身份的胥吏，但这与中书门下常常依托于两省胥吏、直官等有关系。参阅后滨《唐代中书门下体制研究》，第 196—197 页。

③ 《唐会要》卷五五《省号下·中书舍人》，第 1110—1111 页。

大概自德宗中期以来，不经大理寺、刑部司，中书"便自处置"司法案件的趋势又重新抬头。为了有效解决问题，宪宗没有像代宗那样，采取一刀切的措施（广德诏书节文"不得中书门下即便处分"），而是增加了中书舍人参酌刑宪的环节。这应该就是当时人所称的"参酌院"。让中书门下通过参酌院，参与到司法政务的处理，而不直接取代大理寺、刑部司处理司法案件，可以有效改变之前刑宪"多不至两司"的局面。以中书舍人参酌刑狱的做法，一直到穆宗朝（821—824）才被废除。《新唐书·刑法志》载：

> 穆宗童昏，然颇知慎刑法，每有司断大狱，令中书舍人一人参酌而轻重之，号"参酌院"。大理少卿崔杞奏曰："……大理寺，陛下守法之司也。今别设参酌之官，有司定罪，乃议其出入，是与夺系于人情，而法官不得守其职。……臣以为参酌之名不正，宜废。"乃罢之。①

在欧阳修笔下，参酌院是作为穆宗朝弊政而被废除的。但若从唐后期司法政务处理机制调整的方向以及宪宗设置参酌院的目的来看，② 参酌院并非在一开始就是弊政。作为扭转刑狱"多不至两司，中书便自处置"局面的过渡机构，它很好地完成了自己的使命。穆宗时参酌院之所以被视为弊政，其实从反面折射出，经过参酌院的数年过渡，广德诏书所希望建立的新机制已经得以最终落实。既然"天下刑狱，须大理正断，刑部详覆，下中书门下处分"（即"刑宪皆大理寺、刑部详断闻奏，然后至中书裁量"）的机制已运行得相对成熟，再继续设置参酌院才成为弊政。这才有了崔杞奏请废参酌院一事。从此，终唐之世，便再未见到有关中书取代大理

---

① 《新唐书》卷五六《刑法志》，第1417—1418页。
② 据《新唐书·刑法志》，参酌院是穆宗时所置。此记载的史源，应与《唐国史补》所载"长庆初，上以刑法为重。每有断大狱，又令中书舍人参酌而出之，百司呼为参酌院"[（唐）李肇：《唐国史补》卷下，上海古籍出版社，1979年，第50页]一致。又，《太平广记》卷一八七《职官》载"长庆初，穆宗以刑法为重。每大狱，有司断罪，又令给事中、中书舍人参酌出入之，百司呼为参酌院（出《国史补》）"，第1398页，引文与今本《唐国史补》略有差异。就其中"号'参酌院'""百司呼为参酌院"来看，参酌院并非实体使职机构的官称，而是时人对中书舍人参酌刑狱的俗称。故笔者认为，以中书舍人参酌刑狱，出现于宪宗末年，至穆宗时被人称为"参酌院"，故可认为参酌院是宪宗时所置。

寺、刑部直接处分司法政务所引起的争论。①

3. 从"邦国"到"天下": 唐宋大理寺审断职能的地域扩展

如前所论,中书门下过多参与到司法政务事务性部分处理的在代宗、德宗以后就逐渐被扭转过来了。随着中书门下从司法政务的事务性工作中退出,大理寺开始越来越多地协助皇帝参与对奏狱的处理。《册府元龟》载:

> 张丹为爱州刺史。大和中,刑部奏:"据大理寺申,'准详断安南经略使韩约奏丹犯赃并欲谋恶事,已准法处置讫者。伏以追摄禁勘,即是制囚,不合专擅处置。'奉三月十九日敕:'宜付所司速详断闻奏。'今据寺申,据律文,反逆、谋叛,各有本条,并无欲谋恶事之科。又准律,以赃入罪者,除正赃见在,流死勿征。据罪先勒张丹通款,估纳家资,然后就刑,虑涉情故。又张丹男宗礼、宗智等,年皆幼弱。张丹虽微,爱州虽远,且尝领郡,则谓衔恩,纵合重绳,须候敕命。既归法寺,必在正名。苟轻荒服之刑,是弃远人之命。伏以圣朝以慎恤为理,以惠泽爱人,每议典刑,必行宽宥。岂使一夫不获,吞恨九泉?伏请闻奏推覆,方可详断。所冀事状明白,法令施行。"敕:"详覆格律,既在疑文,其张丹男宗礼、宗智等,并释放。赃钱已别有处分,其江陵庄宅等勒却还张宗礼等。"②

大和二年(828),安南经略使韩约上奏的其管内爱州刺史张丹"犯赃并欲谋恶"一案,据是年三月十九日敕,案件被交给大理寺从速详断闻奏。然

---

① 《唐会要》卷五五《中书舍人》,大和四年(830)十二月敕:"今后大理寺结断,行文不当,刑部详覆。于事不精,即委中书舍人,举书其轻重出入所失之事,然后出。"会昌四年(844)十一月,中书门下奏:"……臣等商量,今日以后,除枢密及诸镇奏请、有司支遣钱谷等,其他台阁常务,关于沿革,州县奏请,系于典章,及刑狱等,并令中书舍人依故事商量。臣等详其可否,当别奏闻。"敕旨从之。第1112页。可见在穆宗之后,仍有以中书舍人参与唐后期司法政务处理的情况,但并未见到有关中书取代大理寺、刑部直接处分司法政务所引起争论的记载。这从侧面说明唐后期司法政务运行机制渐趋成熟。
② 《宋本册府元龟》卷六一六《刑法部·议谳三》,第1937页。参《册府元龟》卷四四九《将帅部·专杀》:"韩约为安南经略使,文宗太(大)和二年六月,奏爱州刺史张丹犯赃,并欲谋恶事,已准法处置。大理寺议:'张丹既行禁勘,即是制囚。韩约不合专擅处置。'敕:'张丹男宗礼等并什(释)放。'"第5326页。

而到了六月，韩约再次上奏，张丹一案，"已准法处置讫"。大理寺认为，张丹既然是经奏请禁身推勘，就应被视为制囚，不应由韩约专擅处置。刑部支持了大理寺的意见，认为应该闻奏推覆，然后详断，以使事状明白。文宗最后只是以事有疑文，将张丹之子释放，并将江陵庄宅等还本家，并未对韩约的专擅进行处理。不过，从案件的处理程序来看，还是能反映出唐后期皇帝将诸道州府推勘奏状（推状）等宣付大理寺详断奏闻的新机制。①

由此可知，唐后期司法政务运行基本呈现出如下机制：皇帝将进内的司法奏状出付大理寺、刑部司断覆，之后再经尚书省奏请皇帝裁决，然后交由中书门下处分。于是，大理寺不再像唐前期那样，仅作为在京法司参与司法政务的处理，而成为协助皇帝处理天下奏狱的具体审判机关。在这种情况下，唐后期大理寺与地方藩镇和府州，在司法政务处理上的联系密切了起来，从而开启了唐末、五代至北宋司法政务运行机制新的发展。

同时，随着大理寺参与对地方司法政务的处理，以及受限于唐前期地方与中央一体化司法政务运行机制的约束，使得唐后期大理寺所面临的司法稽程的问题开始凸显。《唐会要》载：

> 贞元四年（788）十月，大理卿于顾奏："诸处推事不尽，须重勘覆，或有诬告等，每失程期，稽滞既多，冤滥难息。诸司及诸馆驿多以大理为闲司，文牒递报，颇至稽滞失望。今后各令别置文例，切约所由，稍涉稽迟，许本寺差官累路勘覆。如所稽迟处分，州县本判官请书下考，诸司使本推官夺一季俸料。"敕旨："依奏。"②

《册府元龟》载大和八年五月，诏：

> 如闻大理寺所覆诸州府刑狱，皆盘勘微细节目，不早详断。……非唯囚禁多时，有伤和气，兼亦觊望恩泽，故涉稽留。……宜令御史台切加纠察，准敕限校科。唯推状中有赃数异同及罪人伏款未尽者，

---

① 《唐会要》卷四一《杂记》，大中五年四月敕："应诸道州府及京诸司所有推勘奏状，宜令具小节目，状于大状前同进。"原注："今天下所谓之小状，自此始也。"第874页。
② 《唐会要》卷六六《大理寺》，第1357页。

即许移牒盘问，其他烦碎事条，不关要节者，并不得更令移牒勘覆。①

一方面是大理寺认为诸司使、馆驿不重视本寺文牒造成的文书稽滞，一方面是敕文认为大理寺盘勘非要造成地方刑狱稽留。两方面的叠加，使得一时之间，大理寺、刑部决狱掩迟的现象尤其突出。元和至大和年间，朝廷一直都在试图以严格的敕限督促两司从速处理狱案，见表4。

表 4　唐代狱案程限②

时　间	类　别	大　事	中　事	小　事
唐前期	狱案给程	三十日		
元和四年	大理检断	二十日		
	刑部覆下	十日		
	大理重断	十五日		
	刑部重覆	七日		
	被勘司报	五日		
长庆元年	大理详断	三十五日	三十日	二十五日
	刑部闻奏	三十日	二十五日	二十日
大和七年	大理决断	二十日	十五日	十日
	刑部详覆	十五日	十日	八日
	省司牒勘	七日	—	五日
	本推牒报	三日		

---

① 《宋本册府元龟》卷一五一《帝王部·慎罚》，第 273 页。
② 本表据以下资料制成：《唐六典》卷一《尚书都省》："凡内外百司所受之事皆……一日受，二日报（其事速及送囚徒，随至即付）。……狱案三十日（谓徒已上辨定须断结者）。"第 11 页；《唐会要》卷六六《大理寺》，元和四年九月敕："自今以后，大理寺检断，不得过二十日。刑部覆下，不得过十日。如刑部覆有异同，寺司重断，不得过十五日。省司重覆，不得过七日。如有牒外州府看勘节目及于京城内勘，本推即以报牒到后计日数，被勘司却报，不得过五日。"第 1357—1358 页；《宋本册府元龟》卷六一二《刑法部·定律令四》，长庆元年五月御史中丞牛僧孺奏请立程限："大事，大理寺限三十五日详断毕申，刑部限三十日闻奏。中事，大理寺三十日，刑部二十五日。小事，大理寺二十五日，刑部二十日。"从之。第 1903 页；同前书卷六一三《刑法部·定律令五》，大和七年五月乙卯御史台奏："准大和四年十月二十五日敕，大理寺决断刑狱，大事二十日，中事十五日，小事十日奉（奏）毕。刑部详覆，大事十五日，中事十日，小事八日奉（奏）毕。近省寺详断，有逾敕限七十余日者。抑由条奏之间，未尽事理……臣请自今已后刑狱，本曹详览奏状，有节目未具者，大事七日内，小事五日内条流事由，只行一牒再勘。本推官三日内具事由牒报省寺。"可之。七月，大理寺奏："……详台司所奏，即大理、刑部两司俱须奏。……伏请依旧程限，大理寺断了，申刑部覆同讫，方奏。"敕："可之，余准今年五月二十九日敕处分。"第 1904 页。

总的来看，敕限的规定是越来越严格与细化。但是执行的效果又如何呢？《册府元龟》载：

> 开成元年正月己巳，东都留守、司徒兼中书令裴度上言："前怀州武德县令王赏，以失县库子，赏尽偿所欠缗钱。库子莫可得，狱固难见（竟）。河阳节度使温造严刻，禁赏三年。母老不得侍疾，母亡不得服丧，大理寺执文断疏，疑似之间，冤滞深久。"帝方留情刑狱，闻之，即时诏释赏。①

从时间来看，王赏被禁当在大和八年，正是大和敕限制定后的次年。而在大理寺的疑似之间和本管节度使的严刻之下，王赏被囚禁达三年之久。当然，这是比较极端的例子。

但是，如果我们从另一个方面观察，就会发现大和之后，现存唐史文献中不见了关于刑部、大理寺断狱稽滞的记载。至少，关于敕限的申明，不再见诸史册之中。难道真的是唐末七十年之间，大和敕限得到了比较好的执行吗？

恐怕未必。唐末七十年间，朝廷不再申明断狱敕限，这与安史之乱后藩镇体制的发展有关。唐后期藩镇势力坐大局面形成的种种乱象背后，是为了适应新的社会经济结构及其发展模式，中古中国国家体制的中央——地方关系主动或被动地突破原来隋唐之际所确立的那套中央集权管理机制，在冲突和调整中不断探索着新的央地关系和集权模式。因此，从消极方面看，唐末五代司法政务运行机制，是朝着与中央集权体制相反的方向发展下去，即地方官府司法审断权获得了极大的提高。如后唐天成四年（929）六月，兼判大理卿事萧希甫奏请条流：

> "县令，凡死罪已下得专之。刺史，部内有犯，死罪一人得专之。观察使，部内有犯，死罪五人已下得专之。"敕："刺史既为属部，安可自专？案牍既成。须申廉使，余依所奏。"②

---

① 《宋本册府元龟》卷一四七《帝王部·恤下二》，第246页。"见"，据《册府元龟》同卷应作"竟"，1783页。
② 《五代会要》卷一九《刺史》，第312页。萧希甫的系衔，据《旧五代史》卷三九《唐书·明宗纪五》，天成三年四月壬寅条，第616页。

至此，隋和唐前期那种州县"徒以上罪皆送（尚书）省审覆"的司法政务运行机制荡然无存。地方所拥有的司法权限可谓达到了极限：流罪以下，县令专决，部内死罪五人以下，观察使专决。藩镇不仅成为府州之上实际的一级行政区划，而且在司法政务的处理上，也多成为案件裁决的终点。之所以州县、藩镇能成为地方司法政务处理的终点，这与当时正在探索中的翻异别勘制度实践有关。① 如天成三年（928）七月敕节文，曰：

> 今后指挥诸道州府，凡有推鞠（鞫）囚狱，案成后逐处委观察、防御、团练、军事判官，引所勘囚人，面前录问。如有异同，即移司别勘。若见本情，其前推勘官吏，量罪科责。如无异同，即与案后别连一状，云所录问囚无疑，与案款同转上本处观察团练使、刺史。有案牍未经录问，不得便令详断。如防御、团练、刺史州有合申节使公案，亦仰本处录问过，即得申送。②

地方审理的司法案件，经推勘刑狱的官司推鞠案成后，③ 需要再经观察、防御、团练、军事判官录问。录问没有异同之后，才申于刺史、观察等使，由其详断。由"案牍未经录问过，不得便令详断"可以得出前述经过录问，没有异同的狱案便可由州或藩镇决断的推论。也就是说，藩镇成了唐末五代大部分地方司法政务裁决的终点。④

在这样的处理程序下，唐代原有关于"狱成"的规定又需要调整了。后周显德五年（958）七月敕条："其诸道州府，若所推刑狱赃状露验，及

---

① 至宋代，与鞫谳分司一样，翻异别勘成为司法制度设计和实践中的重要理念，因而成为新中央集权模式的重要组成部分。参见徐道邻《宋律中的审判制度》《翻异别勘考》等文，载《徐道邻法政文集》，清华大学出版社，2017年，第205—238、262—281页。

② 《五代会要》卷一〇《刑法杂录》，第160页；《宋刑统》卷二九《断狱律》，"不合拷讯者以众证为定"门，第480—481页。按，"云所录问囚无疑，与案款同转上"，《宋刑统》引作"云所录问囚与案款同，转上"，《五代会要》作"云所录问囚无疑，案同转上"。笔者据此酌改如前。

③ 五代时，地方刑狱多由州（府）、军院（由录事参军掌领）与马步院（由马步都虞候与判官同掌）掌管系囚和审鞫刑狱，此为北宋所继承，唯改马步院为司理院，以新及第进士或与选人资序相当的文臣出任司理参军。参见苗书梅《宋代州级属官体制初探》，《中国史研究》2002年第3期，第121—123页。

④ 不过，官员犯罪，须付大理寺断罪后奏裁。天成三年闰八月，滑州掌书记孟升匿母忧，大理寺断流。奉敕："孟升赐自尽，观察使、观察判官、录事参军失其纠察，各有殿罚。"四年十二月，蔡州西平县令李商为百姓告陈不公，大理寺断止赎铜，以官当罪。敕旨："李商……宜夺历任官，重杖一顿处死。"见《册府元龟》卷一五四《帝王部·明罚三》，第1865、1866页。

已经本判官断讫未决者，并为狱成。"① 原来唐前期的案件经"尚书省断讫
未奏"和唐后期使职所奏案件中"款自承伏，已经闻奏"者才为"狱成"
的情况，变成了案件"已经本判官断讫未决"即为"狱成"。司法权限的
下移，由此可见一斑。②

在继承了唐末五代司法政务运行机制的情况下，北宋进而对刑部、大
理寺的职掌做出了相应的调整。《续资治通鉴长编》载太宗淳化元年
（990）五月：

> 令刑部置详覆官六员，专阅天下所上案牍，勿复遣鞫狱。置御史
> 台推勘官二十人，并以京朝官充，若诸州有大狱，则乘传就鞫。③

《宋史》载神宗元丰改制前大理寺之职为：

> 凡狱讼之事，随官司决劾，本寺不复听讯，但掌断天下奏狱，送
> 审刑院详讫，同署以上于朝。④

由此可见，随着刑部派遣鞫狱吏之制及大理寺狱的停废，⑤ 宋初两司皆不直
接参与案件的推鞫，只是作为天下奏案的覆断、覆审机关。审刑院设立
后，又基本上取代了刑部的覆审职能，而以刑部"受冤辞，主雪正大理、
审刑之失当者"，所谓"断以一司，审以一司，雪以一司，前后相成，上
下相制"。⑥ 直至神宗元丰改制，才又在审刑院基础上复置刑部。对于此一

---

① 《宋刑统》卷二《名例律》，"以官当徒除名免官免所居官"门，第33页。
② 司法权限下移，背后隐含着对五代司法制度混乱的批评。但批评只是分析显德五年敕条
　 的一种视角。如前所述，司法权限的下移，同时也是在司法政务运行方面突破隋唐之际
　 所确立的中央集权管理机制的一种表现。因而案件"经本判官断讫未决者"为"狱成"，
　 不仅仅是五代司法混乱的反映，同时也体现出在冲突和调整中探索着新的中央—地方关
　 系和集权模式的新成果。这也是《宋刑统》之所以仍保留显德五年敕条的原因。
③ （宋）李焘：《续资治通鉴长编》卷三一，淳化元年五月辛卯条，第701页。
④ 《宋史》卷一六五《职官志五》，第3899页。其文字与《两朝国史志》基本一致。《三朝
　 国史志》作："大理寺掌断天下奏狱，以朝官一员或二员判寺事，一员权少卿事。"《宋
　 会要辑稿·大理寺》，职官二四之一，第3655页。
⑤ 《宋史》卷二〇一《刑法志三》："帝（神宗）以国初废大理狱非是，元丰元年诏曰：'其
　 复大理狱，……应三司、诸寺监吏犯杖、笞不俟追究者，听即决，余悉送大理狱。其应
　 奏者，并令刑部、审刑院详断。应天下奏按亦上之。'"第5022页。
⑥ （宋）吕陶：《净德集》卷二《奏为乞复置纠察在京刑狱司并审刑院状》，丛书集成初编
　 本，中华书局，1985年，第18页。参见戴建国《宋代鞫、谳、议审判机制研究——以大
　 理寺、审刑院职权为中心》，《江西社会科学》2018年第1期，第114—120页。

制度反复因袭，本节不详及。① 这里关心的是，大理寺、审刑院负责覆审的奏狱究竟包括哪些？今以《天圣令》来说明之。天圣《狱官令》规定：

> 诸犯罪，杖〔罪？〕以下，县决之；徒以上，送州推断。若官人犯罪，具案录奏，下大理寺检断，审刑院详正其罪，议定奏闻，听敕处分。如有不当者，亦随事驳正，其应州断者，从别敕。
>
> 诸在京及诸州见禁囚，每月逐旬录囚姓名，略注犯状及禁时月日、处断刑名，所主官署奏，下刑部审覆。如有不当及稽滞，随即举驳，本部来月一日奏。
>
> 诸决大辟罪，在京者，行决之司一覆奏，得旨乃决。在外者，决讫六十日录案奏，下刑部详覆，有不当者，得随事举驳。
>
> 诸州有疑狱不决者，奏谳刑法之司。仍疑者，亦奏下尚书省议。有众议异常，堪为典则者，录送史馆。②

据此，需要上奏皇帝处理的司法政务应包括：（1）官员犯罪（从别敕应州断者除外），（2）地方决讫死刑狱案，（3）旬奏囚状，（4）疑狱。这四项构成了宋代中央司法政务的主要内容。其中除了官员犯罪和疑狱需要由大理寺、审刑院详断之外，包括死刑在内的徒以上罪，只是在地方州县决讫之后，奏报皇帝，再交由刑部详覆，有不当者举驳。这样，徒以上罪的处理程序，就从唐代的决前经刑部覆审，变为了宋代的决后由刑部追究。可以说，在司法审断程序设计理念上，唐宋统治者的思路有了一百八十度的大转折。实现这一转折的前提是，鞫谳分司、翻异别勘等措施成为宋代从中央到地方司法政务运行机制的重要内容。

同时，在唐后期使职发展趋势的影响下，宋代三司使、三衙等机构仍继续分享着相应政务内的司法处置权。但是，与唐末、五代不同，原来那种使职拥有独立司法处置权的情况，在中央司法政务的处理程序上，开始重新回归到审刑院（刑部）、大理寺的渠道。这种情况的出现，正是由于

---

① 参见王云海主编《宋代司法制度》，河南大学出版社，1999年，第28—29页；龚延明：《宋代刑部建制述论——制度史的静态研究》，《河北大学学报》（哲学社会科学版）2016年第5期，第1—9页。

② 《天一阁藏明钞本天圣令校证（附唐令复原研究）·清本》，《狱官令》宋2、3、5、46条，第415、418页。

宋代使职差遣体制的完善与奏裁法的落实。① 熙宁九年（1076）八月，枢密使吴充言：

> "检会大中祥符五年（1012）十月赦书：'应掌狱、详刑之官，累降诏条，务从钦恤。今后按鞫（鞫）罪人，不得妄加逼迫，致有冤证。其执法之官所定刑名，必先平允，内有情轻法重、理合哀矜者，即仰审刑院、刑部、大理寺具事状取旨，当议宽贷。'治平四年（1067）九月，诏开封府、三司、殿前马步军司：'今后逐处所断刑名，内有情轻法重，许用赦书，取旨宽贷。'《在京海行敕》：'诸犯流以上罪，若情重可为惩戒及情理可矜者，并奏裁。'窃详赦书之易（意），初无中外之别，祗（祇）缘立文有碍，遂致推择（泽）未均。何则？审刑院、大理寺、刑部等处若非于法应奏，无繇取旨从宽。虽是命官、使官（臣）等合奏公案，若有情轻法重，方得应用赦书施行，其余一无该及。后来在京刑狱官司亦得换以取旨，其为德泽不为不厚。然天下至广，囹圄实繁，岂无情轻法重之人？……欲今后天下罪人犯徒流罪或该编配者，情轻法重，并许本处具犯状申提点刑狱司看详，委是依得赦书，即缴连以闻。……如恐地远淹系，其川、广、福建或乞委安抚、钤辖司详酌指挥，断讫间（闻）奏。仍委中书、枢密院点检。"诏送重修编敕所详定以闻。本所看详："缘天下州郡日有该徒流及编配罪人，若更立情轻法重奏裁之法，不惟淹系刑狱，兼恐案牍繁多，未敢立法，乞朝廷更赐指挥。"②

可见，在枢密使吴充看来，大中祥符五年赦书，本来就是针对内外"应掌狱、详刑"官司普遍适用的，虽然后来治平四年诏书和《在京海行敕》又

---

① 关于奏裁法，亦可参证以《庆元条法事类》所载《断狱敕》《断狱令》：一、"诸罪人情轻法重、情重法轻（应断笞、杖罪者非），奏裁。"二、"诸断罪无正条者，比附定刑，虑不中者，奏裁。"三、"诸死罪应奏裁而辄决者，流二千里（谓非刑名疑虑或情法轻重及可悯者）。"四、"诸事干边防或机速，并诸军犯罪事理重害，难依常法而不可待奏报者，许申本路经略或安抚司，酌情断遣讫以闻（罪不致死者，不许特处死）。余犯情重，自依奏裁法。"五、"诸犯罪皆于事发之所推断，杖以下，县决之，徒以上（编配之类应比徒者同。余条……准此）及应奏者，并须追证勘结圆备，方得决州。若重罪已明，不碍检断而本州非理驳退者，提点刑狱司觉察按治。"（宋）谢深甫等修、戴建国点校：《庆元条法事类》卷七三《刑狱门三》，杨一凡、田涛主编：《中国珍稀法律典籍续编》第1册，黑龙江人民出版社，2002年，第741、743—744页。

② 《宋会要辑稿·格令一》，刑法一之九至十，第8221—8222页。

专门对开封府、三司、殿前马步军司等在京刑狱官司作了规定，但这并不意味着奏裁法仅适用于在京官司。不过，由于吴充所引《海行敕》是针对流以上罪的，重修编敕所认为"天下州郡日有该徒流及编配罪人"，便以"淹系刑狱"为由否决了吴充的建议。但这并不否定死刑案件中，遇到"情轻法重、理合哀矜"等应奏请皇帝裁决的"具狱案牍，先经大理断谳。既定，关报审刑，知院与详议官定成文草奏讫，下丞相府。承（丞）相又以闻，始命论决"的程序。① 另外，需要注意的是，在宋代二府体制下，丞相府并不专指中书门下。② 比如，与禁军相关或武臣官员的案件，则要申枢密院。大中祥符二年（1009）诏："自今开封府、殿前、侍卫军司奏断大辟案，经朕裁决后，百姓即付中书，军人付枢密院，更参酌审定进入。俟画出，乃付本司。"③ 五年，诏刑部："今后奏到断讫禁军大辟按（案），具情罪申枢密院"。④ 而在元丰改制之后的元祐五年，又诏刑部："命官犯罪，事干边防军政，文臣申尚书省，武臣申枢密院"。⑤ 皆是其例。总之，宋代皇帝通过奏裁法来实现对司法政务的有效管控，使得审刑院、大理寺成为北宋司法政务运行机制中的下上相承、不可逾越的环节。

虽然审刑院的设置，看起来弱化了北宋前期大理寺与刑部之间的关系，但与此同时，审刑院与大理寺之间的政务关系，⑥ 更奠定了元丰新制后尚书刑部与大理寺之间的职权与地位。⑦ 因为元丰尚书刑部就是在原审刑院的基础上改置而来。元丰三年（1080）八月，诏："省审刑院归刑部。以知院官判刑部，掌详议、详覆司事。刑部主判官为同判刑部，掌详断司

① 《宋会要辑稿·审刑院》，职官一五之二九，第 3423 页。
② 《宋史》卷一六三《职官志三》载作："凡狱具上，先经大理，断谳既定，报审刑，然后知院与详议官定成文草，奏记上中书，中书以奏天子论决"，第 3858 页。《会要》及《宋史·职官志》文字皆经编修者损益，更完整的表述为："凡狱具上奏者，先由（申）审刑院印讫，以付大理寺、刑部断覆以闻，乃下审刑院详议，中覆裁决讫，以付中书，当者即下之，其未允者，宰相复以闻，始命论决。"（宋）李焘：《续资治通鉴长编》卷三二，淳化二年八月己卯条，第 718—719 页。
③ （宋）佚名编、司义祖整理：《宋大诏令集》卷二〇一《政事五四·刑法中》，《大辟经裁决后付中书密院参酌诏》（大中祥符二年正月戊辰），中华书局，1962 年，第 746 页。
④ 《宋会要辑稿·刑部》，职官一五之三，第 3408 页。
⑤ （元）马端临：《文献通考》卷一六七《刑考六·刑制》，中华书局，1986 年，第 1450 页。
⑥ 审刑院"掌详谳大理所断案牍而奏之"，《宋史》卷一六三《职官志三》，第 3858 页。《宋会要辑稿·审刑院》载作"掌详谳大理寺系〔囚〕案牍而奏之"，职官一五之二八，第 3423 页。
⑦ 《宋史》卷一六五《职官志五》，元丰八年，诏："大理寺推断事应奏及上尚书省者，更不先申本曹。"第 3901 页。所谓"本曹"，即尚书刑部。龚延明：《宋史职官志补正》，浙江古籍出版社，1991 年，第 289 页。

事，审刑议官为刑部详议官。"官制行后，纠察在京刑狱司亦被合并入新刑部之中，"刑部始专其官"。① 至于元丰新制下的大理寺，"天下奏劾命官、将校，及大辟囚以下，以疑请谳者"与"在京百司事当推治，或特旨委勘，及系官之物应追究者"，② 皆为其所掌，且已重新置狱，负责相关案件的审断。由是唐前期那种在京、诸州二分的司法政务运行机制在新制之下，归于一途，大理寺成为负责全国司法政务的最高审断机关。

在大理寺成为天下奏狱必经之司的同时，唐宋间尚书省体制的新发展，也为尚书省——寺监新关系的形成提供了可能。中唐以后，由于尚书省逐渐成为中书门下的执行机构之一，完全丧失了其在唐前期三省制下"会府""政枢"的地位。尚书省二十四司的职能，很多也被新兴使职所替代。以尚书刑部四司为例，到了北宋前期，除了刑部司之外，其他三司的职能都分领于它司，本司皆无所掌，仅留下来个空架子而已（见表5）。原来唐代尚书体制中的"头司——子司"概念，名存实亡。③

表5　唐宋尚书刑部四司职掌对照④

省司	出处	《新唐书》	《两朝国史志》
尚书刑部	刑部	掌律法，按覆大理及天下奏谳，为尚书、侍郎之贰	凡律令、刑法、案覆、谳禁之制，今并存。掌覆天下大辟，举其违失而驳正之，及详定京朝官、三班、幕府（职）州县官员犯解免叙理出雪之事
	都官	掌俘隶簿录，给衣粮医药，而理其诉免	凡俘隶簿录、给衣粮医药之事。今分领于他司，⑤ 本司无所掌

---

① 《宋史》卷一六三《职官志三》，第3858页；《文献通考》卷一六七《刑考六·刑制》、卷五二《刑部尚书》，第1450、481页。金代大理寺仍"掌审断天下奏案、详谳疑狱"，《金史》卷五六《百官志二》，中华书局，2020年，第1365页。辽代对大理寺职掌的规定，史文未载，推测亦受宋制影响而掌汉地奏案。如杨道认为，较诸唐代大理寺，辽圣宗统和十二年（994）以后的大理寺增加了详决覆奏死刑的职能。见氏著《辽代大理寺探讨》，《内蒙古社会科学》2014年第6期，第58—62页。

② 《宋史》卷一六五《职官志五》，第3900页。参见《宋会要辑稿·大理寺》，职官二四之五，第3657页。

③ 北宋前期，虽然尚书省职事官已经阶官化，但仍在沿用唐代"子司"的概念。大中祥符六年（1013）八月，礼部尚书、知陈州张咏言："臣官忝尚书，祠部本部子司，每有公事，并是申状，体似未顺。今请应丞、郎、尚书知外州，除省司依旧申状外，若本曹，欲止判检，令以次官状申。"从之。《宋会要辑稿·尚书省》，职官四之二至三，第3096页。

④ 本表据下列资料制成：《新唐书》卷四六《百官志一》，第1199—1200页；《宋会要辑稿·刑部》，职官一五之一、四七，第3407、3434页。

⑤ "今"，原本有，整理者据（宋）章如愚辑《群书考索》（后集卷八，广陵书社，2008年，第485页）删。笔者以为可不删。

（续表）

出处 省司		《新唐书》	《两朝国史志》
尚书刑部	比部	掌勾会内外赋敛、经费、俸禄、公廨、勋赐、赃赎、徒役课程、逋欠之物，及军资、械器、和籴、屯收所入	凡勾会内外赋敛、经费出纳、逋欠之政皆归于三司句院、磨勘理欠司，本司无所掌
	司门	掌门关出入之籍及阑遗之物	凡门关之政令、晓昏启闭、发钥纳锁，今行于皇城司、①道路、津梁、州县，本司无所掌

元丰改制在"正名"与"正实"的口号下重新恢复了尚书省，刑部四司也各有其职。② 但是很快又因职事繁简不一而被省并，至南宋孝宗隆兴元年（1163），形成以都官兼比部、司门之事，三司共置郎官一员的格局。可以说，除了吏部、户部诸司外，尚书省其他诸部亦皆如此。③

尚书省内诸司郎官的减省合并，使得元丰后曾短暂恢复的"头司——子司"体制重又消解，这为"子司"概念不再适用于尚书省诸司之间奠定了基础，而大体同时进行的并省寺监以入尚书省，④ 则最终促成到南宋初年，寺监被当时人目为六部"子司"。程大昌《考古编》载：

> 礼部之于太常、户部之于司农，诸曹如此等类，今世通谓子司。盖唐人已有其语，而制则异也。六部分二十四司，司有郎。均之为郎，而结衔以本部者为头司，余为子司也。若吏部则封、勋已下，皆以子司目之。非如今人指所隶寺监之谓也。故《唐志》所书六部头司

① "今"，原为"令"，笔者以为作"今"是。
② 《宋史》卷一六三《职官志三》，第3860—3861页。
③ 隆兴元年以后，尚书省多出现以一司（员）"并行四司之事"，"四司合为一"的体制（如礼部、兵部），见《宋史》卷一六三《职官志三》，第3853、3856页。参见张希清《宋朝典制》，吉林文史出版社，1997年，第46—50页。
④ （宋）李心传撰、辛更儒点校：《建炎以来系年要录》卷二二，建炎三年（1129）四月庚申条："并宗正寺归太常［绍兴三年（1133）六月，复置少卿，五年（1135）闰二月辛未，复置寺］，省太府、司农寺归户部［绍兴二年（1132）五月戊午，复太府，三年十一月庚戌，复司农］，鸿胪、光禄寺、国子监归礼部［绍兴三年月丁未，复国子，二十三年（1153）二月丙子，复光禄，二十五年（1155）十月庚辰，复鸿胪］，卫尉寺归兵部（后不复置）太仆寺归驾部（后不复置），少府、将作、军器监归工部（绍兴三年十一月庚戌，复将作、军器二监，惟少府不复），皆用军兴并省也。"上海古籍出版社，2018年，第491页。

郎官，则曰为"尚书、侍郎之贰"。其不结本曹入衔者则否，是头司、子司之别也。①

这一概念转换的背后，正是唐宋使职发展以及尚书省诸司、寺监使职化的一个结果。② 程大昌所提及的"子司"新义，恰恰是对北宋使职差遣体制下的诸使"子司"概念的借用。以三司使系统为例，北宋前期三司置使副、三司判官、三部使副、三部判官、推官等员，盐铁、度支、户部三部之下分置诸案，案下辖诸局务。在此之外，三司下还置有勾院、都磨勘司、都理欠司等十余个机构，皆被视为三司之子司，各置判子司官等员。③ 元丰新官制行，罢三司归于户部，而诸子司职掌则分别归于司农寺等机构，④ 所谓"三司所统又分裂于六部、寺监"。⑤ 可见，将司农寺、大理寺等寺监目为尚书六部之子司，正是沿袭其原有使职差遣体制下的"本司—子司"概念。⑥

① （宋）程大昌撰、刘尚荣点校：《考古编》卷八《子司》，中华书局，2008年，第128—129页。是书编成并付梓于南宋淳熙八年（1181）。刘庆庆：《程大昌生平与学术》，硕士学位论文，华东师范大学，2019年，第175—176页。
② 元丰官制行后，三省曾建议"九寺、三监分隶六曹，欲申明行下"，但被神宗以"一寺、一监职事故分属诸曹，岂可专有所隶"为由否决，并指示"宜曰'九寺、三监于六曹随事统属'，著为令"。（宋）李焘：《续资治通鉴长编》卷三二六，元丰五年五月己丑条，第7846页。可以说，三省的这一主张在数十年后的南宋初年成为现实。
③ 张希清：《宋朝典制》，第24—27页。北宋枢密院下亦有子司，见（宋）江少虞辑《宋朝事实类苑》卷二七《官制仪制》："银台司兼门下封驳，乃给事中之职，当隶门下省。故事，乃隶枢密院，下寺监皆用札子，寺监具申，虽三司亦言上银台主判，不以官品。……行案用枢密院杂司人吏，主判食枢密厨，盖枢密院子司也。"上海古籍出版社，1981年，第336页。此外，（宋）赵彦卫撰、傅根清点校《云麓漫钞》卷七载："唐有三院御史，侍御史谓之台院，殿中侍御史谓之殿院，监察御史谓之察院；太常寺有四院，天府院、御衣院、乐悬院、神厨院，皆子司耳。"中华书局，1996年，第115页。该书将唐代御史台三院与太常寺四院皆视为子司。不过，《云麓漫钞》成书于南宋中期，不排除是赵彦卫在接受南宋初以来"子司"新义后的解读。
④ 《宋史》卷一六三《职官志三》："国初，以天下财计归之三司，本部无职掌。……（熙宁三年，罢置制三司条例司）归中书，以常平、免役、农田、水利新法归司农，以胄案归军监，修造归将作监，推勘公事归大理寺，帐司、理欠司归比部，衙司归郎官，坑冶归虞部，而三司之权始分矣。元丰官制行，罢三司归户部左、右曹，而三司之名始泯矣。"第3846—3847页。按，前述职掌改隶并非皆发生在熙宁三年（1070）。以将作监专领在京修造，在熙宁四年，"以胄案归军器监"在熙宁六年。参见龚延明《宋史职官志补正》，第144页；贾玉英《略论唐宋时期中枢体制变迁》，李振宏主编《朱绍侯九十华诞纪念文集》，河南大学出版社，2015年，第411—412页。
⑤ 《群书考索》续集卷三三，第1066页。
⑥ 熙宁五年（1072）十一月，规定新置之提举三司帐勾磨勘司"应与诸处官自往来行遣文字，并依三司体式"，"报判使厅及三部文字体式，依副使例。其诸案及子司报本司文字于申状"，《宋会要辑稿·提举三司帐勾磨勘司》，职官五之三〇，第3136页。

金朝在宋代元丰以后官制影响下建立的尚书省，不仅实现从三省制到一省制的转型，① 还更清晰地体现出了尚书省司的合并趋势：六部唯置尚书、侍郎、郎中、员外郎有差，几乎完全看不到隋唐尚书省二十四司的格局。以刑部为例，置"尚书一员，正三品。侍郎一员，正四品。郎中一员，从五品。员外郎二员，从六品，一员掌律令格式、审定刑名、关津讥察、赦诏勘鞫、追征给没等事，一员掌监户、官户、配隶、诉良贱、城门启闭、官吏改正、功赏捕亡等事"。② 可以说，自汉魏之际尚书台分曹改以尚书郎曹分置为重心以来，尚书机构以郎曹为政务运行主体的组织模式至此彻底被消解。郎曹完全沦为六部的附属，郎中之名也完全依附于尚书之名。这样，从唐朝开始的那种"部"的主体意识增强的趋势，也最终得到了落实。③ 金朝尚书省

① 《金史》卷五五《百官志一》："天会四年（1126），建尚书省，遂有三省之制。至熙宗颁新官制及换官格，……而后其制定。……海陵庶人正隆元年（1156）罢中书、门下省，止置尚书省。"第1298页。参见张帆《回归与创新——金元》，吴宗国主编：《中国古代官僚政治制度研究》，第310—313页。

② 《金史》卷五五《百官志一》，第1319—1320页。金尚书省六部之下不再分司，而代之以更加灵活的"科"和"曹案"分工体系，参见张帆《回归与创新——金元》，吴宗国主编：《中国古代官僚政治制度研究》，第326—330页。

③ 雷闻：《隋与唐前期的尚书省》，吴宗国主编：《盛唐政治制度研究》，第104—107页。元丰改制，以恢复三省制为名。然而"名""实"之间，却颇有不同。在唐代三省制下尚书省体制中，六部独立性不强。此后"部"的主体意识虽渐增强，但直至北宋前期，史籍中仍常见"省司"之名。自官制行后，则新见"省部"之名，成为处理上下行政务文书之关节点。分见天圣十年（1032）五月尚书刑部言："省司准中书批送诸处申奏"云云，《宋会要辑稿·捕贼》，兵一一之一三至一四，第8824页；政和五年（1115）八月臣僚上言："河东、陕西两路，……尚未见辩验土色，关报省部。"《宋会要辑稿·马政杂录》，兵二四之二九，第9125—9126页。故古丽巍指出元丰改制后，在当时人的表述中，若把尚书六部作为一个整体，多称之为"六曹"；若单独称呼，则多以"部"为称。见氏著《北宋元丰改制"重塑"尚书省的过程》，《中国史研究》2015年第2期，第75页。这一变化的出现，源自神宗在按照"落实到《唐六典》之中的理想化的制度"来重建三省制时，却不过是"在其当时制度的基础上"重建尚书省。所以，这样的改革并不能称之为对唐代前期实际运行的三省制的恢复［刘后滨：《"正名"与"正实"从元丰改制看宋人的三省制理念》，《北京大学学报》（哲学社会科学版）2011年第2期，第122—130页］。以奏钞为例，元丰时虽然仿照唐代奏抄式重建了尚书省以奏钞处理国家政务中"有法式事"的机制："事有成法，则六曹准式具钞，令、仆射、丞检察签书，送门下省画闻"［（宋）陈均著、许沛藻等点校：《皇朝编年纲目备要》卷二一，元丰五年四月，中华书局，2006年，第505页。参刘江《宋朝公文的"检"与"书检"》，《北京大学学报》（哲学社会科学版）》2012年第2期，第135—136页］，但与唐代奏抄以尚书省二十四司为主体不同，宋代奏钞虽然也是以尚书省名义申奏，并由省司（郎中、员外郎）奏上，但其发文机关并非二十四司，而是六部，故称"六曹奏钞"。对宋代奏钞的详细讨论，见孙继民《黑水城宋代文书所见荫补拟官程序》，《历史研究》2004年第2期，第174—179页；周曲洋：《奏钞复用与北宋元丰改制后的三省政务运作》，《文史》2016年第1期，第195—196页。

的运作，以部为主体，而非以司为核心。① 这就为元明以降六部承皇帝命令
而施政格局的形成奠定了基础。大理寺与尚书省之间的政务关系，也从以
与刑部司的关系为重心，正式变为六部之一的刑部的下属机构。

刑部四司体制的消解，还为明清以来以地区分司的刑部新体制的出现
奠定了基础。以明代刑部为例，其下仿唐制分宪部（初名总部）、比部、
司门部、都官部（称之为子部或属部），置郎中、员外郎若干。洪武二十
三年（1390）分设河南、北平等十二部（后改称清吏司），至宣德十年
（1435）定制，以地方省制为准，改为浙江等十三清吏司，"各掌其分省及
兼领所分京府、直隶之刑名"。① 大理寺亦相应分为十三司道，"凡刑部、
都察院、五军断事官所推问狱讼，皆移案牍，引囚徒，诣寺详谳"。② 刑

———————

① 以敕牒为例说明之。唐代敕牒是中书门下奉敕指挥百司公事的文书，其发文机关虽然是
中书门下，但仍被视为"王言"之一（刘后滨：《唐代中书门下体制研究》，第 341—354
页；王孙盈政：《唐代"敕牒"考》，《中国史研究》2013 年第 1 期，第 89—110 页）。至
元丰改制，神宗诏："门下、中书省已得旨者，自今不〔得〕批札行下，皆送尚书省施
行。"《宋会要辑稿·三省》，职官一之二一，第 2949 页。故敕牒改为尚书省颁行政令的
文书（且不被视为皇帝命令），其形态随之而改，发文机关变为尚书省，即都省（张袆：
《制诏敕札与北宋的政令颁行》，博士学位论文，北京大学，2009 年，第 109—114、
125—126 页；罗袆楠：《论元丰三省政务运作分层机制的形成》，硕士学位论文，清华大
学，2005 年，第 69—73 页）。金代确立一省制后，敕牒仍由尚书省颁下，但文书形态又
有了新的变化（参见司雅霖《陕西金代敕赐寺观额牒碑刻整理与研究》，硕士学位论文，
西北大学，2014 年，第 19—25 页）。对此，清代学者已指出："凡寺院赐额，宋初由中书
门下给牒，元丰改官以后，由尚书省给牒，皆宰执亲押字。金则仅委之礼部，而尚书、
侍郎并不书押，惟郎中一人行押而已。"（清）钱大昕著、祝竹点校：《潜研堂金石文跋
尾》卷十八《广福院尚书礼部牒》（大定七年，1167），陈文和主编：《嘉定钱大昕全集》
第 6 册，江苏古籍出版社，1997 年，第 468 页。由此可见，金代正隆元年以后，尚书省
日常政务的处理已无须宰相签署，完全依托于六部运转。当然，金代同样存在以尚书省
名义下达的授官敕牒，其后须"备具相衔、圆押"。（元）王恽：《中堂事记》，顾宏义、
李文整理标校：《金元日记丛编》，上海书店，2013 年，第 128 页。这种由宰相署押的敕
牒形态亦为元代所继承，参见李治安《元吴澄八思巴字宣勑文书初探》，《元史论丛》第
14 辑，天津古籍出版社，2014 年，第 65—75 页。明太祖能够"罢丞相不设，析中书省
之政归六部，以尚书任天下事，侍郎贰之"（《明史》卷七二《职官志一》，第 1729 页），
与金元以来，国家政务依托尚书（中书）六部运转有直接关系。
① （明）申时行等修、（明）赵用贤等纂：《大明会典》（万历朝）卷二《吏部·官制一》，
《续修四库全书》第 789 册，第 64 页；《明史》卷七二《职官志一》，第 1755—1759 页。
明代刑部十三清吏司体制的形成，也有一个较复杂的过程，今不详及。另外，刑部诸清
吏司下，宣德以前仍分宪、比、司门、都官四科分掌律令事类［（明）陶尚德等：《南京
刑部志》卷二《司刑篇》，《金陵全书》第 18 册，乙编史料类，南京出版社，2015 年，
第 145—149 页］，从而在吸收金元六部内部分工体系的基础上，形成部—司—科三级系
统。至清代，由于省制变化，乾隆七年（1742）后，刑部定制置十八司，除督捕司、湖
广司（兼掌湖北、湖南）、陕西司（兼掌陕西、甘肃）外，仍基本延续一省一司之局面。
《清史稿》卷一一四《职官志一》，第 3288—3289 页。参郭润涛《帝国终结时期的官僚政
治体制与运作系统——清》，吴宗国主编：《中国古代官僚政治制度研究》，第 411—412、
466—467 页。
② 《明史》卷七三《职官志二》，第 1783、1781 页。

部、大理寺之间形成了更为一体化的上下级关系。①

本 章 小 结

通过本章的讨论可知，唐代后期使职行使独立的司法审断权，主要体现在其司法政务在本使系统内上报，无须经由州县和尚书刑部司，而自行申奏于中书门下和皇帝。这一方面是由于其职掌和体制特点所要求的，另一方面是由于维持其运转而经营公廨、食利等本钱相关事务而衍生出来的。这些职掌及由此产生的政务活动，往往是国家行政体制在商品货币经济和租佃制经营方式冲击下新生成的制度增量，并对既有的司法政务运行机制持续造成冲击和破坏。在不断成为问题的同时，使职系统也在不断地试错中沿着制度发展的内在理路，完成了向使职差遣体制过渡的历史使命。唐宋制度转型由此得以实现。

以司法政务运行机制为例，在唐后期使职发展趋势的影响下，宋代三司使、三衙等机构仍继续分享着在其职掌范围内、相应的司法审断权。但是，与唐末、五代不同的是，原来那种使职拥有独立司法处置权的情况，在防弊之政的推进、落实下，逐步被改变。就北宋中央司法政务的处理程序而言，三司使等使职所掌司法政务，与地方（提点刑狱司、府州军监

---

① 自中唐形成"天下刑狱，须大理正断，刑部详覆"的司法政务运行机制以来，案件在申奏程序上，先经过大理寺，而后经刑部审覆。因而在审讯、治狱的运作上，皆以大理寺为主。至元朝，有刑部而无大理寺。明洪武十四年（1381）虽复置大理寺，但在"政归六部"体制下，以刑部受天下刑名，都察院纠察，大理寺驳正。凡刑部重囚，皆送大理寺复讯，大理寺拟覆平允而后定案。至弘治以后，大理寺止阅案卷，囚徒俱不到寺。若"三法司会审，初审，刑部、都察院为主，覆审，本寺（大理寺）为主"（《明史》卷七三《职官志二》，第1783页）。可见，在审讯决狱运作上，明朝与唐宋已明显不同：唐宋是"先寺而后部"，明代则是"先部而后寺"（《历代职官表》卷二二《大理寺》，第425页）。清代刑部、大理寺，仍同于明制。"凡审录，刑部定疑谳"，"狱成，归寺平决"。故大理卿"掌平反重辟，以贰邦刑"（《清史稿》卷一一五《职官志二》，第3308页）。由此可见，明清以降司法政务运行机制的这一变化，不仅不能说明处于政务处理末端的大理寺成为最高司法机构，相反，恰恰意味着大理寺在司法政务处理中愈发成为刑部的附属机构，参见郭润涛《帝国终结时期的官僚政治体制与运作系统——清》，吴宗国主编：《中国古代官僚政治制度研究》，第470—472页；郑小悠：《清代法制体系中"部权特重"现象的形成与强化》，《江汉学术》2015年第4期，第22—30页。此外，金元以后，寺监（包括改称府、院、司及新设者）的职能、隶属关系更加复杂。它们与六部的关系，更不能以事务、政务之分概括，反而出现了政务、事务合于六部的趋势。故元代又将六部、寺监视为同一层次的简单分工，主张予以合并。参见张帆《回归与创新——金元》，《中国古代官僚政治制度研究》，第334—339页。

等）司法政务一道，重新回归到审刑院（元丰以后的尚书刑部）、大理寺的渠道。

在唐宋制度转型过程中，随着中书门下这一独立机构的出现，宰相开始通过中书门下直接参与到唐代司法政务的运行中。这种参与不仅意味着司法政务的裁决和执行在宰相这一环节得到融会贯通，而且也使得皇帝也越来越多地参与到司法政务的裁决中来。但是必须意识到，开元年间，中书门下在司法政务运行机制中所扮演角色定位的形成，与当时玄宗刑清讼息、制礼作乐指导思想有关，也和首相李林甫吏治派的精明强干、务实高效的行政作风有关。此后一段时间内，宰相在司法政务方面承担了过多的政务官工作。

肃、代以后，由于国家形势的新变化，司法政务日渐繁多。同时，随着使职系统和使职化的部司寺监逐渐纳入中书门下之下，在确立起新的行政体制的过程中，中书门下渐渐退出了司法政务运行中琐碎的、事务性部分的直接参与。这一角色定位的转变，也影响到其领导下的刑部司与大理寺的职能。尤其是对大理寺而言，这种变化的意义更为重要。因为地方府州所奏报上来的狱案，越来越多需要经过大理寺覆审、定谳，处理结果经刑部详覆之后，再申奏于皇帝和中书门下进行裁决。大理寺越来越成为地方司法政务处理上必须要经过的一个环节。这就打破了唐前期州县与大理寺在司法政务上分属于地方与京城两个系统的机制，也为刑部、大理寺头司与子司关系新局面的形成奠定了基础，更是启动了宋金时期大理寺成为全国最高审断机关角色形成的历史进程。这益加印证着陈寅恪关于唐后期"开启赵宋以降新局面"的定位。

值得注意的是，到了明代，六部之中，下属机构以省分司的体制只见于户部与刑部——地方三司中的布政使、提刑按察使皆同时接受户部、刑部本省（或代管）清吏司的垂直领导。[①] 可以说，经过唐宋以来的发展，户部与刑部成了六部之中受地方行政区划影响最为彻底的机构。以隋开皇三年改度支为民（户）部、都官为刑部为起点，[②] 以明宣德十年十三清吏司的定置为终点，户部与刑部经历了一次殊途同归式的演变轨迹，似乎暗示着钱粮与刑名已经成为中华帝国后半段国家政务的两大基本主题。

---

① 李小波：《明代刑部现审的分司原则》，《史林》2020年第3期，第73—80页。
② 《隋书》卷二八《百官志下》，第882页。参见拙文《尚书刑部成立的西魏、北周因素》，《国学学刊》2020年第3期，第13—20页；《尚书刑部成立的魏齐因素》（未刊稿）。

第五章　余论：中国古代司法政务运行机制的长时段发展趋势

在西方三权分立学说的影响下，近代中国在司法制度改革中也建立起区别于行政（政务）的"独立"司法体制。在此背景下出现的中国法史学，从形成之日起，其研究范式中就不可避免地带上了"司法独立"的色彩。以中国古代司法制度研究为例，学者们往往是在接受了近现代法学理论的预设后，单一地讨论中国古代"司法"的问题，较少关注于中国古代司法作为政务性活动的性质。本书之所以尝试提出"司法政务"的概念，就是为了突破三权分立学说的窠臼，不是从"司法"的视角，而是从政务的视角来研究唐至北宋前期的司法体制。

在概述唐宋之间司法政务运行机制及其演变的基础上，还可对中国古代司法政务运行机制的长时段发展趋势略作梳理，希望有助于进一步从总体上把握中国古代国家政务运行机制及政治体制的变化。

唐前期地方司法政务运行机制，随着尚书省的定型和三省制的确立而形成。隋唐之际，六部尚书体制最终定型，地方政务也仿照六部进行归口，确立了功、仓、户、兵、法、士六曹判司的分工体系。在对府州判司主导处理的司法政务相关文书加以讨论后不难看出，在唐代府州一级官府中，决不能将司法政务的裁决仅仅局限于户曹或法曹两司，更不适宜简单套用现代部门法下民事与刑事的二元框架去认知地方司法系统。唐前期府州各司（录事司与六判司）基于职务所系，都会在各自所掌政务的范围内接受告言，鞫问两造，追征人证到案，并给予适当的断决。从文书来看，主要是判决杖以下罪。如果承认这一点，就会对中国古代行政官员兼理司法现象的理解更加全面。

作为相对专门的"法司"，府州法曹主要处理属县和其他州判司所移送的徒以上罪的覆审，并按照律令规定将流以上罪案状申奏于尚书省和皇帝以获得批复或处分。同时，借助于敦煌、吐鲁番文献，可扩展对唐代府州法曹主要职掌——律令、定罪、盗贼、赃赎——所涵盖的地方政务内容的理解。尽管现有的相关解读还很不充分，但仍可以看到，即便是为完成某一职掌，仅依靠法曹是无法独立完成的。它必须就所涉及的相关政务，与其他曹司协作。如法曹与仓曹在赃赎钱物、囚犯给粮管理中的分工协作，以及法曹与功曹在地方考课中的相互配合，都是地方政务运行机制的有机组成部分。而同一件政务，需要不同的府州判司相互协作，这也正与唐前期三省制下分层决策与分层执行的机制一致。

受使职系统发展的影响，唐代司法政务运行机制可以被划分为前后两期。结合大理寺的职掌可知，在唐前期"诸州"与"在京"分而治之的中央司法政务运行机制中，诸州在处理司法政务时并不需要经过大理寺，而与大理寺一样申尚书省（刑部司）。因而，唐前期并不存在由大理寺负责审核（重审）刑部转来的地方死刑案件的机制。唐前期大理寺主要负责在京徒以上罪案件的处理。而且，此阶段大理寺只是在京法司之一，与京兆、河南府共同分享了两京地区司法政务的处理权，绝非唐代中央最高审判机关。

虽说唐代司法政务运行机制的内部转型，是随着使职的出现和发展而启动，但对于使职的出现给唐代司法政务处理所带来的影响，统治者最初还是想将其纳入原有的律令体制之中来加以消解。不过，这种努力随着使职的迅猛发展而被迫放弃。以财政三司为代表的使职系统，开始形成独立于府州和刑部司之外的司法政务申报与裁决机制。使职独立行使司法审断权，一方面是由于其职掌和体制特点所要求的，一方面是由于维持其运转而经营公廨、食利等本钱等事务而衍生出来的。这些职掌及由此产生政务活动，往往是国家行政体制在商品货币经济和租佃制经营方式冲击下新生成的制度增量，并对既有的司法政务运行机制持续造成冲击和破坏。

还需指出的是，以财政三司与节度观察使为代表的使职系统造成种种乱象背后，是为了适应新的社会经济结构及其发展模式，中古国家体制的中央——地方关系主动或被动地突破原来隋唐之际所确立的那套中央集权管理机制的结果。冲突和调整中形成的使职差遣体系也在不断探索着新的央地关系和集权模式。可以说，在不断成为问题的同时，使职系统也在不断地试错中沿着制度发展的内在理路，完成了向使职差遣体制过渡的历史使命。唐宋制度转型由此得以实现。

在唐宋制度转型过程中，随着中书门下这一独立机构的出现，宰相开始通过中书门下直接参与到唐代司法政务运行中。这种参与不仅意味着司法政务的裁决和执行在君相环节得到融会贯通——皇帝越来越多地直接参与到司法政务裁决中，宰相也在司法政务处理中承担了过多的政务官角色。因而到了肃、代以后，由于国家形势出现新变化，司法政务日渐繁多。同时，随着使职系统和使职化的部司寺监逐渐纳入中书门下之下，在确立起新的行政体制的过程中，中书门下渐渐退出了司法政务运行中琐碎的、事务性部分的直接参与。

这一角色定位的转变，对中书门下领导下的刑部司与大理寺角色与地位，也产生了相应的影响。尤其是对大理寺而言，这种变化更为重要。因为地方府州上奏的狱案，需要经过大理寺覆审、定谳，并将处理结果经刑部司详覆之后，申奏于中书门下和皇帝进行裁决。大理寺越来越成为地方司法政务处理上必须要经过的一个环节，打破了唐前期州县与大理寺在司法政务上分属于在外与在京两个系统的机制，开启了宋以降大理寺掌断天下奏狱的新局面。

宋朝建立后，集权在新的政务运行机制下表达得更为充分。以司法政务的为例：就中央而言，奏裁法的施行，使得奏闻皇帝案件的处理程序中，中央与地方在司法政务的裁决与执行上更加一体化；就地方而言，县司不再对徒以上刑罚具有断决之权。"徒以上，送州推断"体制的确立，使得地方本身（以州为中心）在司法政务的裁决与执行上更加一体化。与之相应，皇帝真正实现从"身居九重"型天子向"乾纲独断"型天子的角色转变。皇帝走向了处理国家政务的前台，皇权与相权之间的权力运作更加一体化。换言之，随着皇帝日渐走向处理政务的前台，宰相愈来愈成为横亘在皇帝与百官（六部）之间的多余层级。

同时，中唐以降，尚书省内诸司渐趋闲散化、使职化，形成了新的、以吏人为中心的"房""案"分工体系，较之此前以郎官为中心的分工体系更加灵活，从而为"省部"取代"省司"的概念转换奠定了基础。元丰改制中，六部成为尚书省政务运行的主体，宋人所谓的"三省六部"概念才得以真正出现，也预示着南宋初年刑部、大理寺本司与子司关系新局面的到来。可以说，严耕望所谓六部与寺监的上下级关系，至此才真正确立，并为金朝所继承。

随着金代地方政务也按照吏、户、礼、兵、刑、工六房分类体系的确立，中央和地方在政务裁决与执行上更加一体化，为元朝行省制度——新阶段的中央地方关系模式的建立奠定了基础。中书省与行中书省的一体化运作模式，强化了六部在国家政务运作中的职权与地位（明初，"子部"一度取代"子司"概念）。在这一时期，省部与寺监关系出现了新的变化，即政务、事务合于六部之趋势，因而元代重新出现将六部、寺监予以合并的呼声。这一呼声更是在当时司法政务运行中有着近乎"极端"的表达形式：大理寺废而不设。大理寺的消亡，与元代特殊的"国情"有关（大宗正府与刑部分掌司法政务、刑部与其他部门的约会制），但更根本的动因在于唐宋以来的中央地方政务一体化趋势。

　　明初虽复置大理寺，但在"政归六部"的体制下，形成的是以刑部受天下刑名、都察院纠察以及大理寺驳正的三司会审机制。可以说，在司法政务处理程序上，明代彻底改变了中唐以来所确立的"先寺而后部"机制。明清"先部而后寺"的司法政务运行机制，使得大理寺愈发成为刑部的附属机构。以至于晚清中央官制改革的前夕和实施之后，针对改"刑部"为"法部"，"大理寺"为"大理院"（最高法院，同时其他各国高院仍译称"大审院"）的做法，当时不少人提出了不同的改制思路或批评意见。比如康有为在其设计的官制改革方案中，就更倾向于将掌现审的"刑部"改为"大审院"，以符其实。应该说后一做法，或可避免在新政实施之后，长达数年的部院之争。当然，这样的争论，也与当时复杂的政治环境、国家形势有关。① 对此，本书不拟置论。但如果将视野放得更宽阔一些，或许可以说，"法部不掌现审，各省刑名，画归大理院覆判"（前引《清史稿·刑法志》）的改制思路，在否定了明清司法政务运行旧机制的同时，也改变了元明以来六部权限扩张的趋势，客观上符合下一阶段中央地方关系演进的需要（尽管改革者的目的是要建立"大权统于朝廷"的集权体制，但如何像唐宋之际制度变迁那样，在分权的基础上探索新的集权模式，才是更现实的发展趋势），不可简单归之为制度设计的不合理。

---

① 张从容：《部院之争：晚清司法改革的交叉路口》，北京大学出版社，2007 年，第 181—186 页；韩涛：《乾坤挪移玄机深：晚清官制改革中的"改寺为院"》，《中外法学》2016 年第 1 期，第 53—80 页。

主要参考文献

一、传统典籍、石刻史料及新出文献

（后晋）刘昫等，《旧唐书》，北京，中华书局，1975 年

（宋）欧阳修、宋祁，《新唐书》，北京，中华书局，1975 年

（宋）薛居正等，《旧五代史》，北京，中华书局，2016 年

（元）脱脱等，《宋史》，北京，中华书局，1977 年

（元）脱脱等，《金史》，北京，中华书局，2020 年

（宋）司马光，《资治通鉴》，北京，中华书局，1976 年

（宋）李焘，《续资治通鉴长编》，北京，中华书局，2004 年

（唐）李林甫等撰，陈仲夫点校，《唐六典》，北京，中华书局，1992 年

（唐）杜佑撰，王文锦等点校，《通典》，北京，中华书局，1988 年

（宋）王溥撰，方诗铭等点校，《唐会要》，上海，上海古籍出版社，2006 年

（宋）王溥撰，方诗铭等点校，《五代会要》，上海，上海古籍出版社，2006 年

（清）徐松辑，刘琳、刁忠民等校点，《宋会要辑稿》，上海，上海古籍出版社，2014 年

（元）马端临撰，《文献通考》，北京，中华书局，1986 年

（宋）宋敏求编，《唐大诏令集》，北京，中华书局，2008 年

（宋）佚名编，司义祖整理，《宋大诏令集》，北京，中华书局，1962 年

（唐）长孙无忌等撰，刘俊文点校，《唐律疏议》，北京，中华书局，1983 年

（宋）窦仪等撰，吴翊如点校，《宋刑统》，北京，中华书局，1984 年

（宋）王钦若等编，《册府元龟》（影明本），北京，中华书局，1960 年

（宋）王钦若等编，《宋本册府元龟》，北京，中华书局，1989 年

（宋）李昉等撰，《太平御览》，北京，中华书局，1960 年

（宋）李昉等编，《太平广记》，北京，中华书局，1961 年

（宋）李昉等编，《文苑英华》，北京，中华书局，1966 年

［日］黑板胜美编，《令集解》，新订增补国史大系普及版，东京，吉川弘文馆，1985 年

［日］黑板胜美编，《令义解》，新订增补国史大系普及版，东京，吉川弘文馆，1985 年

唐长孺主编，《吐鲁番出土文书》（图录本），第 1—4 册，北京，文物出版社，1992—1996 年

［日］小田义久编，《大谷文书集成》，第 1—4 册，京都，法藏馆，1984—2010 年

陈国灿，《斯坦因所获吐鲁番文书研究》（修订本），武汉，武汉大学出版社，1997 年

柳洪亮，《新出吐鲁番文书及其研究》，乌鲁木齐，新疆人民出版社，1997 年

荣新江、李肖、孟宪实主编，《新获吐鲁番出土文献》，北京，中华书局，2008 年

唐耕耦、陆宏基编，《敦煌社会经济文献真迹释录》，北京，全国图书馆文献缩微复制中心，1986—1990 年

《英藏敦煌文献》（汉文佛经以外部分），成都，四川人民出版社，1990—1995 年

《法藏敦煌西域文献》，上海，上海古籍出版社，1995—2005 年

［日］池田温著，龚泽铣译，《中国古代籍帐研究》，"录文与插图"部分，北京，中华书局，2007 年

刘俊文，《敦煌吐鲁番唐代法制文书考释》，北京，中华书局，1989 年

天一阁博物馆、中国社会科学院历史研究所天圣令整理课题组校证，《天一阁藏明钞本天圣令校证（附唐令复原研究）》，北京，中华书局，2006 年

二、研究论著

（甲）论文

［日］坂上康俊撰，何东译，《日本舶来唐令的年代推断》，韩昇主编《古代中国：社会转型与多元文化》，上海，上海人民出版社，2007 年，第 168—175 页

陈登武，《唐宋审判制度中的"检法"官》，高明士主编《唐律与国家社会研究》，台北，五南图书出版公司，1999 年，第 437—472 页

陈国灿，《对唐西州都督府勘检天山县主簿高元祯职田案卷的考察》，武汉大学历史系编《敦煌吐鲁番文书初探》，武汉，武汉大学出版社，1983 年，第 455—485 页

陈仲安，《唐代的使职差遣制》，《武汉大学学报》1963 年第 1 期，第 87—103 页

邓小南，《走向"活"的制度史——以宋代官僚政治制度史研究为例的点滴思考》，《浙江学刊》2003 年第 3 期，收入包伟民主编《宋代制度史研究百年（1900—2000）》，北京，商务印书馆，2004 年，第 10—19 页

［日］宫崎市定著，姚荣涛译，《宋元时期的法制与审判机构——〈元典章〉的时代背景及社会背景》，《东方学报》京都第 24 册，1954 年，收入杨一凡、［日］寺田浩明主编《日本学者中国法制史论著选》，宋辽金元卷，中华书局，2016 年，第 1—98 页

古丽巍，《北宋元丰改制"重塑"尚书省的过程》，《中国史研究》2015 年第 2 期，第 69—87 页

雷闻，《从 S.11287 看唐代论事敕书的成立过程》，《唐研究》第 1 卷，北京，北京大学出版社，1995 年，第 323—335 页

雷闻，《关文与唐代地方政府内部的行政运作——以新获吐鲁番文书为中心》，《中华文史论丛》2007 年第 4 期，第 123—154 页

李锦绣，《唐"王言之制"初探——读唐六典札记之一》，李铮、蒋忠新主编《季羡林先生八十华诞纪念论文集》，南昌，江西人民出版社，1991 年，第 273—290 页

李锦绣，《唐后期的官制：行政模式与行政手段的变革》，黄正建主编《中晚唐社会与政治研究》，北京，中国社会科学出版社，2006 年，第 1—107 页

里赞，《司法或政务：清代州县诉讼中的审断问题》，《法学研究》2009 年第 5 期，第 195—207 页

刘安志，《吐鲁番出土文书所见唐代解文杂考》，《吐鲁番学研究》2018 年第 1 期，第 1—14 页

刘安志，《关于吐鲁番新出唐永徽五、六年（654—655）安西都护府案卷整理研究的若干问题》，《文史哲》2018 年第 3 期，收入《吐鲁番出土文书新探》，武汉大学出版社，2019 年，第 232—253 页

刘后滨，《唐后期使职行政体制的确立及其在唐宋制度变迁中的意义》，《中国人民大学学报》2005 年第 6 期，第 35—41 页

刘后滨，《政治制度史视野下的唐宋变革》，《河南师范大学学报》2006 年第 2 期，第 6—8 页

刘后滨，《唐宋间三省在政务运行中角色与地位的演变》，《中国人民大学学报》2011 年第 1 期，第 9—14 页

刘后滨，《"正名"与"正实"从元丰改制看宋人的三省制理念》，《北京大学学报（哲学社会科学版）》2011 年第 2 期，第 122—130 页

刘广安，《中国法史学基础问题反思》，《政法论坛》2006 年第 1 期，第 27—31 页

卢向前，《牒式及其处理程式的探讨——唐公文书研究》，《敦煌吐鲁番文献研究论集》第 3 辑，北京，北京大学出版社，1986 年，第 335—393 页

卢向前，《马社研究——P3899 号背面马社文书介绍》，《敦煌吐鲁番文献研究论集》第 2 辑，北京大学出版社，1983 年，收入氏著《敦煌吐鲁番文书论稿》，南昌，江西人民出版社，1992 年，第 47—96 页

孙继民，《黑水城宋代文书所见荫补拟官程序》，《历史研究》2004 年第 2 期，第 174—179 页

王孙盈政，《唐代"敕牒"考》，《中国史研究》2013 年第 1 期，第 89—110 页

周曲洋，《奏钞复用与北宋元丰改制后的三省政务运作》，《文史》2016 年第 1 期，第 185—207 页

朱腾，《中国法律史学学科意义之再思》，《光明日报》2018 年 10 月 15 日，第 14 版

（乙）著作

严耕望，《唐史研究丛稿》，香港，新亚研究所，1969 年

［日］仁井田陞著，栗劲等译，《唐令拾遗》，长春，长春出版社，1989 年

［日］中村裕一，《唐代制敕研究》，东京，汲古书院，1991 年

王永兴，《唐代前期西北军事研究》，北京，中国社会科学出版社，1994 年

李锦绣，《唐代财政史稿》（上卷），北京，北京大学出版社，1995 年

［日］中村裕一，《唐代公文书研究》，东京，汲古书院，1996 年

［日］仁井田陞著，池田温编辑代表，《唐令拾遗补》，东京，东京大学出版会，1997 年

李锦绣，《唐代制度史略论稿》，北京，中国政法大学出版社，1998 年

刘俊文，《唐代法制研究》，台北，文津出版社，1999 年

李锦绣，《唐代财政史稿》（下卷），北京，北京大学出版社，2001 年

陈国灿，《吐鲁番出土唐代文献编年》，台北，新文丰出版股份有限公司，2002 年

胡戟等主编，《二十世纪唐研究》，北京，中国社会科学出版社，2002 年

［日］中村裕一，《隋唐王言の研究》，东京，汲古书院，2003 年

吴宗国主编，《盛唐政治制度研究》，上海，上海辞书出版社，2003 年

刘后滨，《唐代中书门下体制研究——公文形态、政务运行与制度变迁》，济南，齐鲁书社，2004 年

吴宗国主编，《中国古代官僚政治制度研究》，北京，北京大学出版社，2004 年

胡宝华，《唐代监察制度研究》，北京，商务印书馆，2005 年

张帆，《"行政"史话》，北京，商务印书馆，2007 年

郑显文，《律令时代中国的法律与社会》，北京，知识产权出版社，2007 年

李全德，《唐宋变革期枢密使研究》，北京，国家图书馆出版社，2009 年

陈灵海，《唐代刑部研究》，北京，法律出版社，2010 年

里赞，《晚清州县诉讼中的审断问题——侧重四川南部县的实现》，北京，法律出版社，2010 年

李方，《唐西州官吏编年考证》，北京，中国人民大学出版社，2010 年

陈玺，《唐代诉讼制度》，北京，商务印书馆，2012 年

李方，《唐西州行政体制考论》，哈尔滨，黑龙江教育出版社，2013 年

赵璐璐，《唐代县级政务运行机制研究》，北京，社会科学文献出版社，2017 年

（丙）未刊学位论文

陈登武，《唐代司法制度研究——以大理寺为中心》，中国文化大学 1991 年硕士学位论文

罗祎楠，《论元丰三省政务运作分层机制的形成》，清华大学 2005 年硕士学位论文

王建峰，《唐代刑部尚书研究》，山东大学 2007 年博士学位论文

曹鹏程，《唐代大理寺研究》，福建师范大学 2008 年硕士学位论文

陈纳，《府州仓曹职掌与唐前期地方财务运行》，中国人民大学 2008 年硕士学位论文

王琬莹，《府州户曹职掌与唐前期地方政务运行——以赋税和民事为中心》，中国人民大学 2009 年硕士学位论文

张祎，《制诏敕札与北宋的政令颁行》，北京大学 2009 年博士学位论文

司雅霖，《陕西金代敕赐寺观额牒碑刻整理与研究》，西北大学 2014 年硕士学位论文

与本书相关的已发表论文

1. 《新出唐胡演墓志与初唐司法政务》, 《中华文史论丛》2013 年第 3 期
2. 《大理寺与唐代司法政务运行机制转型》, 《中国史研究》2016 年第 4 期
3. 《唐代州县曹司划分与中国古代政务分类体系的发展》, 《国学学刊》 2017 年第 2 期
4. 《使职独立审断权的行使与唐后期司法政务运行——以财政三司为中 心》, 《法制史研究》(台北) 第 34 辑, 2018 年
5. 《唐宋间"子司"词义转换与中古行政体制转型》, 《中华文史论丛》 2019 年第 3 期
6. 《御史台、奏弹式与唐前期中央司法政务运行》, 《中国古代法律文献研 究》第 13 辑, 社会科学文献出版社, 2019 年
7. 《司法, 还是政务?——唐代司法政务运行机制研究相关问题述评》, 《唐宋历史评论》第 6 辑, 社会科学文献出版社, 2019 年
8. 《公文书与唐前期司法政务运行——以奏抄和发日敕为中心》, 《唐宋历 史评论》第 7 辑, 社会科学文献出版社, 2020 年
9. 《吐鲁番文书所见唐前期赃赎钱物管理中的地方政务运行》, 郑显文主 编: 《丝绸之路沿线新发现的汉唐时期的法律文书研究》, 中国法制出 版社, 2020 年

后 记

本书是在博士论文基础上修改而成，自然也是对读书生活的一个纪念。从未想过能在人大待那么久，以至于读博时常常觉得好运气早已用尽，所以直到答辩完，"也还并不知道会如何离开这里"。其实，想想也是，未知始，焉知终？就如同在论文后记里所写的，与有同学自己上网搜索确定志愿或是被宣传片中教一（今求是楼）庭院内墙满目的绿植"骗"来人大不同，我的高考志愿其实是我爸多次沙盘推演的结果。"在此之前，自己好像都没听人说起过它。在人大待久了，慢慢也就习惯了，无所谓好与不好。不过，我一直觉得，无心来到的人大，确实是一个非常不错的地方。因为历史系，也因为所遇到的人，和所发生的事。学校虽然要老爸来操心，专业却是我自己坚持的结果。幸运的是，爸妈的开明，成全了我的坚持。这才有了这篇论文和后记。"

因为直博的原因，缺少硕士论文的训练，所以如何写出博士论文，一直是我最大的困惑。一度还曾想过要主动延期，好在是博二暑假听了沈睿文和王静两位老师的建议，决心还是要争取按时毕业。于是从当年十月底，开始定下神，要写论文了。但手头只有辑出的法例和文书编年，至于构思、理论什么的，完全不存在。初稿是这么写出来的——用了一个半月才把第二章（此章初稿还包括对元嘉仪注的讨论，后删去，而保存的刑部沿革部分，也未收入本书）的内容写了出来，而且满纸是凌乱的思绪。接下来，又经历了一个半月的卡壳，一个字也没写。因为根本不知道要写的东西是什么，该是个啥模样。正是因为自己的没头绪，也只好躲着导师，闭口不提论文什么的。好歹在年前，心中有了个模棱的样子出来。虽然自己也知道很一般，可是至少能向导师汇报了，也大概其可以让自己继续动手码字了。除夕晚上，吃了片儿汤（饺子煮坏了），跟爸妈聊完了天，这才又重新写论文。又是近五十天，好坏总是把初稿攒了出来。

除了担心论文写不完，当时我还常常被一个问题所困惑：在校为学生，不如我导当年；在家为人子，不如我爸对我爷奶。将来就算是为人师，为人父，也应该还是不如他们两位，那人生还有啥意义呢？好在自己心知这是无解的问题，也就心安理得地想起我妈一直以来"尽力无悔"的开导，把挫败感深埋心底。就这么到了现在，也真的留在高校任职，更幸运地成为两个可爱孩子的爸爸。心怀感激，也深知不足，只有尽力而为。希望可以把本书作为礼物，送给会说"爸爸等等我，果马上来"和会指着自己说"端端的"的两个小朋友。当然，还要感谢妻子冯晓川的辛苦付出，以及双方父母对孩子的照顾，也才使我能抽出时间安心工作。

从博士毕业到现在，又是将近九年。先是在流动站"待业"了两年，然后幸运地进入文理工作了五年，现在又辗转到了法大。期间收获颇多，也得到了许多师长、领导和同事的指教帮助，恕不一一具名称谢。至于论文，虽然有项目督促，也还是拖到 deadline 才准备把它修改出版。一般而言，博士论文应该会成为高校教师的第一本专著，所以当时认真地写出了如下的话：

感谢我爸、我妈。谢谢他们为了我所表现出的哪怕是极其微小的进步都会呈现出十分的高兴。而为了这所谓的进步，他们更愿意付出全心全意的努力，却不求回报。谢谢他们支持了我填报志愿时的坚持，并为我选择了人大这所学校。这总让我体味到他们的特别。谢谢他们让我在人大历史系度过了平和、快乐，而且衣食无忧的九年时光。

来到人大之后，最没想到的是能够师从刘后滨教授问学，足足六载。这份经历是在别的地方难以想象的，尤其值得感恩。常记起第一次读《唐代中书门下体制研究》，总是激动不已。掩卷之后，依然欣喜。所以老师送的书被我画得乱七八糟，以致于不得不又自己新买一本留存。还常想起刚入学不久在大修课上听到的"闻木樨香否"的禅语，因为生怕自己大意，错过哪怕一次闻木樨香的机会。好在馥郁的桂花香，也使得我这颗顽石多少被浸润了一分。

感谢孟宪实老师。正是在他的课堂上，我才有缘初识高昌和西州，并和吐鲁番文书见了面。曾几何时，孟老师是历史系学生心目中公认的最严格的老师。尽管后来因为工作的关系，他去了国学院（巧合的是，孟老师不久前又回到了历史学院），不过我还是能在课堂上体味着那份鞭策。孟老师常说："吐鲁番文书认识你们，你们却不认识吐鲁番文书。"所以为了多认识一些文书，才幸运地有了《吐鲁番文书所见唐代里正的上直》这篇小文。

感谢李全德老师。正是在他的课堂上，我才真正接触到制度史研究，也是第一次接触到"中书"。不过，当时并没有意识到自己会受"中书"如此深的影响。也是在全德老师的指导下，我才开始正式学习如何撰写制度史论文。幸运的是，这样的训练在一开始就带有打通唐宋的长时段关照。全德老师曾说："读书越来越厚，需要的是耐力。而能把厚书读薄，那才是本事。"所以在此后的学习中，我知道了既要锻炼自己的耐力，又要提高自己的本事。虽然做得不好，但是毕竟还在努力。

在面临毕业之际，常常想起在历史系上的第一节课，那是李晓菊老师的《中国历史文选》。以后我总是很喜欢上晓菊老师的课，总有意料之外的收获。她曾说："写论文要先做长编。能把资料理为长编，论文也就写好了一半。"以至于现在不先弄出长编，我几乎都不敢动笔写论文。不过，确实有效。

也常常想起孙家洲老师说的"要学做历史，先要学做人"这句话。我是在《中国古代史》课上，第一次品味到孙老师身上那种凛凛正气和君子之风，督促着自己进步。值得一提的是，那门课最后的作业，我选了《汉书·刑法志》写读书报告。没想到最后的论文，也是和司法有关。当然也不会忘记第一次在历史系受到老师的表扬。虽然那只是在下课之后，走过李小树老师身边时传入耳中淡淡的一句"《刘知幾传》写得不错"，不过还是让我激动了半天。一路走来，历史系的各位老师都给予我了很多关心与爱护。虽然限于篇幅，不能一一提及，但是请相信，所有的一切，都点滴在心。

同样让我难以忘怀的，还有每一次与任士英先生见面时所收获的启迪与开示，以及 2010 年 5 月在百望山开会期间，子夜时分，赵和平先生仍兴致勃勃地跟我畅谈论文构想的得失。那份对青年学子的爱护之情，溢于言表。2011 年 3 月初，拿着不成形的论文初稿，向黄正建、吴丽娱、牛来颖、雷闻等先生请益时所获得的真知灼见，又督促着我对论文进行修改。

求学路上，有过彷徨和苦恼，不过收获更多的是快乐与幸福。这份快乐与幸福，离不开历史 02 本各位同学的支持，离不开 309、520 和 106 各位室友和饭友的陪伴。谢谢束宇、杨鹏和潘金烽，谢谢杨琳、赖睿和马琳，谢谢高峰、王松和秦升。

写论文的过程，是一个折磨人的过程。幸运的是，我得到了张耐冬师兄的指点，还有赵璐璐师姐的同患难，也有彭丽华师姐的鼓励，有王琬莹、意如师妹的帮助与分忧。2005 年 11 月 4 日，我第一次参加师门宴，算是正式入伙了。从此便和同门紧紧联系在了一起，谢谢同门的各位。

距离论文基本写完已经快一个月了，距离论文大体修改完也有两周了。不过却迟迟不愿意写后记。本来还想继续拖下去，直到答辩完，要提交论文的时候再说。不过总觉得缺少了点什么，所以临到打印送审之前，还是决定把它写出来（2011 年 4 月 19 日）。因为要感激的人很多，而我却不曾有机会表达。最后，对帮助我讨论论文的赵晶兄与李亮亮师弟，以及对论文进行评阅的匿名专家和答辩委员会的各位老师，同样深表感谢。

回过头再读上面的文字，还是能体会到那种感动，所以仍将修订后的文字附于文末。最后，在本书修订过程中，还得到厦门大学周东平、甘肃政法大学何君、国家博物馆郭世娴、上海古籍出版社王珺，以及张亦冰、徐畅、高滨、贺钢等师友的指教和帮助，谨此一并致谢。

本书是国家社科基金青年项目"唐至北宋司法政务运行机制研究"（14CZS049）的最终成果，出版时也得到了中国政法大学青年教师学术创新团队支持计划（19CXTD10，新制度史与古文书学创新团队）的资助。感谢包伟民老师慨允将本书收入中国人民大学《唐宋史研究丛书》。这是对小书莫大的肯定。

2019 年 10 月 28 日初稿

2020 年 9 月 16 日改定